HUMANITIES AND SOCIETY

城邦与灵魂

费拉里《理想国》论集

G.R.F. Ferrari

[美] G.R.F. 费拉里 著 刘玮 编译

译林出版社

图书在版编目(CIP)数据

城邦与灵魂：费拉里《理想国》论集 /（美）G.R.F.费拉里（G. R. F. Ferrari）著；刘玮编译．—南京：译林出版社，2017.10

（人文与社会译丛 / 刘东主编）

书名原文：City And Soul in Plato's Republic

ISBN 978-7-5447-6962-4

I.①城… II.①G… ②刘… III.①古希腊罗马哲学－文集 IV.①B502-53

中国版本图书馆CIP数据核字(2017)第160948号

City and Soul in Plato's Republic by G.R.F. Ferrari

著作权合同登记号　图字:10-2017-279号

城邦与灵魂：费拉里《理想国》论集　[美国] G.R.F. 费拉里 / 著　刘　玮 / 编译

责任编辑　张海波
装帧设计　胡　苨
校　　对　叶显艳
责任印制　单　莉

出版发行　译林出版社
地　　址　南京市湖南路1号A楼
邮　　箱　yilin@yilin.com
网　　址　www.yilin.com
市场热线　025-86633278
排　　版　南京展望文化发展有限公司
印　　刷　江苏凤凰通达印刷有限公司
开　　本　880毫米×1230毫米　1/32
印　　张　9.25
插　　页　2
版　　次　2017年10月第1版　2017年10月第1次印刷
书　　号　ISBN 978-7-5447-6962-4
定　　价　58.00元

主编的话

刘 东

总算不负几年来的苦心——该为这套书写篇短序了。

此项翻译工程的缘起，先要追溯到自己内心的某些变化。虽说越来越惯于乡间的生活，每天只打一两通电话，但这种离群索居并不意味着我已修炼到了出家遁世的地步。毋宁说，坚守沉默少语的状态，倒是为了咬定问题不放，而且在当下的世道中，若还有哪路学说能引我出神，就不能只是玄妙得叫人着魔，还要有助于思入所属的社群。如此嘈嘈切切鼓荡难平的心气，或不免受了世事的恶刺激，不过也恰是这道底线，帮我部分摆脱了中西"精神分裂症"——至少我可以倚仗着中国文化的本根，去参验外缘的社会学说了，既然儒学作为一种本真的心向，正是要从对现世生活的终极肯定出发，把人间问题当成全部灵感的源头。

不宁惟是，这种从人文思入社会的诉求，还同国际学界的发展不期相合。擅长把捉非确定性问题的哲学，看来有点走出自我囿闭的低潮，而这又跟它把焦点对准了社会不无关系。现行通则的加速崩解和相互证伪，使得就算今后仍有普适的基准可言，也要有待于更加透辟的思力，正是在文明的此一根基处，批判的事业又有了用武之地。由此就决定了，尽管同在关注世俗的事务与规则，但跟既定框架内的策论不同，真正体现出人文关怀的社会学说，决不会是医头医脚式的小修小补，而必须以激进亢奋的姿态，去怀疑、颠覆和重估全部的价值预设。有意思的是，也许再没有哪个时代，会有这么多书生想要焕发制度智慧，这既凸显了文明的深层危机，又表达了超越的不竭潜力。

于是自然就想到翻译——把这些制度智慧引进汉语世界来。需要说明的是，尽管此类翻译向称严肃的学业，无论编者、译者还是读者，都会因其理论色彩和语言风格而备尝艰涩，但该工程却绝非寻常意义上的“纯学术”。此中辩谈的话题和学理，将会贴近我们的伦常日用，渗入我们的表象世界，改铸我们的公民文化，根本不容任何学院人垄断。同样，尽管这些选题大多分量厚重，且多为国外学府指定的必读书，也不必将其标榜为“新经典”。此类方生方成的思想实验，仍要应付尖刻的批判围攻，保持着知识创化时的紧张度，尚没有资格被当成享受保护的“老残遗产”。所以说白了：除非来此对话者早已功力尽失，这里就只有激活思想的马刺。

主持此类工程之烦难，足以让任何聪明人望而却步，大约也惟有愚钝如我者，才会在十年苦熬之余再作冯妇。然则晨钟暮鼓黄卷青灯中，毕竟尚有历代的高僧暗中相伴，他们和我声应气求，不甘心被宿命贬低为人类的亚种，遂把迻译工作当成了日常功课，要以艰难的咀嚼咬穿文化的篱笆。师法着这些先烈，当初酝酿这套丛书时，我曾在哈佛费正清中心放胆讲道：“在作者、编者和读者间初步形成的这种‘良性循环’景象，作为整个社会多元分化进程的缩影，偏巧正跟我们的国运连在一起，如果我们至少眼下尚无理由否认，今后中国历史的主要变因之一，仍然在于大陆知识阶层的一念之中，那么我们就总还有权想象，在孔老夫子的故乡，中华民族其实就靠这么写着读着，而默默修持着自己的心念，而默默挑战着自身的极限！”惟愿认同此道者日众，则华夏一族虽历经劫难，终不致因我辈而沦为文化小国。

一九九九年六月于京郊溪翁庄

中译本序

我是在剑桥大学读本科的最后一年开始专攻古典哲学的，而理由看上去非常糟糕：与那时我可以选择的其他专业（希腊和罗马文学、历史、艺术与考古、语言学）相比，古典哲学似乎最困难，最有挑战性，古典哲学的教授们也最聪明得令人敬畏。于是我没有在文学这个我已经表现出最大才能的领域继续下去，而是多少有些虚荣地渴望以最好的人为标准来衡量自己。

幸运的是，在柏拉图的作品里，我发现了一个领域，可以结合我对哲学的爱（那时已经成长得足够真切）与对文学的爱。因为柏拉图是一个无与伦比的文学家，也是一个无与伦比的哲学家。这就是为什么他的对话成为我过去很多年学术写作的焦点。

至于在过去一二十年里我为什么将目光主要集中在柏拉图的《理想国》上（也就是这个文集的主题），有这样一些原因。首先，对于那些在美国教书的古典哲学家来说，《理想国》是无法回避的。我们经常会被要求教授古典哲学领域的导论课程，而没有任何古典哲学的导论可以回避《理想国》。第二，在古典哲学之中，我的兴趣始终围绕着心理学、伦理学和政治思想，而非知识论和形而上学，因此《理想国》一直在我教授的各种课程中得到阐释。最后一个理由相当偶然：我发现了汤姆·格里菲斯（Tom Griffith）作为柏拉图译者的才华，加上剑桥大学出版社及时的兴趣，于是我们开始合作为“剑桥政治思想史文本”（Cambridge Texts in the History of Political Thought）系列准备一个《理想国》的新译本，汤姆作为译者，而我作为编辑。这个工作占据了我20世纪90年代的大部分时间，之后我也就完全做好了准备发表我对那部对话的思考。适逢毛里奇奥·米利奥里（Maurizio Migliori）教授邀请我到马切拉塔大学（University of Macerata）做“柏拉图讲座”（Lecturae Platonis），这给了我机会将这些思考整理成书，并在2003年出版，也就是这本文集的主体部分——《柏拉图〈理想国〉中的城邦与灵魂》。

在这里结集出版的还有一些更晚近的论文，其中一篇《威廉斯与城邦—灵魂类比》大体上是这本书的补充，而其他几篇则处理了《理想国》中的不同主题，它们或者没有在书中讨论到（厄尔神话和柏拉图对苏格拉底作为戏剧人物的使用），或者在书中没有得到充分的讨论（柏拉图的乌托邦主义）。最后一部分集中了我关于利奥·施特劳斯（Leo Strauss）的作品，包括讨论施特劳斯在《城邦与人》中对《理想国》的阐释，以及两篇针对有施特劳斯趣味的学者的书评。

我听说施特劳斯的政治哲学近来在中国非常流行。我很高兴这个文集可以包括我那几年对施特劳斯著作的关注，这是在我完成《柏拉图〈理想国〉中的城邦与灵魂》之前几年里的一个特征。但是我想要在这里多说几句施特劳斯对我思考的影响，从而让读者们清楚它的界限何在。

2010年在日本东京举行的第九届国际柏拉图大会（International

Symposium Platonicum）上，马里奥·维盖蒂（Mario Vegetti）教授发表了题为《〈理想国〉如何以及为什么变成非政治的？》的主题演讲。[1]在演讲中他质疑施特劳斯和埃里克·沃格林（Eric Voegelin），因为他们消除了《理想国》中的政治维度。维盖蒂说，对这两个人而言，至关重要的是个人对哲学的追求以及个人灵魂的内在秩序，而非社会层面的进步。根据维盖蒂的说法，施特劳斯将《理想国》变成了一部积极的**反政治**作品，在其中对社会乌托邦式的改造工程被说成是不可能的规划，因为它们与人性相悖；而沃格林将《理想国》中的政治维度仅仅还原成灵魂内在秩序的隐喻。维盖蒂在施特劳斯和沃格林那里发现了更晚出现的对《理想国》去政治化阐释的先声，这个晚近的代表就是茱莉亚·安纳斯（Julia Annas）《柏拉图主义伦理学，旧与新》[2]的第四章，她将对美丽城（Callipolis）的描述看作一个范本，意在激发个人的道德发展，而非社会进步。维盖蒂认为这些更晚近的阐释者，或许是在无意识地重复那些20世纪中期的保守主义思想家首先提出的论题。他也将我的名字包括进了这些晚近的阐释者之列。

将我的《柏拉图〈理想国〉中的城邦与灵魂》理解成一部去政治化的著作是对它的误解，是将它看作我说的对《理想国》的"理想主义"阐释，而我明确将自己的进路与这种阐释区分开来（参见"第四章的相关资料和学术背景"）。确实，那本书的主要论点是，《理想国》在不同社会结构和不同灵魂结构之间的类比仅仅是类比而已。这个类比没有因果性的含义；它没有告诉我们与某种社会相应的个人是否在那个社会中占有一席之地。但是城邦与灵魂的类比虽然几乎是我那本书关注

1　本次柏拉图大会的论文集参见：Notomi and Brisson eds.，2013。

2　Annas 1999.

的唯一问题，但它绝非《理想国》唯一的政治关切。在《理想国》第五至第七卷中揭示的政治维度远远超出了城邦与灵魂的类比，并且让阐释者们可以像我一样，认为那个类比不多不少就是一个类比，同时柏拉图在美丽城中的构想确实是他政治改革的理想。关于我将柏拉图看作政治改革者的观点，读者可以阅读本文集中的《柏拉图作家式的乌托邦主义》。

施特劳斯对于我阐释《理想国》的真正影响与维盖蒂认为的不同。具体来说有两个方面，一个是内容上的，另一个是方法上的。首先我同意施特劳斯（在这个问题上还有沃格林），《理想国》将个人提升到社会之上。正像我在书中说的（pp. 89—90）：

> 这并不是说《理想国》仅仅是一部道德而非政治著作，但是它确实认识到城邦不如个人强大。最好的城邦就是没有冲突、稳定、和谐，生产力保持连续的循环状态。最好的城邦会支持它的哲学等级，但是除此之外，城邦并不能进行哲学思考，只有哲学家个人可以这样做。最好的个人不仅拥有灵魂的和谐，而且可以进行哲学思考。是哲学，而非王制，才是最高的人类成就。

这绝非我在无意识地重复施特劳斯的观点，而是在我最关注他作品的那段时间里弄清楚的一个道理。

我从施特劳斯那里学到的另一个东西与上面提到的密切相关，就是即便在理想城邦中，哲学家与社会之间的关系，依然在最深刻的意义上存在张力。（事实上，在《施特劳斯的柏拉图》一文中，我反对维盖蒂和其他对施特劳斯缺乏同情的作者，认为施特劳斯最想归于柏拉图的，是理想城邦的这个方面，而非实践上的不可能性。）在他的主题演讲中，维盖蒂教授提出了这样的反驳：如果《理想国》宣称，事实上正是哲学与政治的分离造成了柏拉图那个时代社会上的大多数错误，那么这部作品怎么可能暗示哲学与政治是不相容的（这是施特劳斯最具代表性的论题）呢？但是我认为，即便柏拉图确实认为社会的拯救只能通过哲学家的统治实现，在哲学与政治之间也依然有某种不相容性。哲学家，在他进行哲学思考的意义上，而不管他人生的其他方面，可以被说成是神圣的。因此，只有他能拯救人类社会，这个世界需要他的参与，但这恰恰是令人遗憾的，甚至可以被认为是悲剧性的。正是在这个意义上，哲学与政治之间的不相容性即便在理想城邦中也依然可以被感觉到。

但是，因为我坚持认为柏拉图确实将美丽城当作理想城邦，我理解《理想国》的进路最终就非常不同于施特劳斯，虽然我也将哲学家与社会之间的张力看作基础性的。与施特劳斯不同，我没有采取一种完全"反讽性"的方式去理解《理想国》，根据这种理解，美丽城根本就不是一个理想。本书中收录的我对大卫·鲁奇尼克《美丽城》一书的评论说明了这一点。从那篇评论中，我选取了下面这句最能代表我观点的话：

> 如果你认为美丽城真的是一个美丽的城邦，你并没有错，你的意见是有益的；但是你也不会完全正确，除非你理解了任何城邦都是丑陋的，甚至包括最美丽的城邦。

在施特劳斯和其他遵循施特劳斯传统的著作中还展现了一种方法论上的德性，我努力去模仿这种德性。我总是努力去关注柏拉图对话中戏剧性的情节，并考虑情节如何影响对话的论证。事实上，这是我从一开始写作关于柏拉图的作品时就有的特征，甚至在我关于柏拉图《斐德罗》(*Phaedrus*)的第一本书中就是这样，这个特征之后通过研究施特劳斯得到了更进一步的磨砺。但是在我更晚近的作品中，这个特征有所转变，并区别于施特劳斯的进路：我越来越关注柏拉图作为作者与苏格拉底作为虚构人物之间的差别。

虽然之前我也意识到在柏拉图作为作者和苏格拉底作为虚构人物之间的区分，但是我没怎么利用这个区分——尽管我始终对戏剧性和修辞性的语境非常感兴趣，并留意柏拉图对话中的哲学论证如何出现在这些语境之中。那是因为我与很多持这种修辞进路的阐释者一样，倾向于将对话中的苏格拉底当作所谓的"柏拉图的秘密代言人"，至少是隐含地将所有的狡计都归于苏格拉底，即便不归于苏格拉底，也要归于那个情节的作者，他总是用尽可能有利于苏格拉底的方式展开情节。这种倾向也是施特劳斯传统的典型特征("图宾根学派"也是如此)。

虽然《柏拉图〈理想国〉中的城邦与灵魂》依然符合这种倾向，没有明确关注在柏拉图和他笔下的苏格拉底之间的这种作家式鸿沟(writerly gap)，我关于厄尔神话的文章也是如此(这篇文章的大部分写于发表前的很多年)，但是文集中两篇更晚近的文章展现了这种新的进路。《〈理想国〉中的苏格拉底》质疑了学者们从对话第一卷与后面几卷在哲学对话方式上的转变，推论出的很多关于柏拉图学说的暗示。与他们不同，我将注意力集中在这个精心设计的转变要告诉我们的东西，即柏拉图如何理解在第一次创作史诗般的哲学对话时属于作家的任务。而《柏拉图作家式的乌托邦主义》则要去理解苏格拉底在戏剧情节中的动机与柏拉图作为情节创作者的动机之间的不同，由此表明柏拉图如何认为自己令人满意地讨论了美丽城的实践性问题，这并不是通过让苏格拉底围绕这个问题做出并不充分的论证实现的，而是通过柏拉图自己这样做实现的。

最后，我很高兴地感谢刘玮教授，感谢他翻译了我的作品，让它们可以用母语与中国读者见面。我们在伯克利一同工作的时光和那些热烈的讨论依然在我记忆中栩栩如生。

G. R. F. 费拉里
伯克利，加利福尼亚，2012

目　录

第一部分　柏拉图《理想国》中的城邦与灵魂

前　言 …… 003

第一章　两兄弟 …… 006

一、克法洛斯家 …… 006

二、绅士心目中的价值 …… 011

三、为什么要统治? …… 018

四、真正的男人 …… 024

五、哲学家的价值 …… 027

第一章的相关资料和学术背景 …… 034

第二章　城邦与灵魂：几种误解 …… 037

一、岔路口 …… 037

二、威廉斯的挑战 …… 043
三、李尔的困境 …… 052
第二章的相关资料和学术背景 …… 055

第三章 城邦与灵魂：一种隐喻性的理解 …… 059
一、成比例的隐喻 …… 059
二、荣誉制、寡头制、民主制 …… 067
三、隐喻的重要性 …… 079
第三章的相关资料和学术背景 …… 086

第四章 僭主与君主 …… 088
一、不对称关系 …… 088
二、僭主 …… 098
三、哲人王 …… 106
四、城邦与人 …… 115
第四章的相关资料和学术背景 …… 123

第二部分 《理想国》研究四篇

威廉斯与城邦—灵魂类比 …… 129
柏拉图作家式的乌托邦主义 …… 138
《理想国》中的苏格拉底 …… 155

格劳孔的奖赏，哲学家的债务：厄尔神话 …………………… 182

第三部分 反思施特劳斯式的《理想国》研究

施特劳斯的柏拉图…………………………………………………… 205
爱欲与城邦：评鲁奇尼克《美丽城：柏拉图〈理想国〉的辩证特征》…………………………………… 239
以杀为治：评罗森《柏拉图的理想国》…………………………… 250

著作和文章来源…………………………………………………… 255
参考文献…………………………………………………………… 257
编译者后记………………………………………………………… 265

第一部分

柏拉图《理想国》中的城邦与灵魂

前 言

在这部短小的著作中，我想要谈谈柏拉图在《理想国》中实现了什么。对于这样一本小书来讲，这是个巨大的野心。我的策略是追寻一条柏拉图留下的明显线索，即在城邦结构与灵魂结构之间的比较，这个主题贯穿《理想国》，并将它的论证整合起来。在第二章里，我会细致地批评一些流行的对城邦与灵魂类比的错误理解，随后的两章则具有更加开放的性质。我会提出一种不同的方式来理解柏拉图在城邦与灵魂之间进行的比较如何运作，要点何在。我会将城邦与灵魂之间的比较置于两个更大的背景之中，一个是古代的修辞理论，另一个是当时的思想竞争，特别是柏拉图与伊索克拉底（Isocrates）之间的竞争。最后，我会论述“僭主”与“哲人王”，他们是匹配的一对，用各自不同的方式打破了城邦与灵魂之间的类比，而打破这种类比揭示了他们各自的品格与动机。我还要将从城邦与灵魂的类比中学到的东西用于阐释《理想国》中其他一些熟悉的主题，比如该书中的乌托邦主义是不是认真的，哲学家回到洞穴是不是正义的。在阐释《理想国》时，任何重要的论题都处在一张彼此联系的网中；某个主导性的线索会触及整体的模式。

第一章算是一个导言，在其中我讨论了格劳孔（Glaucon）和阿德曼图斯（Adeimantus）这两位《理想国》的主要对话者，涉及他们的品格、欲求和挑战苏格拉底的原因，在讨论他们的过程中，后面几章的主题也随之浮现。因为城邦与灵魂的类比正是苏格拉底为了回应两兄弟的挑战提出来的，而且最终是为了回应他们最深层的需要。

本书的缘起是我1999年用意大利文在马切拉塔大学哲学系做的一系列讲座，即那一年的“柏拉图讲座”。在准备英文版的过程中，我放弃了很多当时在讲座中做过尝试的观点，但是在成书的过程中我努力保持演讲时的直截了当，同时避免了非正式的特征。书中没有很多附
9 加的说明，读者必须自己补充它们；书中也完全没有解释性的脚注，取而代之的是我在每章后面都附上了最直接地影响该部分主题的文献，并简短地论述了作为该章讨论背景的流行阐释。

凯特·托尔（Kate Toll）阅读了第一章的草稿，拉查纳·卡姆特卡（Rachana Kamtekar）阅读了后面三章的草稿，海登·奥斯兰（Hayden Ausland）和萨拉·拉佩（Sara Rappe）阅读了全书接近终稿的版本。我感谢他们为此付出的时间以及友好、有益的评论，我尤其要感谢萨拉的热情鼓励。我曾就本书的主要观点在宾州州立大学和波士顿大学进行过讨论，宾州州立大学的约瑟夫·科特（Joseph Cotter）以及波士顿大学的查尔斯·格里斯沃尔德（Charles Griswold）和大卫·鲁奇尼克（David Roochnik）分别给了我很有帮助的书面评论。在《理想国》研讨课上的学生们是犀利分析和热情鼓励的不竭源泉。阿格尼丝·格伦（Agnes Gellen）与苏珊娜·奥布扎莱克（Suzanne Obdrzalek）的书面评论对于我重塑第一章大有帮助。我在伯克利古典系的同事们慷慨地给予我在希

腊文献和参考文献方面的支持，马克·格里菲思（Mark Griffith）是我最经常造访的一位。本书的初稿曾被提交给一个学术委员会，其成员热心地对本书做了评判，我从该学术委员会非常睿智的匿名评审中受益匪浅。

我最感激的人当然是毛里奇奥·米利奥里，以及他在马切拉塔大学的学生和年轻同事，既因为邀请我进行讲座，也因为热烈的辩论和我在那里受到的热情款待。我感谢毛里奇奥为“柏拉图讲座”付出的精力，以及在我重新思考和重新写作该系列讲座过程中的耐心。在本书的意大利文译本（由Morcelliana出版社编辑）中会有一个附录，包括了相关的评论和我的回应，我很高兴将我们的思想交流继续下去。 10

第一章
两兄弟

一、克法洛斯家

如果不是因为与柏拉图的关系，我们就不会知道他的两个兄弟格劳孔和阿德曼图斯。他们并没有在历史记录中留下独立的印记。但是他们都出身于一个显赫的家庭，这个家庭的父母双方都有贵族血统，因此他们完全可以在历史上留下印记，特别是他们的亲戚中还有两个是"三十僭主"（the Thirty）的成员。三十僭主是伯罗奔尼撒战争之后斯巴达强加给雅典的一个亲斯巴达的寡头集团，这个作恶多端的寡头集团在雅典进行过短暂的恐怖统治，但很快就被民主派推翻了。这个集团的领导就是这两兄弟的亲戚之一，克里提业斯（Critias）。如果我们相信《第七封信》（*Seventh Letter*）确系真作，那么柏拉图本人也曾受邀加入这个寡头集团。他写道，这曾对他产生过一些吸引力（324c—326b），但并不长久。这个集团的口号是清除城邦中的不义之人，让城邦充满德性与正义，但是很快就堕落到暴行累累。柏拉图保持着与它的距离。

在《理想国》的开篇，柏拉图显然想要投下三十僭主及其血腥失败的阴影，最明显的就是将讨论的场景设在克法洛斯（Cephalus）家。这个富有的外邦人的两个儿子之后都会受到三十僭主的迫害，波勒马库斯（Polemarchus）因为他的财富而被杀害，吕西阿斯（Lysias）则自我放逐逃离雅典。因此这部对话的背景就非常引人注目，柏拉图笔下的格劳孔和阿德曼图斯是这两个年轻人最好的朋友，而伴随这个家庭的繁荣和幸福随后遭到了摧毁。

阿德曼图斯第一次露面时，波勒马库斯和尼西阿斯（Nicias）的儿子尼克拉图斯（Niceratus）在他身边（327c）。他们这些年轻的朋友出去找乐子，刚刚看完班迪斯节（Bendis）白天的游行回来，正期待着去克法洛斯家吃饭庆祝，并且对接下来一整夜的节庆活动兴奋不已。在后面的第五卷里，我们会看到波勒马库斯对阿德曼图斯窃窃私语，碰他的斗篷，把他拉到身边（449b）。格劳孔虽然一开始和苏格拉底而非这些年轻人在一起，但是他在克法洛斯家里也和自己的哥哥一样自在。当格 11
劳孔跟苏格拉底和其他人不期而至地出现在克法洛斯家门口时，只有苏格拉底引起了克法洛斯的注意，也只有他因为不经常来访而受到了克法洛斯的责备（328d）。格劳孔显然是这个圈子里的常客。

这是一个有教养的圈子。在苏格拉底到来之前，修辞教师特拉叙马库斯（Thrasymachus）已经在家里了（328b）。克法洛斯因为没有更多机会与苏格拉底交谈而感到遗憾，敦促他要常来，把这里当成自己家（328d）。波勒马库斯不像他年长的父亲一样被局限在家里，他用更加戏谑的言辞对待苏格拉底（327c），而当讨论要正式开始的时候，他突然引用了西蒙尼德（Simonides）的诗句（331d—e）。尼克拉图斯似乎是他们的好朋友，尼西阿斯关心自己儿子的理智发展是苏格拉底文学（Socratic literature）中的一个主题，既出现在柏拉图的《拉凯斯》（*Laches*，200c—

d）中，也出现在色诺芬（Xenophon）的《会饮》（*Symposium*，3.5）中。最重要的是，在克法洛斯家，彻夜长谈的快乐足以取代彻夜节庆的快乐。

在雅典的外邦人是一些来自其他城邦，居住在雅典的移民（μέτοικοι）。他们不能担任政治职务，因此不可能成为城邦公共事务的核心角色，虽然他们选择了在雅典安家。像克法洛斯一样，他们将精力转移到挣钱上，但这显然不意味着他们会牺牲教育和文化。克法洛斯非常满意自己和祖父相比只是个中等的商人（330b），他对儿子教育的关心似乎超过了对金钱的关心（328d）。他富有的家庭进入了雅典最好的社交圈子。

虽然阿德曼图斯和格劳孔将克法洛斯的儿子们当作平等者看待，但这绝不是因为在那个社会里不能担任政治职务是件微不足道的小事。在《理想国》的后面，苏格拉底做出了一个针对外邦人的评论，如果考虑到他的听众是什么人，我们就会惊讶于它的唐突。在第八卷描写民主制如何蜕变为僭主制时，苏格拉底将谴责部分指向了民主制中人们对社会差别的无政府态度，他不仅提到年轻人对父母缺乏尊重，而且提到将外邦人与公民等量齐观（ἐξισοῦσθαι，563a）。阿德曼图斯完全没有反对这个分析。

有良好出身或富有的雅典人通常在公共生活中获得同辈的尊重，也在公共生活中分享城邦的荣誉。很少有人会自愿放弃这样的机会，
12 富有的外邦人也不愿意。他们并没有完全退出公共生活，只是没有得到承认。这就是他们为生活在雅典这个殊荣付出的代价。

但是在雅典还有一个重要的社会群体，他们也远离公共生活，这种疏远不是自愿的而是被迫的。他们是精英阶层，更喜欢寡头制而非民主制，他们反对政治生活中来自下层民众的影响，而反对的方式就是

不参与公共生活,他们中只有少数人积极地试图建立寡头制。“寂静主义”(ἀπραγμοσύνη,即不作为)是这些因为财富和出身而拥有显赫地位者的口号。寂静主义保护他们免受民众敌意的伤害,在喜好诉讼的雅典,民众有很多办法表达自己的敌意。但是寂静主义是在压力下做出的选择。采取这一策略的人自愿剥夺了一些他们本来视为自己权利的东西。

我们将会看到,格劳孔和阿德曼图斯就是寂静主义者,这种态度使他们成了克法洛斯教养良好的儿子的好朋友,尽管外邦人的寂静主义是由于不同的原因。色诺芬在《回忆苏格拉底》(*Memorabilia*)中描写了这样一个场景(3.6),苏格拉底敦促不到二十岁的格劳孔控制自己的渴望,在学会如何治理好城邦之前不要急于跻身政治舞台。格劳孔曾经不顾自己的年轻和缺乏经验在公民大会上起身讲话,结果出了丑。在与色诺芬笔下的苏格拉底对话时,格劳孔看上去对管理城邦所需要的技术知识一无所知。他或许受过很好的教育,但那是一种老套的教育,而他这个人也非常老套,认为那样的教育就让他有资格承担公职。在《理想国》中,阿德曼图斯将格劳孔描述成一个“热爱胜利的人”(φιλόνικος);但是苏格拉底坚持认为,与阿德曼图斯描述的那种充满野心、热爱荣誉的类型相比,格劳孔更有教养,也更精明(548d—e)。

事实上这两兄弟都太有教养、太高贵,因此不可能不计成本地追求荣誉,不管他们认为自己多么有资格获得公职。他们反对社会腐败的方式不是像他们的亲戚那样搞政变,而是疏远社会生活,培养自己的灵魂。在柏拉图的对话中,克里提亚斯有时候和卡米德斯(Charmides)在一起,有时候陪伴着蒂迈欧(Timaeus)和赫莫克拉特斯(Hermocrates)这样显赫的外国访客,但是从来没有与外邦人为伍。而《理想国》开篇 13
的场景表明格劳孔和阿德曼图斯像他们的兄弟柏拉图一样,没有参与克里提亚斯的政变。

虽然他们对政治泥淖的回应比他们的表兄更加高贵,但那毕竟仅仅是一种回应。寂静主义并不是一种生活方式,而是从某种生活方式中撤退。在第七卷里,苏格拉底问格劳孔除了真正的哲学生活之外,是否还有别的生活方式会鄙视公职,格劳孔断然否认(521b)。不过他自己并没有过哲学生活,只是对苏格拉底充满同情,并且熟悉那些知识分子的谈话。苏格拉底说的很多话都令他吃惊不小。此外,我们很快就会看到,如果这两兄弟想要过哲学生活,他们还要做出什么尚未做出的改变。

因此格劳孔和阿德曼图斯其实并不是真的鄙视公职,他们只是退出公共生活。他们当然也履行自己的义务,参加雅典的战争(368a)。但是他们和其他寂静主义者一起把时间花在有文化的闲暇活动上。他们将外邦人看作自己的同辈,这件事本身就足以表明他们准备好了接受某种极端的东西,某种没有受到贵族的保守倾向限制的东西,因为外邦人在社会地位上并不是他们的同辈,而只有在才能上才可以这样说。他们将克法洛斯的儿子看作与自己同类。这种态度使他们下到比雷埃夫斯(Piraeus),来到这个港口,来到居住在此的外邦人家里,这些人不能在雅典城中拥有房产,只能居住在这个充满新奇事物和社会不安的港口[比较《礼法》(*Laws*)704d—705b]。这种态度还促使他们去观看一种新式的火炬赛会,该赛会是为了向一位新近从色雷斯(Thrace)引入的女神致敬(327a,328a)。

在这里,他们会从苏格拉底那里学到这样一个城邦,它由依据才能的贤人制(aristocracy)统治,在那里所有人都是公民,没有外邦人,每个公民都要遵守公民正义的要求,遵守这个城邦的基本原则,它可以被翻译成:"做自己的事,不要管别人的事。"(τὰ αὑτοῦ πράττειν καὶ μὴ πολυπραγμονεῖν，433a）但是在格劳孔和阿德曼图斯的雅典，这个原则意味着不同的东西，事实上意味着两个东西，取决于这句话是对精英说的还是对普通公民说的。如果是对精英说的，它就是一个建议：当一个寂静主义者，不要介入政治；如果是对普通公民说的，它就是一个警告：了解你自己的地位，不要试图篡夺那些比你强的人的权威。因为这样的警告在民主的雅典闻所未闻，因此我们最好还是把它理解成建议。 14

在美丽城中，每个人都做自己的事情，每个人都关心自己的工作，在这个意义上他们都是寂静主义者；但是没有人需要退出充分的公民生活。在美丽城的愿景里，格劳孔和阿德曼图斯会找到一种方式，很愉快地将自己与公共生活（事实上是与王制）的前景重新联系起来。

二、绅士心目中的价值

让我们从这两兄弟在讨论中最长的一段话开始，他们在第二卷中的讲话复活了特拉叙马库斯的论证——正义是傻瓜才干的事。

如果格劳孔要真的被说服，相信正义好于不义，那么他必须首先恰当地解释什么是正义、什么是不义（357a，358b）。这似乎来自苏格拉底在第一卷结尾对自己的不满，他说自己还没有说清楚什么是正义就已经在讨论正义是否比不义更有利了。但是格劳孔紧接着走得更远：

> 至少在我看来，你的论证还并不是很有说服力，不管对正义还是不义。我想要知道它们各自都是什么，**以及当它们出现在灵魂中时，本身**（αὐτὸ καθ’ αὑτό）**有什么样的力量**。（358b）

如果苏格拉底可以告诉他这个，那么他事实上就是在赞美正义本身（358d）。

当然，苏格拉底习惯于将“某某本身”这个说法应用到那些哲学家寻求的知识对象上，比如正义本身、美本身、善本身，由此将哲学家的探求与普通人的好奇区分开来。与此类似，格劳孔在这里想要一个他能想象的对正义最深刻的论述。他想要的那个对正义的论述要赞美正义在个人之中产生的效果，而不管别人将他看成正义之人会给他带来什么奖赏和名声。努力寻求**这种**正义，就是将自己与“一般人”或“大多数人”（τοῖς πολλοῖς，358a）区别开来，对一般人来说，正义是累人的事情，它要求符合社会规范，经常违背自己的自然倾向，之所以值得做只是因为由此可以获得一些物质奖赏，以及由声望而来的好处。

格劳孔轻视这种对待正义的态度，有某种高傲的成分。像格劳孔这样把物质奖赏（μισθοί）当作“大多数人”的目标（358a），意味着某种常见的对雅典那些一无所有者的抱怨，那些人指望“从公共服务中获得报酬（μισθός）”，而这种公共服务，如果环境允许，本来是绅士因为自己的地位而要履行的。大多数人的第二个目标是声望，这个词意味着公众意见及其带来的压力（εὐδοκιμήσεις，δόξα），而不是贵族式的优越。这样正义带来的善就是“ἐπίπονον εἶδος”（358a），不仅是“痛苦的”而且是“累人的”和“费力的”。格劳孔在这类善里面不仅包括了生病之后痛苦的治疗过程，还包括了医生受雇治疗疾病的“商业活动”（χρηματισμός）。

格劳孔的高傲也反映在他对善的三分之中，其中就包括累人的这类。他依据我们如何评价来区分各种善：有一些我们不是因为后果而是因为本身看重；有一些既因为本身又因为后果；还有一些，也就是这种累人的善，人们仅仅因为后果看重它们，与它们自身完全无关。这个区分在现代学者中间引发了激烈的争论,既因为哲学上的普遍性,也因为它看起来与现代道德哲学中义务论与后果主义的争论有明显的联系。但是假如柏拉图的本意就是要让这个区分承担如此重的哲学分量,他会让格劳孔而非苏格拉底提出它吗?而且柏拉图会让这个区分在他所有的对话中仅仅出现这一次吗?

如果说有哪个对善的分类主导了柏拉图的对话,那一定是在灵魂的善与肉体和城邦的善之间的区分[比如《申辩》(*Apology*)29d;《斐多》(*Phaedo*)68c;《礼法》697b)]。同样明显的还有手段与目的之间的区分[比如《吕西斯》(*Lysis*)220a—220b;《高尔吉亚》(*Gorgias*)467c],这个区分大体上可以对应格劳孔对累人的那类善的论述。格劳孔将善的活动区别于它的奖赏或有利的后果,前者的例子是在生病时接受治疗,而后者的例子是治愈。看起来健康好像是目的,而治疗是达到它的手段。这是在上面提到的《高尔吉亚》的篇章里对医疗例子的描述,它还补充了我们真正想要的并不是手段,而是目的。与此类似,《吕西斯》的篇章解释了唯一真正有价值的东西不是我们为了其他事物之故而获得的东西,而是为了它的缘故获得其他事物的那个东西。 16

但是在这个问题上,格劳孔的分析大不相同。被他归入善的那类东西发挥着手段而非目的的作用,即便它们是累人的。比如锻炼身体、接受治疗、为了挣钱去提供治疗,"我们会说这些活动是累人的,但是对我们有利"(ἐπίπονα φαῖμεν ἄν, ὠφελεῖν δὲ ἡμᾶς, 357c)。这些都是属于第三类善的事物(τρίτον...εἶδος ἀγαθοῦ, ἐν ᾧ τό γυμνάζεσθαι...),而起到目的或目标作用的东西则被描述成它们的"酬劳"、"奖赏"或"结果"(ὅσα γίγνεται ἀπ' αὐτῶν)。

我们应该注意到,格劳孔第三类善的例子都是帮助人们获得健康的过程。而拥有健康在他看来并不是第三类善,而是第二类——既因为它们自己也因为结果而有价值。他还提到了思考和观看,这强调了第二种善并不简简单单就是第一和第三种的结合。

我们可能会想,既然第一种善包括那些因为自身而有价值的事物,而第三种包括那些因为结果而有价值的事物,那么第二种因为既包括自身有价值也包括因其结果而有价值的事物,所以结合了这两种评价方式。[亚里士多德在《尼各马可伦理学》(*Nicomachean Ethics*)第一卷1097a15—b6中的相应讨论就是用这种方式来处理不同的评价方式的。]但是第三类善毕竟没有包括所有因为结果而有价值的事物;相反,它包括了那些就其自身来讲是痛苦或累人的事情,也就是除了结果之外我不想要它。换句话说,第二类善并不是其本身碰巧也值得欲求的第三类善。重要的是,格劳孔所说的第三类善并不仅仅是达到可欲求的结果的中立手段,而是某种我们都尽可能避免的累人的努力。一个将健康看作第三类善的奖赏的人,对待健康的态度不同于将健康看作第二类善的人。

格劳孔这个区分的效果与将健康当作目的,之后用锻炼、医疗或其他手段实现它,要对照起来看。格劳孔做出这个区分的真正意义在于,通过某种手段追求目的被贬低为累人和费力的善,即商人心目中的善。
17 而拥有健康和其他第二类的善,并不被当作付出某种努力之后的奖赏,而是被当作本身就有价值的条件,这些条件并不是目的,而是其他善(也就是它们的结果)的来源,但是即便没有那些结果,它们本身也依然有价值。

这是有教养的贵族给出的对善的分类。思考、观看、拥有健康,也就是一个人在其各种能力的完全状态之中,我们因其自身之故喜欢它们,而不用考虑这些能力可以带来什么好处。这里强调的是“思考、观看、拥有健康”(τὸ φρονεῖν καὶ τὸ ὁρᾶν καὶ τὸ ὑγιαίνειν),而非理智、视力、健康，虽然后者更符合柏拉图其他对话中最通常的（即便不是普遍的）习俗中善的范式。[1]在格劳孔那里所有种类的善都是状态、活动或过程。不是快乐，而是感到快乐（τὸ χαίρειν，357b）；不是“体育”（γυμναστική）也不是“医术”（ἰατρική），而是“进行锻炼”（τὸ γυμνάζεσθαι）和“进行医治”（ἰάτρευσις，357c）。

这样做的效果就是强调状态或活动，而不是成果。“健康”（ὑγίεια）是某种我们努力要去实现的东西，是那些累人的进行医治与接受医治活动的目标；而“拥有健康”（τὸ ὑγιαίνειν）则是那些无须为健康问题操劳的人的状态，他们既不需要挣钱去维系健康，也不需要去弥补艰苦的劳动和不良的饮食对健康造成的伤害。这就是那些无须操劳的人，那些一出生就拥有卓越状态的人，他们可以用自身的优越为自己和同胞带来好处。假如城邦没有将格劳孔限制在状态和活动上，他或许会选择更多强调成就。

我要说明，这一点并非语法问题，“τὸ ὑγιαίνειν”（拥有健康）和其他不定式在柏拉图那里作为名词使用时，可以用来指目标。我们在《高尔吉亚》（467c）中看到的有关手段与目的的段落就是一个例子。这一点
其实来自格劳孔在整个段落中对语言的使用，是一个文学问题。 18

或许有人会认为一个雅典贵族不大可能将身体锻炼贬低为一种低等的善，苏格拉底想要寻找年轻的贵族同伴时，他去的不正是雅典的运动场吗？但是我们只要考虑一下在《理想国》的后面苏格拉底怎么批评希罗迪科（Herodicus），就可以打消这种不安。苏格拉底在406a说到，希罗迪科是一个训练师，得了病，而他对付疾病的方法是“将体育

1　比如《普罗塔哥拉》（*Protagoras*）341b，354b；《高尔吉亚》467e；《礼法》631c；以及《理想国》618b，618d。

与医生的技艺混合起来”（μείξας γυμνατικὴν ἰατρικῇ）。这是一个错误，他的臆想病最终毁掉了自己的余生和周围人的生活。格劳孔评论说，“他因为自己的技艺赢得了很好的奖励”（καλὸν ἄρα τὸ γέρας τῆς τέχνης ἠνέγκατο），他用了“奖励”（γέρας）这个词，它带有贵族的优越和荣耀。绅士不会为了自己的健康锻炼身体，也不会将体育和医术混合起来。在他看来，锻炼表现的是他有教养的闲暇（比较《普罗塔哥拉》312b）。事实上他也可以通过参与体育竞赛给自己和城邦带来荣耀。但是这不会也不应该，将身体锻炼变成实现某个目的的手段。甚至在民主制下，体育竞赛也依然是展示贵族式卓越的最佳途径。一个人参与竞赛并不是为了经济上的奖赏，至少主要不是为了它，而是为了一个简单的月桂花环象征的荣耀。胜利的荣耀为一个人已有的价值加冕。

格劳孔这个分类中带有的贵族气息在几个方面得到了他哥哥阿德曼图斯的加强。最重要的是，阿德曼图斯明确了在我们既看重其自身又看重结果的那些善里面，哪方面分量更重。他们已经同意了第二种善最重要（367c，比较358a）。但是阿德曼图斯坚持认为在这类最重要的善里面，我们最看重的是事物本身而非结果：

> 那些最好的善因其结果而值得拥有，但是更因为（πολὺ δὲ μᾶλλον）其自身之故，比如观看、聆听、思考，拥有健康也是这样（οἷον ὁρᾶν, ἀκούειν, φρονεῖν, καὶ ὑγιαίνειν δή），以及其他属于这一类的真正的善，它们都是由于各自的本质而成为善的，而不是因为名声（καὶ ὅσ’ ἄλλα ἀγαθὰ γόνιμα τῇ αὑτῶν φύσει ἀλλ’ οὐ δόξῃ ἐστίν）。（367c—d）

我们不要去关注结果，我们不是要追求成就。如果这些善“因其结

果而值得拥有”，也就是“值得获得”（ἄξια κεκτῆσθαι），那是因为我们已
经拥有了它们。格劳孔要求苏格拉底表明正义自身会在灵魂中产生什
么样的效果（358b），阿德曼图斯要求苏格拉底表明正义自身会在“拥有 19
它的人”（τὸν ἔχοντα，367b，367d，367e）身上，或“拥有它的人的灵魂中”（τῇ τοῦ ἔχοντος ψυχῇ ἐνόν，366e）产生什么样的效果。如果苏格拉底可以做到这一点，他也就将正义置于真正的善（γόνιμα）的行列之中了，那些善适合绅士，他们的卓越品质和在闲暇中进行的活动因其自身而值得追求，而只在次要的意义上使他们成为城邦的装饰，假如城邦允许的话。（γόνιμα这个词的确切意义存在不同阐释，但是不管将它理解为“真正的”还是“富有成效的”，它都与好的教养有关。）

讲话临近结束时，阿德曼图斯引入了一个强有力的意象。在367a他说，如果可以表明不义是灵魂之中最糟糕的恶，而正义是最大的善，那么我们每个人就都可以成为自己最好的“护卫者”（φύλαξ），因为行不义就像“与最大的恶共处”（τῷ μεγίστίῷ κακῷ σύνοικος ᾖ），允许恶进入**他**所在的地方，即他的灵魂。

阿德曼图斯谈到的自我护卫作为一个隐喻，很符合他弟弟讲话中的那种高傲。做自己的护卫者是因为害怕会给自己带来伤害，而不是害怕别人可能给他带来的伤害（οὐκ ἂν ἀλλήλους ἐφυλάττομεν μὴ ἀδικεῖν，367a）。他是自足的，那种自足性表现为拒绝让城邦满足自己。这是要避免总是提防别人可能给自己带来伤害，但是出于同样的原因，这也是避免关注他人，避免关照他们，当一个护卫者（guardian）而不是保镖（guard）。φυλάττειν（护卫）和φύλαξ（护卫者）在希腊语里和在英语里一样意义模糊。这里说的是，一个人不是去看管和照看他人，而是要看管和照看自己，要对自己内部可能拒不服从的要素加以限制和规约。

阿德曼图斯的话是对寂静主义的建议，也就是在一个不完美的世界中如何实现个人的完善和绅士的完善的建议。因为即便要看管和照看的自我是一个包含着较低级要素的自我，只要我们可以控制这些内在要素，就依然可以不受它们的玷污。他不会“与恶共处”（κακῷ σύνοικος）；即便不是在他周围的民主制度中，至少在他灵魂中的那个城
20 邦里，低级的要素清楚自己的位置。那是一个各方面都很健康的城邦。

三、为什么要统治？

对于格劳孔和阿德曼图斯提出的这个关于绅士不会执着追求成就的说法，有一个明显的反对，这也是《理想国》的读者很可能会产生的感觉：这两兄弟在意气（spirited）和竞争性上不低于对话中的任何人。此外，学者们已经就希腊文化整体的竞争性达成了共识，至少在精英阶层的成员之间有着很高的竞争性。赞美他们在努力（πόνος）之后取得的奖赏也是这种精英价值的一部分。最好的那类人的典型想法就是为了不朽的荣誉而努力，就像狄俄提玛（Diotima）在《会饮》208c—d中提醒苏格拉底的那样。

《理想国》用了一些别名来描述格劳孔（而非阿德曼图斯），这些别名也说明格劳孔是一个极富竞争性的人。他拒绝接受特拉叙马库斯的屈服，这让他获得了“非常勇敢”（ἀνδρειότατος，357a）的称呼，这个词同时带有“非常具有男性气概”的含义。这只是格劳孔数次插入讨论和提出反对的第一次，苏格拉底将另一次描述为突然袭击（472a）；因此我们一点都不奇怪阿德曼图斯后来说他“热爱胜利”（φιλονικία，548d）。这些特征不仅在文字之中得到表现，因为格劳孔还是一个战争英雄。在368a苏格拉底引用了一行诗，作者是一个爱慕格劳孔的人，内容就是

歌颂他在麦加拉之战中的杰出表现。

但是这首诗同时也针对阿德曼图斯，他在自己兄弟身边的表现同样杰出。在讨论中，阿德曼图斯和弟弟一样愿意提出坚决的反抗（比如419a，449b—c，487b）。他也一点都不缺少竞争精神：不仅在第二卷中发表了长篇大论，并且说自己的发言不仅是对格劳孔的补充，还超过了格劳孔的发言（他说："最需要被包括进来的部分却被忽略了"，362d）；因此当他说弟弟具有竞争性时让人们感觉像是一种无端的挖苦——当然是带有玩笑的意味。当然，这个时候无须提及格劳孔，因为这里的讨论有关类型而非某些个人（548d）。

如果这两兄弟确实很有竞争性，如果他们毕竟是成功者，那么他们为什么一起坚持让苏格拉底描述一种完全被剥夺了奖励、荣誉和奖赏的正义呢？贵族的成就区别于单纯的劳动，他们要参与到自由和闲暇的修辞之中，这些都弱化了他们孜孜以求的一面，但即便如此，两兄
弟对于奖励的坚决反对还是显得非常突出。那么他们是不是在和自 21
己竞争性的本性做斗争呢？不是，他们恰恰是在表现这种本性。他们将自己的价值设定得非常之高，不屑于在一个与他们不相称的竞技场参与竞争。他们有所成就，这毫无疑问，但是他们想要的成就是让这个世界认识到他们的内在价值。他们无法为这个世界工作，既然如此，关注自身带来的满足就足够了。苏格拉底在第六卷（489b）说，如果最有价值的人看起来毫无用处，我们应该指责的是那些不会利用他们的人。他的措辞让我们回忆起有关寂静主义的政治辩论，以及修昔底德（Thucydides）记载的伯里克利（Pericles）对寂静主义的指控（2.40.2）：所谓的"寂静主义者"不过是"毫无用处之人"（ἀχρεῖος）。不过苏格拉底并没有将这些词汇用在贵族身上，而是用在了哲学家身上。

这两兄弟认为寂静主义就是对这样一个不完美世界的最好回应，

而苏格拉底的任务就是帮助他们摆脱这样的想法。第一卷中格劳孔的一个困惑预示了这个任务(那是一个很有启发性的时刻)。在那里苏格拉底正在反驳特拉叙马库斯的挑战，也就是格劳孔在第二卷再次提出的那个挑战。在论证正义是傻瓜才干的事情时，特拉叙马库斯宣称统治者总是在制定法律时关心他们这个等级的利益，而不是公益。苏格拉底反对这个看法，指出事实上没有人自愿成为统治者(346e)。为什么会有人愿意通过纠正别人的错误卷入和分担别人的麻烦呢？这不可能。如果有人同意进行统治，那么一定要给他某些“奖赏”或“酬劳”(μισθόν)，或者是金钱、或者是声望；要么是这些，要么就是因为他不统治而来的惩罚。

格劳孔在这里插话进来。他很熟悉苏格拉底前面提到的两种酬劳，“但是我不理解你说的惩罚，以及你怎么能够把它归入酬劳”。苏格拉底的回答在某种意义上激发了格劳孔的竞争性。他回应道，那么你就是不理解是什么样的酬劳使“最好的人”、“最能干的人”同意进行统治——他的用词(οἱ βέλτιστοι, οἱ ἐπιεικέστατοι)强烈地暗示了社会等级。(想象一下格劳孔听到会是何种感觉！)苏格拉底继续说，你难道不知道“野心和贪婪”(τὸ φιλότιμόν τε καὶ φιλάργυρον)[1]被认为是，而且也确实是，令人羞耻的东西吗？格劳孔为了弥补他之前的不小心，非常确定地回答苏格拉底：“我当然知道(Ἔγωγε)。”

如果说“爱财”(φιλαργυρία)经常被社会视为某种耻辱，那么人们在看待“热爱荣誉”或“野心(抱负)”的时候则有着远为矛盾的感情。

1 φιλοτιμία及相关词由φιλέω(爱)和τίμη(荣誉)组成，英文通常译为ambition，这里根据语境译为“抱负”(偏褒义)或“野心”(偏贬义)；φιλαργυρία及其相关词由φιλέω(爱)和ἀργύς(金钱)组成，这里英文译为greed(贪婪)，下面也直译为love of money(爱财)。——译者注

肯尼斯·多弗（Kenneth Dover）表明，这个词有着丰富的含义：在贬义 22
的极端，它的意思是充满攻击性的自我主张，以及在社会上炫耀；而在褒义的极端，它的意思是渴望获得尊重，尤其是在公共服务之中。多弗建议，在很多褒义的场合，“爱国主义”（patriotism）是恰当的翻译。[1]

如果格劳孔自信地认为τὸ φιλότιμον（野心、抱负）不仅被认为，而且事实上确实是某种令人耻辱的东西，那么在这个问题上他的立场就超出了习俗的看法（习俗不会在这个问题上给人如此大的自信），而进入了寂静主义的立场。如果有某种动机能让最好的人想要统治，而格劳孔还没有听说过，他当然非常想知道，因为他将自己视为最好的人，并且也思考过在什么条件下会追求政治事业。正因为如此，他迫不及待地插入苏格拉底与特拉叙马库斯的对话，也正因为如此，他称自己“熟悉那两种酬劳”（τοὺς μὲν γὰρ δύο μισθοὺς γιγνώσκω）。格劳孔很有抱负，但是他对政治抱负的思考——或许还结合了一些色诺芬描绘的政治经验——使他退却到自己的堡垒之中。而苏格拉底似乎意识到他对政治的兴趣和抱负依然存在，随时可能被强大的火焰点燃。

显然，苏格拉底给格劳孔提供了一个最不寻常的统治动机。好人不会为了金钱统治，因为他们不想被别人称为（κεκλῆσθαι）唯利是图，如果他们公开赚钱；也不想被称作窃贼，如果他们偷偷赚钱（347b）。他们也不会为了声望进行统治。为什么不呢？因为“他们不是爱声望的人”，“没有什么野心”（οὐ γὰρ εἰσι φιλότιμοι）。在这里苏格拉底没有说他们不想**被称为**充满野心，而是说他们不想被称作唯利是图或是窃贼。即便如此，他还是说这种野心和贪婪一样，都不仅“是”，而且“**被说成是**”（λέγεταί τε καὶ ἔστιν）某种令人耻辱的东西。

1　Dover 1994 (1974), pp. 229—234.

这样看来,在好人的欲求中就有某种不对称。他们并非对金钱毫
23 无兴趣。(毕竟连苏格拉底都在《斐德罗》的最后祈祷自己拥有一个节制者所能使用的金钱。)他们并不是因为不想要钱才远离政治,而是因为他们不想丧失好人的名声。他们不想被称作唯利是图或窃贼,但是如果通过当政治家赚钱,那么这两个称呼很可能会随之而来。在民主制中,政治生活会给一个人的名声带来危险,这也是贵族采取寂静主义的原因之一。而声望有所不同,好人们确实对那些通过生活在公众眼中、通过在社会中占据高位而得来的声望毫无兴趣。并不是说他们不想**被称为**野心勃勃,而是因为他们是好人,所以根本就不是野心勃勃。在他们看来,成为好人并且被看作是好人,就已经足够好了。

这样,好人就缺少了通常的动机去承担政治权力,因此如果他们拒绝,就需要某种惩罚强迫他们,这种惩罚就是被不如他们的人统治(347c)。好人们担心这种情况,又没有更好的人或者和他们同样好的人可以委托,只好同意进行统治,但是会将这样的任务看作"不可避免的东西,而非某种好事"(οὐχ ὡς ἐπ' ἀγαθόν τι ἰόντες…ἀλλ' ὡς ἐπ' ἀναγκαῖον),他们也不会将这样的任务看作某种会"给人带来好处或快乐的东西"(οὐδ' ὡς εὐπαθήσοντες ἐν αὐτῷ)。如果有一个完全由好人组成的城邦,苏格拉底猜想大家一定会争着**避免**统治,就像现在争抢统治的机会那样。每个人都会选择让别人施惠于自己,而不想自己费力地施惠于他人(347d)。

如果用苏格拉底和格劳孔那个社会的标准判断,这就是优越之人的独特动机。亚里士多德在《尼各马可伦理学》中描述那种意识到自己优越性的人时也表达了类似的看法,他们是"μεγαλόψυχος"(豪迈者),即拥有伟大灵魂的人,他们乐于施惠于人,而耻于受惠于人,因为施惠更适于优越者,而受惠则适于低下者(1124b9—b10)。一个人与自

己的同侪在一起时，这种动机不会消失或变得相反，而只会愈发加强：他施惠的对象越是身居高位、越是享有良好的声望，他展示自己的优越就越困难，给人留下的印象也就越深（1124b17—b23）。这样一个将统治的动机系于对自己价值和尊严感觉的人，当他置身于同侪之中时，也
不会突然失去这种对自我的感觉。 24

在这样的背景下，我们清楚地看到，苏格拉底抓住了一个常见的社会现实，却给出了不同寻常的解释。这个社会现实是："主动寻求官职，而非等着有人迫使他们这样做，总是被看作耻辱的"（347c）。苏格拉底通过解释好人的动机提出了一个假设来解释这种普遍的态度："那大概就是它为什么总是被视为耻辱"（ὅθεν κινδυνεύει...αἰσχρὸν νενομίσθαι）。他提出这个看法时所带有的尝试性是非常恰当的。对一个不能决定政治抱负是好是坏，并且同时需要这两个方面的社会来说，反对那些追求公职者的明显理由并不是说好人都没有政治抱负（像苏格拉底说的那样），而是说他们不想被称为充满政治野心，不应该给自己招来那样的名声。即便你想要满足自己的抱负，也不要太公开地表达出来；谦逊地、有分寸地表现出勉为其难，很可能更能够获得别人的鼓励和赞成，而昭告天下只会适得其反。

不难看出，通过苏格拉底不同寻常的分析，柏拉图正在把一个将会在美丽城以及由哲学家构成的统治阶层中出现的观念引入讨论。那些没有政治野心的好人并不是雅典"最好的人"，而是哲学家，他们是一个虚拟城邦中的精英。但这并不是说美丽城就是一个好人在其中争着不去统治的城邦。这样的城邦甚至比美丽城更加虚幻，因为那将是一个完全由哲学家构成的自足的共同体。在美丽城中，哲学家与非哲学家居住在一起，哲学家需要非哲学家给他们提供生活必需品。虽然供给者没有达到哲学家的高度，但他们毕竟也是这个共同体的实质性组

成部分。因此那些思考美丽城的人就不能回避优越者还是低下者进行统治，以及有什么动机可以让优越者进行统治的问题。

四、真正的男人

在第一卷中格劳孔没有得到机会反驳苏格拉底有关好人出于什么动机进行统治的分析。苏格拉底推迟了对这个问题的详细考察（347d—e），直到引入了“哲人王”之后，才澄清了它的全部
25 含义。

但是格劳孔有可能在第一卷的语境中给出的答复出现得比这要早，就在第二卷开头重提特拉叙马库斯的论证的时候，他声称那些实践正义的人都是不情愿的，“视之为某种不可避免的东西，而非好的东西”（ἄκοντες ἐπιτηδεύουσιν ὡς ἀναγκαῖον ἀλλ’ οὐχ ὡς ἀγαθόν，358c），他将这种观点鄙视为大众的看法。他为这种观点辩护，但条件是苏格拉底可以给他反驳这种观点的论证。这里的措辞和苏格拉底描述的优越者对待正义统治的态度如出一辙。格劳孔虽然是一个优越的人，但他显然对这种态度有所保留。如果苏格拉底想要让格劳孔走出自己的堡垒，就必须要给出更有力的论证。

此外，“极富男性气概的”格劳孔继续表达的对这种观点的保留态度，被说成是那些真正的男人、具有男性气概的男人都会有的保留。特拉叙马库斯曾将优越的人描述成可以让法律（νόμος）为自己的利益效劳的人；而格劳孔将法律看作是对自然（φύσις）的限制，具体来说就是限制损人利己的自然欲求（πεφυκέναι，φύσις，358e，359b，359c）。

柏拉图在这里有可能借用了安提丰（Antiphon）的论证，就像马里

奥·维盖蒂论证的那样。[1]安提丰是一个知识分子，但是与本章讨论关系更为密切的是，他还是一个寡头派的革命分子，并且曾经是一个寂静主义者。修昔底德（8.68.1）告诉我们，他机智的名声在大众中并不是非常响亮，而这使得他非常低调。格劳孔说，一个真正的男人（ὡς ἀληθῶς ἄνδρα，359b）绝不会对社会契约做软弱的妥协，同意只要别人不伤害你就绝不去伤害别人，这与安提丰描述的社会契约如出一辙。格劳孔的意思是，这种契约对于真正的男人没有意义，因为他有足够的力量和胆识去赢得成功，无须社会契约的帮助。这种契约的基础是软弱与恐惧——对于被强者伤害的恐惧（比较360d）。 26

当然，所有这些都是其他人说的，不是格劳孔自己的看法，格劳孔反复强调这一点（358c，359b，361e）。但是苏格拉底有他的怀疑，因此我们也应该抱有怀疑。回顾格劳孔和阿德曼图斯的讲话，苏格拉底承认，如果仅仅从他们的讲话而非他们的品格和可敬的过往判断，很难相信这两兄弟实际上不认为不义要强于正义（368a）。

从这种契约引申出正义就意味着，将正义看作仅仅因为其奖赏才是好的，这个奖赏就是不被伤害。格劳孔非常真诚地鄙视将正义仅仅看作因为奖赏才是好的。在成为魔鬼代言人之前，他以自己的名义表达过这样的观点（358a）。如果他设想一个“真正的男人”会蔑视这个契约，那个真正的男人肯定与他自己心意相通。他抱怨说自己从来没有听到过有人用他希望的方式赞美过正义，即因为正义自身之故赞美它（358d）；但是他肯定听到过有人用他喜欢的方式**抨击**过正义，即抨击它是弱者和懒人想出来的权宜之计。他和哥哥从政治生活中隐退，因为政治不过是为了迎合民主雅典的弱者和懒人，与此同时他们也从

1　Vegetti ed. 1998［vol. 2］, pp. 163—169.

一个在传统上正义之德非常活跃的社会隐退了。但是他们还没有对正义感到绝望。他们想从苏格拉底那里听到的是，证明寂静主义者也同样是个正义的人，甚至是所有人中最正义的。他们并不是很有兴趣证明正义可以击败不义；他们对此已经非常自信了(347e)。他们想要的是一种有关正义的新的论述，可以与他们选择的隐退和自足相适应(358b，367b，367e)。

迄今为止还没有这样一种有关正义的论述，这是阿德曼图斯唤起我们注意的几个问题之一。他在讲话的开始就强调，我们必须考虑人们通常用何种论证来**推荐**正义，而非谴责它。如果我们想要理解格劳孔在想些什么(362e)，就要注意阿德曼图斯所说的。那些**有利于**正义的论证其实与格劳孔提出的**反对**正义的论证有着完全相同的结构。因此我们也就无须惊讶阿德曼图斯想要找到更有效的论证来支持正义。

阿德曼图斯说，家长和诗人耳熟能详地罗列守法者在此生和来世所能获得的奖赏(363a—e)。比较一下格劳孔如何描述安全，即免受伤害，这是那些接受法律限制的人的奖赏。家长和诗人众口一词地宣
27 称正义是好的，是个“美好的”东西(καλόν，364a)，但也是“费力的”或“痛苦的”(ἐπίπονον)，并且没有不义带来的成功多，而不义只是因为习俗(νόμῳ)才令人羞耻。但是伴随着不义的风险和耻辱可以通过巧妙的策略避免和消除。因此格劳孔在讲话中将正义归于第三类善，即“费力的”或“痛苦的”那类，他还认为对正义的追求取决于公众意见。他问道，我们中有谁可以在得到一只隐身戒指之后依然不被腐蚀？那些干了坏事却有办法避开公众谴责的人一定会放纵自己。这样一来，他们就会服从自然倾向，无视社会习俗(359c)。

这就是为什么当乔治·格罗特(George Grote)[1]表达如下不满时，他只在技术层面上正确：苏格拉底不该将格劳孔和阿德曼图斯的讲话表现成对正义的诽谤，事实上他们给出的论证是要表明正义确实是一种善，虽然是第三类，即因为结果而非自身之故而善。[2]苏格拉底是正确的，因为格劳孔对第三类的善持有整体性的蔑视。他相信正义并非与它们为伍。

五、哲学家的价值

到第七卷苏格拉底解释哲学家为什么会同意回到洞穴，在养育了他的城邦中进行统治的时候，格劳孔已经经历了某种转变。苏格拉底问，那些由我们养大的人会不会拒绝服从我们(520d)？会不会拒绝"承担他们那份"城邦的"劳动"(συμπονεῖν)？格劳孔回答说不可能，并且主动给出了一个解释和一个警告：

> 他们不可能拒绝。那是一个正义的要求，而他们是正义的人。但是毫无疑问，他们每个人都会把统治看作某种不可避免的东西(ἀναγκαῖον)，恰恰与现在统治所有城邦的人们相反。

苏格拉底表示同意，甚至在第七卷结尾(540b)的总结中比格劳孔更明确地指出，这里的讨论与他在第一卷里关于好人因何进行统治的

1　乔治·格罗特(1794—1871)，英国著名古典学家，最著名的作品是十二卷本的《希腊史》(*A History of Greece*，1846—1856)以及三卷本的《柏拉图，及其他苏格拉底的同伴》(*Plato, and the Other Companions of Sokrates*，1865)。——译注

2　Grote 1885［vol. 4］, p. 117.

28 解释是一致的。哲人王会轮流统治，“为了城邦的利益，不是将他们在做的事情当作美好的，而是当作必需的”（τῆς πόλεως ἕνεκα, οὐχ ὡς καλόν τι ἀλλ’ ὡς ἀναγκαῖον πράττοντας），就像第一卷里的好人接受这个任务，“不是当作一件好事，而是某种不可避免的东西”（οὐχ ὡς ἐπ’ ἀγαθόν τι ἰόντες…ἀλλ’ ὡς ἐπ’ ἀναγκαῖον, 347d）。这一次，格劳孔被允许作答，而他的回答非常热切：“你塑造了一些多么美好的人（παγκάλους）作为统治者呀，苏格拉底！”

在这之间发生了什么，使得格劳孔愿意接受这样一个对正义城邦的论述，认为那些用他曾经鄙视的大众实践正义的方式——“违背他们的意愿，视之为某种不可避免的东西，而非好的东西”（ἄκοντες…ὡς ἀναγκαῖον ἀλλ’ οὐχ ὡς ἀγαθόν, 358c）——承担起维持城邦正义任务的人是可敬的呢？

答案是苏格拉底给了极富男性气概的格劳孔一个新的范本去衡量自己，这就是哲人王，他不仅是哲学家，而且是一个“真正的男人”，他来自勇士的等级，和格劳孔一样蔑视仅仅为了社会上的成功去遵守社会规范。如果说他不需要像格劳孔和阿德曼图斯那样退却到寂静主义和自我护卫，那是出于两个原因，一个是因为他所在的社会中成功是值得获得的，另一个是因为他的目标完全超越了人类社会。

哲学家是正义的，他非常顺从地承担起指派给他的正义的任务，“为了城邦”进行统治，将这看作“必要的”，也就是说如果城邦想要免于内乱，他们的统治就是“必需的”（520c—d）。我这里说的是“必要”（necessary），而非“不可避免”（unavoidable），因为他要考虑什么手段对于实现某个目标来说是必要的。在这个意义上，哲学家与一般人不同，并非“不情愿地”（ἄκων）追求正义，因为他不会去避免进行统治，即便他有办法躲避，至少在美丽城中是这样（592a）。而格劳孔认为，一般人假如有了隐身戒指，一定会躲开正义的要求。将正义当作格劳孔所说的第三类善来追求，这其中所伴随的不情愿，是格劳孔为他的论题做的重要补充。而在他看来这正是其中最值得反对的要素。一旦有人向他表明，一个人并不一定不情愿地追求那种被他看作必要而非美好或高贵的正义，一旦他看到“美好”或“高贵”之人（πάγκαλος）可以对正义 29
持有这种态度，他就会热切地承担起正义的义务。

但就算不是人们不情愿地追求的东西，人们也依然可以对它们保持谨慎。哲人王对待统治的态度与第一卷中描写的好人对待统治的态度，差别并不在于他们的热切程度，而在于那些好人不是将公职看作“好的”（ἀγαθόν），而哲学家不是将它看作“美好的”或“高贵的”（καλόν）。统治一个像美丽城这样的良好城邦，不同于在一个一般的城邦中承担起遍布腐败的公职。但是即便如此，哲人王依然不会将他君王的任务看作某种καλόν的东西，不可能在其中感到荣耀，这是因为他的灵魂中拥有正义，而那是比城邦中的正义更加真实的。这恰恰就是格劳孔和阿德曼图斯在询问正义就其自身在灵魂中产生什么效果时想要得到的答案。

虽然有这些表面现象，但苏格拉底给两兄弟的其实比他们要求的更多。我并不是在一个显而易见的意义上这样说，即苏格拉底通过详细描述一个完全正义的城邦来描述完全正义之人的灵魂。我的意思是，苏格拉底对于个人灵魂的强调，以及他给出的正义首先不是存在于城邦之中，而是存在于灵魂之中的论证（443c—d），与格劳孔和阿德曼图斯表面看来非常相似的优先性排序有着不同的目的和意味。

阿德曼图斯希望每个人都可以得到良好的教育，成为自己最好的护卫者（367a），我们在前面看到，这是实现绅士的那种完善的建议。自己的护卫者不受灵魂中较低要素的影响。而格劳孔担心，除非我们能够剥夺正义者的所有奖励和认可，否则就不清楚他行正义的原因是否仅仅在此（361c）。苏格拉底感叹："你是多么强有力地'净化'（ἐκκαθαίρεις）了他呀，就好像洗刷一个雕塑！"（361d）格劳孔的正义典范就像阿德曼图斯的一样纯洁无瑕，也正因为纯洁，他的德性闪耀光辉，就像一个刚刚被清洗干净的雕塑。

诚然，格劳孔同时将完美的不义之人的雕塑也用这种方式打磨得熠熠生辉。但是两兄弟需要学习的是，没有哪个人的灵魂能够完全纯
30 洁或者完全肮脏。哲学家像绅士一样，严肃对待在灵魂中较高和较低要素之间保持良好秩序的任务。这两种人灵魂内部的政治都是保守的"良法"或"良序"政治（εὐνομία）。哲学家与绅士的不同之处在于，并不将那种政治看作纯洁的。绅士认为在自己之中找到了一个逃脱他所生活的那个城邦之中肮脏政治的方式；而哲学家甚至认为组织灵魂政治的任务也是必要而非荣耀的，就像他认为哲学家应该统治是必要而非荣耀的，虽然灵魂中的正义比城邦中的正义意义更大。（我在第四章会更详细地讨论这个问题。）

如果哲学的统治是他所处的环境、成长和教育加给哲学家的必要之物（520b），那么灵魂中的政治就是他的人性加给他的东西。《理想国》临近结束的时候，格劳孔和阿德曼图斯会学到灵魂不可能变得"纯洁"（καθαρόν，611c），不可能被净化，除非它脱离了人的身体和人生的影响，这些东西只会损毁和残害它，就好像它被扔到了海里，被各种贝壳和海藻覆盖（611c—612a）。只有死亡能让它获得自由。

当然，有德性的灵魂，也就是内部政治得到妥善处理的灵魂，是健康的（444d—e）。在讨论的大多数时候，都是这样一种灵魂观处于主导地位，只是在最后苏格拉底才明确指出，从整个宇宙的视角来看，健康的人类灵魂是什么样子。但是这个视角其实一直在发挥作用，因为

它是哲学家行为的一个决定要素（比如484c，486a，520c）。灵魂的健康还不是灵魂的纯洁，健康是实现纯洁的手段。苏格拉底为这个思想做准备的方式是悄然纠正格劳孔和阿德曼图斯关于身体健康的看法，身体健康被他们归入了既因为自身之故又因为结果而善的事物（357c，367d）。

在讨论如何处理灵魂政治的高潮部分，也就是第九卷最后，苏格拉底解释说，身体健康的价值只有在它有助于节制的意义上看待才有意义。人们保持身体的平衡是为了产生灵魂中的和谐（591c—d）。这样读者就为第十卷最后的一个转折做好了准备：身体的健康是为了灵魂的健康，而灵魂的健康得以保持，是为了灵魂中神圣的部分，也就是理 31
性，可以达到繁盛，并最终得到净化。

这里有两重视角：哲学家对人生既持有人的视角也持有神一样的视角。哲学家并不是神，他们要过人的生活，在人的生活中，他们为了灵魂自身之故看重它的正义，同时也看重内在的正义给自己和周围人带来的外在好处。正是从人的视角看，苏格拉底在第二卷同意格劳孔，正义属于第二类善，也就是他所说的“最美好的一类”（ἐν τῷ καλλίστῳ，358a），既因为自身又因为结果而被“想要幸福的人”（τῷ μέλλοντι μακαρίῳ ἔσεσθαι）看重。在至福之岛上的生活，也就是沉思理念（forms）的生活，如果人们可以永远待在那里而不再回到人间，就属于格劳孔说的第一类善，即只为了自身之故而没有任何结果的善，那种快乐不会随着时间产生其他的结果，而只是本身令人欣喜的状况（357b）。哲学家在通常的生活中所享受的灵魂快乐甚至都不掺杂痛苦（583b—586e），这并不是说哲学家通常的生活也不掺杂任何痛苦。但是格劳孔并没有进一步发展第一类善，除了无害的快乐之外也没有给出更确切的例子，而只是将注意力集中在正义是第二还是第三类善的问题上。《理想国》

整体上保持了格劳孔这里所做的强调。

也正是从人的视角，苏格拉底将正义带来的外在好处，甚至包括来世的好处，称为“奖励”（ἆθλα，608c，613c，614a）。因为在《理想国》里神一般的视角总是处在背景之中，而人的视角则位于前台和核心位置，正像苏格拉底在回顾整个讨论的时候说的：“我们已经充分地描绘了在人的一生里发生在灵魂中的事情，以及灵魂可以获得的形态”（612a）。甚至在最后的神话讨论脱离肉体的灵魂时，柏拉图关注的也是它们的转世和如何选择下一生。从人的视角看，来世的利益为一个人此前存在的价值加冕，就像赛会中月桂花冠为贵族运动员加冕一样（613c，621d）。

这是由哲学家分享的视角。作为人，他们会为了其自身之故看重灵魂的健康，除此之外他们还能做什么呢？他们只是人。如果你是人，
32 那么能够在完全实现人类能力的情况下生活，也就是过着拥有健康灵魂的生活，**当然**是件好事，你**当然**会因其自身之故喜欢这样。我说“当然”是因为运用一个人的自然能力看起来是人们很自然会欲求和高兴的事情。但这当然是一种用非常高的方式理解的人类能力，它们并不仅仅是作为人所要坚持的价值。这种人的视角是哲学家与格劳孔这种绅士分享的，而不是与所有人分享的。

格劳孔在第四卷结尾宣称，“如果他由之活着的那个东西的自然结构（τῆς δὲ αὐτοῦ τούτου ᾧ ζῶμεν φύσεως）被破坏或损毁”，那么人生就是不值得过的，因此如果再去探求正义是否有利就是荒谬的，因为我们已经看到了，这样问就等于是在问如果灵魂的健康被损毁了是否有利于人的生活（445a—b）。他这样说并没有错，但是苏格拉底不允许就此将讨论画上句号。他同意，这是“荒谬的”（γελοῖον），但是“既然我们已经可以尽可能清楚地看到事情的本来面目，我们不该就此停下”

（445b）。

苏格拉底接下来让格劳孔看到的是，人生的问题并不止于灵魂的健康。人类灵魂的健康，即便是整洁、健康、闪亮、美丽的人类灵魂的健康，属于最美的那类善［这是ἐν τῷ καλλίστῳ（358a）的另一个意思］，但也还不是全部的目的。即便在认识到正义是灵魂的健康之后，你也依然可以问正义如何对人有利。如果说这是一个荒谬的问题，那是因为如果你不接受某些非常反直觉的说法（452b—e，473c—d），如果不能保证灵魂是不朽的（608d），就不可能继续追问这个问题。如果这还是一个值得探究的问题，那是因为还有一个目标是健康的灵魂所要实现的。这个目标就是真正的至福（μακαρίῳ ἔσεσθαι，358a），这个目标是健康的灵魂可以触及（519c），但是不可能在人生中完全实现的（540b—c）。

如果哲学家赞同绅士，认为健康的人类灵魂是某个卓越和美丽的东西，因其自身值得欣赏，那也并不仅仅是因为像绅士一样，他看重卓越和美丽的东西，因为它自身之故而非因为结果看重它（367c），还因为他将健康的人类灵魂之美置于整个宇宙的美丽和秩序之中 33
（486a）。但是这个努力将他带到一个更高的视角，由此观之，即便是健康的人类灵魂，看起来也是被水藻和贝壳所累。在无序的东西之中维持自然秩序本身就很好，因为自然秩序本身就是好的。但是维持秩序的需要本身却依然是遗憾的来源。哲学家能够在灵魂的秩序中发现“美”（κάλλος），并不意味着他认为维持那个秩序的任务是“荣耀的”（καλόν）。

这样看来，绅士的品性是不够的。还有一种更高贵的利益追求，这种对目的的追求也是通过费力的手段，但是这些手段并非来自商人的品性。这种高贵的利益追求使用的工具是整个哲学的人生。这就是采取和神相似而非人的观点。透过不如运动之类的比喻那么闪耀的透镜来看待人生的劳苦，也就是通过农业（589b）和舵手的技艺（591e）来看
34 待。在这种观点看来，维持灵魂中的秩序不过是对必要性的让步。

第一章的相关资料和学术背景

关于本章中运用在格劳孔和阿德曼图斯身上的那种贵族式的寂静主义，我依赖Carter 1986极富启发性的论述，同时还有Donlan 1980。这两个研究同时也强调了精英之间竞争性的价值。关于在绅士的生活方式中努力发挥自己能力的文献，在Johnstone 1994中有所讨论和发展。Whitehead 1977已被证明是思考雅典异邦人状态的重要资源。

施特劳斯开创的《理想国》的解读传统（Strauss 1964, ch. 2）最充分地将格劳孔与阿德曼图斯当作有血有肉的人物看待。我在Ferrari 1997中尝试在一些细节和整体上接受那种解读方式。在该传统中我参考最多的《理想国》研究是Bloom 1968; Benardete 1989; Brann 1989—1990; Howland 1993和Craig 1994。施特劳斯的解读中有一个主题是苏格拉底提供了对政治野心的治疗，至少是格劳孔需要的治疗。在本书的阐释中，我认为格劳孔与阿德曼图斯在政治野心的问题上与苏格拉底殊途同归。他们已经退出了政治漩涡，这里的格劳孔不是或者不再是我们在色诺芬著作中看到的那个青年了。

那个将格劳孔看作苏格拉底关注焦点的传统同时倾向于认为他在理智上优于阿德曼图斯（Bloom 1968, pp. 344—346; Brann 1989—1990, pp. 44—46; 以及最明显的Craig 1994, ch. 5）。在这个传统之外，人们也广泛认为格劳孔有更强的理智能力，但是这一点与兄弟俩的旨趣有关，

而不像布鲁姆和克莱格说的是因为品性上的不同。比如可参见维盖蒂对格劳孔的研究：Vegetti ed. 1998［vol. 2］，pp. 151—172（他还将这两兄弟看作潜在的僭主，p. 153）。我选择对这两兄弟不加区分，而是将他们当作同一种品性的一对代表，但这并不是因为我认为他们之间没有值得关注的区别。

在本章讨论三十僭主统治的问题时，我毫不犹豫地使用了《第七封信》，但这并不是说这封信确为真作。我们完全可以对有关柏拉图传记的证据提出质疑，茱莉亚·安纳斯近来就是这样做的，她的目的是论 35
证一个更大的问题，即雅典政治中的那些问题与《理想国》无关（Annas 1999，ch. 4），但是我们不应该忽视对话本身包括的东西。柏拉图在读者心中建立起了与三十僭主的联系，因为这一讨论高潮处的主题正是僭主制，而且是在这样一个地点，面对这样一些戏剧人物。至于这个联系到底意味着什么则是另外一个问题。如果《第七封信》是某个读者尝试表达这些隐含的意味，那么我只能说不管这个人是谁，他确实是《理想国》的很好读者。

在将格劳孔关于善的分类置于柏拉图作品的语境中时，我参考了Gigon 1976，pp. 90—91。关于这个分类应该针对哪种现代道德理论来考察的问题，Annas 1981，pp. 59—71和Irwin 1995，pp. 189—191都做了总结和发展。White 1984反对这里的年代错乱，他并未将格劳孔对善的分类与其他对话中的类似分类联系起来，而是将它与《斐多》中“原因”的概念联系起来。我认为本章中的阐释可以与怀特的论题相容。柏拉图很可能想要读者将灵魂中的正义使人幸福与《斐多》中火使一个东西变热联系起来。但是格劳孔并没有看到这个联系，也没有达到任何类似的东西；他对各种善的分类和他的言辞比柏拉图式的形而上学更能够表现出绅士的品性。因此读者就可以做出进一步的联系：去看绅士的品性如何做好准备接受柏拉图式的形而上学的指引。

“真正的男人”和之后的一节考察了对格劳孔这样的人来说充满男性气概的行为准则具有的吸引力。在关于柏拉图的“意气”(θυμός)的研究中,安吉拉·霍布斯(Angela Hobbs)处理了很多对话中的这个主题,虽然她笔下的核心人物是卡里克勒斯(Callicles),而非格劳孔或阿德曼图斯(Hobbs 2000,尤其是第5章)。和我一样,她也察觉到在哲人王的尚武精神(militarism)中,有一种方式可以赋予男性气概恰当的位置(pp. 242,247)。有很多哲人—勇士是女性,会使这个问题变得更加复杂,而不会使这个问题消失。

在思考本章的主题时,我与戴维·麦克尼尔(David McNeil)进行了很多颇有启发的谈话,尤其是关于格劳孔与阿德曼图斯的品格,以及他们对荣誉的复杂态度。对《理想国》中的意气价值的研究是他当时
36 在芝加哥大学(社会思想委员会)写作的博士论文的主要内容。

第二章

城邦与灵魂：几种误解

一、岔路口

让我们回到阿德曼图斯在367a引入的那个自我护卫(self-guardianship)的隐喻。我们看到，他的忠告是在一个不完善的世界里我们应该实现个人的、绅士的完善。他认为那些能够控制自己身上低级要素的人就没有被它们玷污。作为回应，苏格拉底开始传授一种灵魂中的政治学。这种内在的政治学不管怎么说也还是政治学，它意味着妥协，即便是健康的灵魂也不是纯粹的。

苏格拉底传达这种洞见的主要路径是灵魂与城邦之间的类比，也就是通过与城邦中的正义和不义进行比较和逐一对应，阐明个人中的正义与不义，这是一条贯穿《理想国》的大路，围绕这条路，《理想国》的论证被组织起来。它也是下面几章要关注的焦点。

事实上，城邦与灵魂的类比已经在自我护卫的隐喻中有所暗示。当阿德曼图斯称自我的护卫者会保证恶不会发生在他的灵魂中，他暗示了对某些社会群体的监管和保护，那也是“卫士”或“护卫者”一词的首要语境。但这并不是他发展这个比较的方向。他并没有设想一个秩序井然的城邦与秩序井然的个人对应，而是设想了一个完全不需要任何约束的城邦，因为每个成员都充分地自我约束（也就是节制），从而也就省却了城邦的约束。他设想在一个有恰当教育的城邦里，“我们不会留心彼此，以防卫不义。每个人都会留心自己”（367a）。这就是阿德曼图斯心目中那个完全由好人组成的城邦，而苏格拉底在第一卷中设
37 想的是一个人们争相**不去**统治的城邦（347d）。在这些情况下，公民整齐划一的卓越使得统治的任务不那么紧迫。

但是我们在前面一章已经看到，苏格拉底在回应两兄弟的挑战时设想的城邦并不是完全由好人构成的，而是一个优秀者统治低劣者的城邦。美丽城是对人类来说最好的可能城邦，它是一个对现实有所妥协的理想。苏格拉底拒绝将美丽城描绘成一个世外桃源，即便是陶匠也可以斜倚在宴饮的长椅上，只在有心情的时候才去干活儿（420e—421a），因此苏格拉底不允许阿德曼图斯退却到他那种寂静主义的，甚至是无政府主义的整齐划一的节制的幻想之中。苏格拉底会沿着阿德曼图斯回避的方向发展这个类比；他描述城邦与个人对应的方式是，二者之中都是较高的要素作为较低要素的护卫者。那是一种染上现实主义色彩的描述，因此也就染上了无奈的色彩。

在第四卷的一个地方（430d），苏格拉底明确表现出了这种无奈。那时他已经描述了城邦的智慧和勇敢，现在要描述它的节制（σωφροσύνη），但是他试图逃避这项任务，公然询问是否有什么办法可以发现城邦的正义而无须费力讨论节制。格劳孔不得不劝阻他。苏格拉底看起来是为了满足格劳孔的要求才同意深入考察城邦的节制（430e）。

这是一个奇怪的时刻，如果我们考虑苏格拉底宣称的意图是在讨论了其他三个主要德性之后找到剩下的正义，那么这一时刻就显得更加奇怪，因为这样的意图应该不允许他跳过任何一种德性（428a）。但是如果我们考虑到节制是城邦德性中唯一一个要求城邦包括较好和较差的要素，并且让较好的统治较差的（οὗ τὸ ἄμεινον τοῦ χείρονος ἄρχει，431b），就不那么奇怪了。它要求苏格拉底允许较低的要素进入最好的城邦。这让苏格拉底有些为难，即便他认为这样的情况实属必然；但是这并没有困扰格劳孔，虽然苏格拉底通过比较个人的节制来阐明城邦的节制也就意味着个人之中必然包括较低的要素（431a）。（注意只有在讨论这个德性的时候，苏格拉底才在论述城邦德性时带有前瞻性地插入了与之对应的个人德性。）

这并没困扰格劳孔，因为和他哥哥一样，他认为个人的节制完全是好的，因此即便那意味着在自己之中存在一个需要被控制的较差的部 38
分，但是能实现控制本身还是让一个人变得优越，配得上统治城邦中较低的人（431c），而不管这种价值在他的城邦中是不是得到了认可。

苏格拉底在第四卷中提出在较好的要素统治较差的要素的意义上，城邦与灵魂之间存在平行关系，我们有必要回溯这个平行关系的源头。其实是之前格劳孔的一次插话给了苏格拉底机会。想领会这一点就需要理解对话的发展完全可能与此不同。

在第二卷苏格拉底第一次停下来的时候，他好像认为自己构建起来的那个想象中的城邦已经完成了（371e），那个城邦是一个很小的由农民和手工业者组成的共同体，他们过着乡村式的简单生活，没有统治者，只有家长和宗教的权威，他们为了彼此的利益相互合作。苏格拉底问阿德曼图斯是不是能在这样一个系统中找到正义和不义。他只能说正义和不义在于某种需要，是共同体中不同活动的代表对彼此的需要。

苏格拉底说他可能是正确的，然后继续描述带有乡村式的满足感的共同生活。

在这里格劳孔插入讨论，抱怨这种生活缺少文明，是只适合猪的城邦（372c—d）。他的抱怨使得苏格拉底放弃了所谓的“真正的，也可以说是健康的城邦”（ἀληθινὴ πόλις…ὥσπερ ὑγιής τις, 372e），转而开始考察一个“肿胀和发烧的”城邦（φλεγμαίνουσα），一个拥有奢侈品，需要从邻邦获取某些东西的现代城邦，因此至关重要的是这个城邦需要勇士、军事指挥和护卫者。

假如讨论继续保持在原始而健康的城邦范围内，那么在城邦与个人之间的对应就要简单得多，但是格劳孔打乱了这个简单的对应，导致苏格拉底最终建立起比这复杂得多的对应关系。回忆一下苏格拉底最初为什么接受构建一个想象中的共同体的任务：他希望在城邦这个更大的范围内可以比在个人那里更容易看到正义，一旦我们在城邦中找到了正义，就可以考虑正义的个人（这才是格劳孔和阿德曼图斯的旨趣
39 所在）如何在正义的问题上与正义的共同体相似（369a）。

这个关于方法的说法，并没有要求苏格拉底用他最终使用的方式将这个对应关系——在要素和结构上的类比——应用到灵魂与城邦之中，根据这种类比关系，城邦和个人的德性具有类比性，乃是因为各自之中的相似部分之间，以及部分与整体之间有着相似的关系。苏格拉底本可以遵从阿德曼图斯的建议，在乡村式的城邦中确定一种建立在有效合作基础上的正义，即每种人都为整体提供所需之物；他本来无须进而将个人看作需要的集合体，并考虑那些需要怎么能够相互满足，他本来只需将正义之人简单地描述为对集体做出恰当贡献的人。那也可以是一种非常充分的相似性：城邦被称为正义的是因为它的组织可以为公民提供所需；而个人被称为正义的是因为他在为其他公民提

供所需的过程中与他人合作。根据这种看法正义就是承认所有人的需要。

但是苏格拉底并没有局限于这样一种相似性，而是发展出一种成比例的城邦与灵魂之间的对应关系。他的探究一开始似乎遵循这样的思路：不仅X(个人)而且Y(城邦)都可以被描述为Z(正义的)，那么让我们更仔细地考察X与Y有什么共同之处。而这最终变成了A∶B∷C∶D，其中A和B是城邦中的要素，C和D是个人灵魂中的要素，如果想要发现正义，我们就要考察这个比例本身。此外，在城邦中A与B之间的关系和在灵魂中C与D之间的关系最终都是有等级的。苏格拉底进而考虑的城邦不再是一个集体，一个由彼此合作的个体构成的集体，而是一个有些人是统治者有些人是被统治者的等级结构。

护卫者的引入是诉诸集体中的“一人一事”原则(374a—e)，根据这个原则，他们只需要为城邦作战，就像农民为城邦耕种、建筑师为城邦盖房。但是苏格拉底给了他们一种爱国主义教育，使他们不是将自己的利益等同于同胞公民的利益，而是等同于城邦整体的利益，而且从他们的等级之中产生了统治者，统治者的活动是将整个城邦当作对象，这既是在城邦本身的意义上，也是在与其他城邦关系的意义上。为了寻找与这种类型的城邦进行类比的个人，我们很自然地就需要转向个人的内在结构，因为功能的等级关系所需要的结构与功能的简单叠加 40
所需要的结构不同。

这虽然很自然，但绝非必然。一个城邦有等级并不意味着与之对应的个体也是有比例关系的。城邦的正义是因为较高和较低的部分都恰当行动，而我们可以说一个人(不管他是城邦中较高还是较低的部分)因为恰当行动，也就是为城邦做了他应该做的事，所以是正义的，而不用说他灵魂的各个部分都恰当地行动。正义是做一个人该做的事，而正义城邦的结构就在于让其中的每个人都做他该做的事。

当苏格拉底引导城邦与灵魂的对应关系远离那种简单的解决办法，朝向复杂的比例关系迈进时，柏拉图的措辞颇为谨慎。城邦的正义变成了每个部分的问题，三个等级中的每一个都履行其功能，因此：

> 在那种情况下，我的朋友，如果在个人的灵魂中也有相同的要素，我们就应该认为，正是因为这些要素在他之中和在城邦中的状况相同，我们可以用称呼城邦的名字来称呼他。(435b—c)

格劳孔怎么回答呢？“必然如此”(πᾶσα ἀνάγκη)。如果我们在个人的灵魂中寻找这些要素，并且找到了它们，我们也就有理由在城邦和灵魂之间建立起一种成比例的类比关系，这确实是必然的。但是我们是否应该去寻找这些要素，却一点也不必然。

在城邦与灵魂之间成比例的对应关系是柏拉图写进《理想国》的，他也努力确保我们看到他将其写进去。他的方法就是在两兄弟的一边运用提示、插话和转移话题，而在苏格拉底一边运用小心的措辞。他这样做，而非让苏格拉底发展出一个直截了当和坚定不移的论证，实际是在对我们说：“要小心处理我这个城邦与灵魂的类比。不要囫囵吞枣。你当然应该考察它的优点，但是不要**仅仅**考察它的优点。还要问问你自己，我为什么选择在没有任何辩护的情况下引入它。我选择引入它，有我的理由，但是我不告诉你我的理由。因此请好好想想它们是什么。”

这个城邦与灵魂之间在要素和结构方面的类比，对理解柏拉图在
41 《理想国》中的目的会产生影响深远的结果。为了解释这些结果，我会首先讨论两种对这一类比的误解，一种是伯纳德·威廉斯(Bernard

Williams)的，另一种是乔纳森·李尔(Jonathan Lear)的。[1]

二、威廉斯的挑战

威廉斯提出了两个说法来质疑这个类比，他认为苏格拉底诉诸这两个说法确立了那个类比：

> (1)一个城邦是F当且仅当它的公民是F(435e)。
>
> (2)一个城邦是F的解释与一个人是F的解释是相同的(435a)。

将这两个原则应用到正义问题上之后，威廉斯指出如果我们用同样的方式解释城邦和个人的正义，那么一个城邦是正义的就是因为它的三个要素(理性、意气和欲望)各司其职。但是"一个城邦是F当且仅当组成它的人是F"这一规则，也同样适用于城邦的各个要素，因为无论如何这些要素都是由人构成的；这样，我们就可以说城邦中的某个要素充满意气，当且仅当构成这一要素的人充满意气，其他同理。但是这样的话一个正义的城邦由三个等级组成——理性的人、意气的人和欲望的人，而《理想国》很清楚地说最后一种人数量最多。但是一个充满欲望的人不可能是正义的。因此正义的城邦无论如何不可能由正义的人组成，像第一个规则要求的那样。

威廉斯从苏格拉底讨论典型的人种特点的篇章中得出了第一个规则。苏格拉底说色雷斯人(Thracians)和斯基泰人(Scythians)有着充

1　Williams 1973；Lear 1992.

满意气的名声、雅典人热爱学习、腓尼基人（Phoenicians）和埃及人有商业天赋，威廉斯由此表明这些特征必须首先存在于人之中，之后才能存在于共同体之中（435e）。至少在这个地方威廉斯正确地看到了这个规则。但是种族的模式在本质上就是要粗略地加以应用的：所有雅典人都是有教养的、所有色雷斯人都是好战的、所有闪米特人（Semites）都是商人、所有的克里特人都是说谎者，等等。因此这些例子至少是非常
42 表面化地证明了**我们每个人之中**都有与城邦相同的特征；因为我们设想的共同体就是一个只有一个种族特征的共同体（虽然这很不现实），这个特征就是所有成员都表现出来的特征。

威廉斯抓住了这个规则，并将它发展成一个悖论；而我则将这个规则会引向悖论当作起点，询问柏拉图在提到这个规则时意图何在。在故事中，苏格拉底要做的就是给出一个表面的理由，让我们期待在城邦层面的特征会再次出现在个人层面，因为他说，除此之外他们不可能进入城邦。在开始的时候苏格拉底让他的立场显得非常合理，让听众感到熟悉。但是在比较正义的城邦和正义的个人时，柏拉图让读者看到，苏格拉底最终采取的程序以及达到的结果与此大不相同。

因为正义的城邦并没有被说成像雅典、色雷斯或埃及那样的单一体，而是被划分为有着截然不同品格的三个等级。事实上，我们甚至可以将它设想成一个由雅典的统治者、色雷斯的战士和埃及的手工业者与农民构成的城邦。换句话说，我们很难不去像威廉斯那样问，在正义的城邦中单个统治者的灵魂难道不是由理性部分主导的吗？单个战士的灵魂难道不是由意气部分主导的吗？单个手工业者或农民的灵魂难道不是由欲望部分主导的吗？但事实上这个类比并没有给我们这些问题的答案。

根据个人正义与城邦正义要用同样的方式解释的原则（435b，比较

威廉斯的第二条规则)，个人中的要素与城邦中的这三个等级对应，它们之间的关系也与城邦中的关系相同。使得城邦智慧的是其中某一个特殊的等级；使得个人智慧的也是他品格中对应的要素。使得城邦正义的是不同等级之间的某种关系；使得个人正义的也是在他品格中相应元素的相应关系。

这个类比的运作并没有要求智慧或正义的个人应该是智慧或正义城邦中任何等级的一员。充满意气的色雷斯人必须存在于充满意气的色雷斯，因为当我们说色雷斯是有意气的，实际是说色雷斯人充满意气。在这个意义上威廉斯的第一条原则是成立的。但这并不是城邦与灵魂类比运作的方式。个人拥有某种可以与城邦类比的品格并不意味 43
着他应该是这个城邦的一员；与此类似，这个类比并没有告诉我们个人的德性是否可以在有德性的城邦中的任何成员那里找到。

这一点在第四卷的两个例子中格外明显，在那里城邦的德性为城邦中的某个等级所独有，这两个德性就是智慧和勇敢，在它们之中我们大概最倾向于认为智慧的等级是由智慧的个人组成的，勇敢的等级是由勇敢的个人组成的。但是我们需要考虑，进行统治的护卫者的智慧是关于什么有利于城邦的知识，也就是治邦的才能(428d)；而有德性的个人的智慧在第四卷的语境下被限制在实践理性之中，那是关于什么对自己有利的知识(442c)。但是任何看报纸的人都知道，好的政治家很有可能不知道什么对自己有利。战士—护卫者的勇敢是敢于面对城邦的危险，而这种勇敢是由统治者灌输给他们的(429c—430c)；但是有德性的个人的勇敢是面对任何危险的能力，这是由他自己的理性能力指导的(442b—c)。在430c苏格拉底强调战士—护卫者的勇敢是某个特定类型的勇敢，也就是“与城邦相关”(πολιτική γε)的勇敢。

这当然不是要排除一个正义城邦中的政治家也可以是一个智慧的

人，也可以知道什么有利于自己。我的意思只是说这个类比既没有排除也没有包括它。如果政治家碰巧也是个智慧的人，那么这是因为人性的规律，比如好的政治家更有可能是有思想的人，而有思想的人更可能知道什么东西有利于自己。事实确实可能如此，但这并不是因为城邦与灵魂的类比。

在这两个例子中这个类比的运作表现得最为清晰。如果我们考察另外两种并不局限于某一个等级的德性，也就是城邦的节制和正义，就会发现情况并无不同。

如果我们倾向于认为智慧的城邦由智慧的个人构成，那么我们可能也会认为正义的城邦由正义的个人构成。很显然，在正义的城邦中每个人都履行他的职责（τὸ αὐτοῦ ἕκαστος εἷς ὢν ἔπραττε, 433d），但这并
44 不是说每个人都是正义的。在正义的城邦中每个要素都履行各自的任务，正义的个人也是如此（441d—e）。但是正义的个人之中的要素是他灵魂的不同部分，他是一个理性、意气和欲望各司其职的人，而这与个人在正义的城邦中履行**他的**职责完全不同。他在城邦中的职责是城邦要求他履行的，同时也是他的能力适合履行的。一个人是好的陶匠，一个人是好的战士，另一个人是好的统治者。如果每个人都做他适合的工作，并且不试图去做专属于另一个等级的工作（434b），那么这个城邦就是正义的，它与正义个人的类比也就完成了。这个类比并不会深入到组成正义城邦的个人的灵魂之中，而只达到与正义城邦具有类比性的个人的灵魂之中。

这并不是要排除正义城邦中的个人也可以是正义的人，就像正义城邦中的政治家也可能是智慧的人。即便这个类比本身没有深入到正义城邦成员的灵魂之中，我们自己也可以这样做。比如我们可以问，那个城邦中的工匠，如果心甘情愿保持自己的卑微状态

而没有任何怨恨，是否也需要他的灵魂由理性统治，像正义者的灵魂那样。对于这个问题，苏格拉底在第九卷暗示了否定的答案：一个手艺人灵魂的最佳部分缺乏力量，他的理性部分太弱，不能统治他的灵魂、支配他的生活。因此，如果他要尽可能像最好的人那样接受最好的统治，那么他的灵魂就必须由最好的人统治，也就是说由那些灵魂受到理性部分统治的人来统治（590c—d）。手艺人就是天生的追随者，而不是天生的领导者。但是这个结论并不是从城邦与灵魂的类比之中推演出来的。并不是手艺人的灵魂与某种类型的城邦之间存在的相似性让苏格拉底得出他的结论。在它们背后是一种社会态度，是对那些用双手劳作和做着卑微工作的人的鄙视，苏格拉底有理由诉诸他们灵魂的状况来为这种鄙视进行辩护。

对城邦节制的讨论与众不同，因为它始于对个人的讨论，始于对个人节制的讨论。结果我们就更难意识到，即便在这个例子中，也没有任
何暗示告诉我们节制的个人是否出现在节制的城邦之中。 45

苏格拉底宣称城邦的节制与音乐上的和谐相似（430e），并指出人们普遍而言会怎么形容节制：它是一种“秩序”（κόσμος），是“对快乐和欲望的控制”（ἡδονῶν τινων καὶ ἐπιθυμιῶν ἐγκράτεια），这种控制也被说成是“控制自我”（κρείττω αὑτοῦ）。对个人那里节制概念的分析表明，它是一个人灵魂中较好的部分控制较差的部分，而较差的部分比较好的部分更大，也更多样化。与理想城邦的类比也让我们非常容易看到这一点，在那里较高的要素——少数的护卫者——统治着较低的要素——大多数的农民和手工业者（431a—b）。

但是节制尤其是对快乐和欲望的控制，在城邦中有什么能够与此类比呢？在大众之中，我们容易找到“全部和多种多样的欲望、快乐和

痛苦”(πολλὰς καὶ παντοδαπὰς ἐπιθυμίας καὶ ἡδονὰς καὶ λύπας),而在出身最好和受到教育最好的人之中我们才能找到“简单、适度的欲望,它们由使用理智和正确信念的理性计算引导”(τὰς δέ γε ἁπλᾶς τε καὶ μετρίας, αἳ δὴ μετὰ νοῦ τε καὶ δόξης ὀρθῆς λογισμῷ ἄγονται, 431c)。在美丽城中当然也是这样,大众的欲望由优越的护卫者的“欲望与智慧”控制(ὑπό τε τῶν ἐπιθυμιῶν καὶ τῆς φρονήσεως),这个城邦也就不仅可以被说成是自制的,而且可以被说成是控制着它的快乐和欲望(κρείττω ἡδονῶν τε καὶ ἐπιθυμιῶν, 431d)。

重要的是,我们要理解,这个类比并没有让城邦的节制以成员的节制为条件;同样重要的是,我们要理解,苏格拉底并没有想宣称美丽城中的平民缺少护卫者所拥有的节制。美丽城中的平民没有接受过特殊的教育,他们的生活围绕着家庭和物质资料,他们的个人价值和生活重心不会与其他地方的农民和手艺人有多大区别。他们会在餐桌上和床上找乐子;他们会为自己的孩子感到骄傲,并想方设法让自己的孩子出
46 人头地;他们会嫉妒,也会和邻居吵架。

与出身最好、受过最好教育的护卫者相称的高贵快乐形成对照,农民和手艺人粗俗和丰富多彩的行为可以说是代表了或对应着各种各样的欲望,在节制的个人那里这些欲望受到了很好的控制。这就是我们为什么可以说美丽城“控制着它的快乐和欲望”,因为在美丽城中素朴的和受过良好教育的护卫者等级控制着农民和手艺人。

但这并不是说美丽城中的农民和手艺人作为个人会缺少节制;但同时也并不是要否认这一点。苏格拉底期望格劳孔在已经描述过的城邦组织的基础上看到[“在你的城邦里看到这些同样的品质了吗?”(οὐκοῦν καὶ ταῦτα ὁρᾷς ἐνόντα σοι ἐν τῇ πόλει), 431c],在美丽城中大众的欲望由统治者控制。但是护卫者控制这些欲望的唯一方式是在公共

政策层面上的，而非通过监督个人的行为是否得体。我们知道护卫者必须要控制手艺人的收入，必须要保证城邦不会发展得过大（421c—422a，423b—c，434b），他们还会限制公共娱乐（398a—b）。但是在美丽城中——在关于美丽城所说的和暗示的东西中——并没有会因为女人露出了脚踝而鞭打她们的公共德性的护卫者，也没有会通报邻居一言一行的告密者。

苏格拉底没有谈论个人的行为，他关心的是整个等级的快乐和品味。他描述的不是大众**的**欲望、不是有良好教养者**的**欲望，而是在大众**中可以看到的**欲望、在有良好教养者**中可以看到的**欲望，他自始至终都是用的介词ἐν（在……中）。个人之中的节制被说成是一个较小和优越的部分控制低劣和多样的部分（431a），而没有被说成是理性控制欲望。因此在城邦层面的类比也就不是理性的等级控制追求快乐的等级，而是一个有着简单和适度快乐的等级控制一个有着多种多样快乐和欲望的等级。

这个城邦整体的快乐和关注会反映统治等级的特征，因此美丽城会保持较小的规模，在公共娱乐上保持得体，从经济活动中驱逐奢侈品，但是会允许高雅的公共艺术和建筑（401b）。美丽城的公共生活给苏格拉底讨论城邦的节制提供了语境。而铜匠和木匠的节制完全没有 47
构成苏格拉底讨论的语境。因此柏拉图的文本并没有给出威廉斯攻击的目标，那些人认为强大和无序的欲望乃是铜匠和木匠特有的。[1]

由于类似的原因，苏格拉底自信地认为在这个理想城邦中统治者与被统治者之间会在谁应该统治的问题上达成共识（431d—e），这也不应该让我们感到困惑。只要我们不认为农民和手艺人是一群有着

1 Williams 1973, p. 204.

强大欲望和怨恨的人，这就完全可以理解。美丽城中的农民和手艺人关注的是物质利益，他们非常实际。他们完全可以赞同公正的、不会被腐蚀的官员来统治他们，这些官员不会公饱私囊，他们的课税会保持在最低限度，他们会保证稳定的经济，防止那些喜欢炫富之人变得富有，促进公共的虔诚和秩序，并且完全承担起保卫公民农田和家庭的军事责任。

最后，同样不该令我们困惑的是说节制不仅仅限于城邦的某个等级，而是在统治者和被统治者那里都可以找到（ἐνεῖναι），这就是为什么说城邦的节制与音乐的和谐相似（431e）。没有任何暗示表明只有当城邦中的公民个人节制时，城邦才是节制的，甚至只有当不同等级的公民都节制时，城邦才是节制的。对于节制如何应用到每个等级感到奇怪本身就是一个错误：比如像威廉斯或安纳斯那样，认为最低等级的成员表现节制的方式是对等级高的人脱帽致敬，并且保证他们强大的欲望不会影响这种姿态；或者像维盖蒂那样，认为统治等级表现节制的方式是让自己保持护卫犬的角色，而不变成狼。[1]柏拉图讨论的是城邦整体表现出的节制，它表现为不同利益和能力之间的和谐，在智慧的统治、
48 强大的军队和多产的大众之间保持一致同意的平衡（432a）。

至此，我们可以得出结论，威廉斯的第一条规则，即一个城邦是F当且仅当它的公民是F，并不是城邦与灵魂类比的基础。这个规则的较弱形式［可以称为“主导性规则”（predominance rule）］也同样不是：

（3）一个城邦是F当且仅当它最主要的、最有影响的或处于主

1 Williams 1973, p. 204; Annas 1981, pp. 115—117; Vegetti ed. 1998［vol. 3］, p. 25.

导地位的公民是F。

《理想国》第八卷的读者很容易认为荣誉制城邦是由热爱荣誉的个人统治的，寡头制城邦是由寡头统治的，等等。但是威廉斯表明应用这个规则也会带来悖论性的结果。

最明显的问题是，当我们考虑民主制和民主式的个人时，会发现民主式的个人有着易变的性格，会在很多不同的生活方式之间频繁转换。在这一点上他与民主制的城邦对应，后者包括了各种各样的人，允许各种类型的生活。但是在民主制中处于支配地位的等级是大众，而根据我们的新规则，大众就拥有民主式个人的特征；这样在民主制城邦中的大多数人就有同样的品格，也就是民主式个人易变的品格。但是这怎么能够和民主制包含各种不同的品格协调起来呢？

将我们引向悖论的原则似乎是苏格拉底的一个说法：为了确证每种不良政体都有与之对应的不良品格，苏格拉底指出政体不是无中生有的，而是来自城邦居民的品格，来自起决定作用，引领着城邦其他部分的那些人的品格（544e）。但是就像色雷斯人和腓尼基人的例子一样，诉诸城邦如何产生并不能支持苏格拉底应用类比时这个类比的实际运作方式。

首先，我要指出，我刚才翻译544e的方式有利于威廉斯的阐释。但是就希腊文而言，这里的说法可能不过是重复了435e讨论色雷斯和色雷斯人时的观点，而非对它的发展。分句“ἃ ἂν ὥσπερ ῥέψαντα τἆλλα ἐφελκύσηται”（起决定性作用的东西，引领着其余部分）可能只是在表达一个普遍性的看法：即在决定城邦的整体特征时，个人的品格特征比任何其他因素更重要。τἆλλα（其他的东西）不一定是指其他个人的品格 49
特征，而是指与个人品格无关的其他因素。

但是现在回到威廉斯的理解：这一次我们看到的不是种族的典型特征，而是关于政治变化的老生常谈。控制城邦的那些人给整个城邦烙上了他们特定价值的烙印，不管这些人是贵族式的、寡头式的还是民主式的。希腊世界给我们提供了很多政体变化的例子。每当遇到某种类型的政体，我们总是有表面上的理由去寻找某种类型的人作为它的推动力量，他们将自己的价值赋予这个政体。

我们已经看到，在有德性的城邦中统治者的智慧与有德性的个人的智慧相当不同，这本身已经表明了主导性规则并没有比之前的规则更好地描述城邦与灵魂类比的运作。也就是说，城邦是智慧的并非因为其中起主导作用的个人是智慧的，因为统治者的智慧与个人的智慧意义不同。统治者作为一个等级代表着城邦的智慧，但是这并不会带给我们想要的结果，如果我们想要找的是在荣誉政体中当权的热爱荣誉的个人，在民主制中当权的民主式的个人，等等。仔细考察苏格拉底在不良的城邦和个人类型中应用这一类比的方式，我们就会看到，就这一类比的运作而言，我们没有理由将那些不良的个人和他们的恶性确定在与之对应的城邦的统治等级之中，就像之前我们不能将有德性的人确定为有德性的城邦中的成员一样。

三、李尔的困境

在下面两章我会详细考察第八和第九卷的那些文本，而现在要考虑的是，当我们确定了威廉斯的悖论实际上并没有抓住城邦与灵魂类比的要害之后感到的明显困境。

虽然避免了威廉斯令人困扰的结论，但是我们却使灵魂与城邦严重脱离。我们对于柏拉图描绘的不同城邦中人们的生活，以及那些人在相应的城邦中处于何种地位有着很自然的好奇，但是上面的讨论却妨碍了我们的好奇。对不同城邦和与之对应的个人的描述是平行 50
的，但是却处在完全分离的轨道上。因此我们很可能会问：这种重复意义何在？个人生活在城邦中，他们既塑造城邦又被城邦塑造。即便我们同意，分开考虑城邦和个人能够比关注它们的相互作用更加清晰地描述各自的德性与恶性，我们依然有理由期待这两方能够用比单纯类比更强的纽带结合起来。如果不是这样，城邦与个人看起来就完全分离了，而那是我们在这部处理正义问题的作品中最不希望看到的结果。

这正是乔纳森·李尔认为自己身处的困境，而他对此的回应是重建因果—心理联系（causal-psychological relations）。根据李尔的看法，这样的联系有两类，在《理想国》中无处不在，它们就是“内化”（internalization）与“外化”（externalization）。

“内化”是城邦就个人在城邦中扮演何种角色塑造个人的过程，这种塑造通常通过教育和个人在品格发展过程中接触的社会组织的影响实现。“外化”则是回馈的过程：由城邦塑造的个人通过自己的活动影响城邦，并依据他已经内化的准则和喜好来教育下一代。这些在城邦与个人之间的因果联系是那个类比纯粹形式化的关系的基础所在，而那些形式化的关系就是威廉斯用最终引向悖论的原则表述的关系。

李尔反对威廉斯的第一条规则——一个城邦是F当且仅当它的人是F；但是外化实际上是李尔用因果性方式表达的威廉斯的第三条规则——主导性规则。在谈论我们熟悉的关于色雷斯人和腓尼基人的段落时，他说：

> 柏拉图相信在因果—心理关系的意义上那个形式化的关系是

> 成立的。他在435e的意思并非一个城邦充满意气仅仅是因为拥有
> 51 充满意气的公民，而是因为充满意气的公民成功地用他们的形象
> 塑造了城邦。[1]

换句话说，一个城邦是F仅当它主导性的公民是F，而他们处于主导地位的方式就是成功的外化。

内化和外化会让城邦与灵魂的类比变成某种更深层的因果关系的外在表现，并且让城邦与个人的平行轨道汇合到一起。我们不能否认内化对于《理想国》来讲非常重要，因为它认为文化对个人影响巨大（不管是好的还是坏的影响），而且在社会制度中赋予教育核心地位，但是提出内化问题绝不是为了给城邦与灵魂的类比提供基础。热爱荣誉的、寡头式的、民主式的和僭主式的个人之所以出现并不是因为他们内化了荣誉制、寡头制、民主制和僭主制的文化。柏拉图给我们讲述了他们的品格如何形成，他们如何被家庭和环境腐蚀，但是他并没有提到与之对应的城邦。相反，柏拉图对于相应的城邦如何形成的论述处于和个人平行但分离的轨道之上，对城邦的论述从因果关系上讲独立于个人的发展，而仅仅有类比性。即便我们竭尽所能，文本也不允许我们打破这种平行关系带来的障碍，达到一种在个人和城邦之间直接的因果—心理联系。

作为城邦与灵魂类比的基础，外化并不比内化更重要。荣誉制、寡头制、民主制的城邦并不是由那些成功地用自己的形象塑造城邦的热爱荣誉的、寡头式的和民主式的个人统治的。但是就美丽城而言，李尔认为文本描述的正是这种外化关系：哲人王的灵魂中有一个明确

1 Lear 1992, p. 195.

的“范本”或“模型”(παράδειγμα),他通过关于永恒实在的知识获得了这个范本(484c);他对这些实在的沉思使他模仿它们,并与它们相似(500c);之后他像画家那样通过对永恒理念中正义的实在的观察将正义的形象画在美丽城这张画布上(484d)。这些文本似乎是在描述哲学 52
家将一个被他内化的范式外化的过程,这就是美丽城和哲人王的灵魂为何在结构上相似。

在第四章我们会回到哲人王与美丽城的关系上,并且考察李尔的论述中有哪些正确的成分。我们还会考察僭主式的个人与僭主制之间的关系,并且发现在这里(而非在哲学家与美丽城的关系中)确实有外化的过程,但是这里的外化是一个例外,而非规则。我们必须首先承认,城邦与灵魂之间的对应关系确实是一个类比,不多不少。我们必须要通过最复杂的情况来考察这一类比的机制,也就是通过不良的城邦与不良的个人之间的平行关系。从探讨它的起源,考虑它是何种类比
开始将会很有帮助。 53

第二章的相关资料和学术背景

如果以威廉斯和李尔有力而明确的论证作为背景,随后两章对城邦与灵魂类比的阐释会显得格外明晰,而这正是我在这里将他们当作讨论焦点的原因之一。同样重要的是威廉斯的论证比其他论证产生了更大的影响。事实上,李尔认为威廉斯对柏拉图的这一类比提出了最敏锐的批评,因此他才开始修正威廉斯归于柏拉图的原则(Lear 1992, p. 194)。他也不是唯一这样做的人。很多知名学者都依然认为威廉斯提出的问题对柏拉图的论述来讲确实是个难题,很多人也依然持有引起这些问题的错误假设。

比如Annas 1981依然是英语学界标准的《理想国》导论，她在“国家和灵魂的部分和德性”一章保留和接受了威廉斯提出的基本难题（参见pp. 146—151）。安纳斯利用这个类比进入正义城邦个体成员的灵魂（“欲望是生产等级的成员灵魂中支配性的部分”，p. 149）。她将威廉斯在民主制和民主式个人的对应关系中发现的问题（这个问题依赖主导性规则）看作这个麻烦不断的类比最终完全崩溃的标志（p. 302）。

在最近的学术文献中有三个彼此相关的错误，它们在不同的学术文化中都可以看到。第一个是采纳主导性规则；第二个是利用这个类比进入与某类个人对应的城邦成员的灵魂；第三个是反对它仅仅是一个类比，而是像李尔那样坚持认为它通过因果性联系将城邦与灵魂联系了起来。比如奥特弗里德·赫费（Otfried Höffe）在其关于城邦与灵魂类比的作品（Höffe ed. 1997）里就采纳了主导性规则，而试图避免“威廉斯难题”（p. 92）。赫费将自己的立场与李尔的立场区分开来，但依然给这个类比赋予因果性（“用这种方式，政治与灵魂的领域不仅仅是用类比联系起来，而且相互依存”，p. 78）。多罗西娅·弗雷德（Dorothea Frede）在同一部文集关于不良的城邦与个人的一章中认为，
55 寡头式的个人在寡头政体中处于统治地位（p. 260），民主式的个人在民主政体中处于统治地位（p. 263），并且将主导性规则普遍化：“柏拉图关于不同种类城邦的代表如何产生的分析总是限于统治等级的成员”（p. 267）。Reeve 1988也做出了同样的假设（p. 261）。

马里奥·维盖蒂试图缓和而非驱除威廉斯提出的难题，他认为柏拉图的论述至少在一些难题面前是脆弱的（Vegetti ed. 1998［vol. 3］，pp. 26，42，对比p. 39）。他认为这个类比允许我们就美丽城中不同等级成员的灵魂做出结构性的论述（pp. 41—43）；他采纳了主导性规则（p. 27），还给这种同构性补充了一个因果性的维度，他的措辞让我们想

起李尔指出的在内化与外化之间的相互作用："这种正义不仅仅用类比联系了灵魂与城邦，而且建立了相互的因果性联系。在公民的灵魂正义的意义上，城邦也是正义的……反之亦然，灵魂中的正义是城邦整体教育计划的结果。"（p. 40）

当然也有一些学者，在威廉斯之前或之后，避免了这些错误。一个显著的例子是埃尔文（Irwin 1995，p. 230），他说："当（柏拉图）宣称有德性的灵魂的结构与理想城邦对应时，他仅仅暗示灵魂必然有处于同样关系中的同样部分；而没有暗示拥有某种德性的城邦中的个人也必然拥有那个德性。"布罗斯纳（Blössner 1997，p. 179及注释492、493）追溯了很长一段时期学术成果中的这一特征（比较Irwin 1995，p. 383注释9）。但是我们只能说这一看法从来没有成为主导性的潮流。

在一部意在为下一代研究生界定柏拉图研究的文集中（Fine ed. 1999），盖尔·法恩（Gail Fine）重印了威廉斯的文章。这篇文章的持久魅力既因为在哲学上才华横溢，也因为它所揭示的困惑非常精致。但是还有一个原因也可以解释它的影响力，那就是学者们对这个类比描绘的不同种类的个人心理学的兴趣远远大于与之对应的城邦中的公民生活。比如，埃尔文就绕开了威廉斯的难题，没有对这个类比的运作做更多讨论。在关于《理想国》第八、九卷的那一章（Irwin 1995，
pp. 281—297），他也仅仅关注了不义的个人灵魂的内部运作。与此类 56
似的对个人灵魂的关注也可以在一些重要的学术成果（Cooper 1984；Kahn 1987；Gill 1996，ch. 4）中看到。结果就是威廉斯的阐释给那些想要考察这个类比本身的学者设定了讨论的议题。

我在本章中的进路是直接反对威廉斯提出的难题本身。另一个不同的进路是接受那些难题确实成立，但是认为柏拉图有意为之。这是布罗斯纳所做的，他将威廉斯的论证吸收到他自己的论述之中，从而证

明柏拉图并不想让这个类比以一种客观有效的方式成立，而是将它当作一个文学工具，服务于更大的论证（Blössner 1997, pp. 164—165及注释453）。但是布罗斯纳并没有完全吸收威廉斯的论证。比如他意识到很难将主导性规则应用到每一种情况之中，这一点非常值得肯定。但是他总结说（p. 181注释493）：“……在‘生活在城邦中的人’与‘类比城邦的人’之间有着出了名的模糊性。对每一种政体而言，答案似乎都是不同的。我们也不应该期望发现一个统一和彻底的解决方案，因为柏拉图的意图显然不是提出一个前后一致的方案。”

在下面的讨论中，我会揭示这个类比中的一个范式，这个范式即便不是“统一的”，至少也是“前后一致的”。我会经常提及布罗斯纳的论述，因为它对于彻底性和洞察力的结合使它在对城邦与灵魂类比的阐释中鹤立鸡群。布罗斯纳的著作已经预见到了我的一些观点。比如我在本章中提到的，他也注意到这个类比如何发展成一种成比例的相似性并非不可避免（p. 156），再比如统治自我和统治城邦的能力并不需要同时并存（p. 160注释442）。但是我们的最终论述当然相当不同，那正
57 是接下来两章所要说明的。

第三章
城邦与灵魂：一种隐喻性的理解

一、成比例的隐喻

《理想国》中不同城邦与灵魂之间的对应取决于城邦与个人这两个领域之间的相似性。那些对应关系是某种精致的隐喻（metaphor），还是比喻（simile）？《理想国》中当然不缺少比喻，希腊词εἰκών恰当地标示了这些比喻：最明显的例子是在政治生活与航船之间的比较（487e），在灵魂与有着多种形式的神话怪兽之间的比较（588b），以及教育和启蒙与走出洞穴之间的比较（514a，517a）。还有智者与驯兽师之间的复杂比较（493a—c），它虽然没有被称作εἰκών，但是由“好像……”（οἷόνπερ ἂν εἰ）引入的。

可在城邦与灵魂之间的平行关系不能被归入这些比喻。在上面提到的那些例子中，很清楚哪一方是比较的目标。我们不是像探险者那样对游览洞穴有兴趣，而只是关心洞穴中的囚徒、矮墙、雕像以及洞穴本身对应着什么，也就是说苏格拉底想用这些东西说明的目标是什么。

而城邦与灵魂的类比并非如此。引入它们之间的平行关系从形式上讲是为了发现个人之中的正义，也就是说，首先在城邦的语境下寻找正义，因为在那里更容易看到（368d—e），这样看来比较的对象似乎是个人而非城邦。但是我们很难相信《理想国》中经过错综复杂的发展得到的一系列政治制度和改革措施除了与有德性灵魂的内在机制进行比较之外没有别的目的。确定柏拉图在城邦与灵魂、政治与道德之间的平衡一直是这部作品的读者所要面对的问题。如果我们认为城邦与
59 灵魂的类比是一个比喻，那么它的比较是可以朝向任何一方的。

事实上在城邦与灵魂之间各种平行的分析从来没有被称作比喻（εἰκόνες），它们的引入也不是通过比喻的方式。这两个领域被描述成相似的或对应的，仅此而已，比如“现在让我们将找到的东西应用到个人之上，如果他们同意的话……”（ἐπαναφέρωμεν εἰς τὸν ἕνα, κἂν μὲν ὁμολογῆται..., 434e），个人“会像正义的城邦”（ὅμοιος ἔσται, 435b），“与这种政体对应的人”（ὁ κατὰ ταύτην πολιτείαν ἀνήρ, 548d），“与它相似的人”（τὸν δὲ ταύτῃ ὅμοιον, 553a），“我们来考虑这类个人是谁”（τίς ὁ τοιοῦτος ἰδίᾳ, 558c），“还需要考虑僭主式的人”（λοιπὸς...ὁ τυραννικὸς ἀνήρ, 571a），“城邦与人之间的相似性”（τὴν ὁμοιότητα... τῆς τε πόλεως καὶ τοῦ ἀνδρός, 577c），“如果人与城邦相似”（εἰ οὖν ὅμοιος ἀνὴρ τῇ πόλει, 577d）。

但这并不是说在城邦与灵魂之间的对应关系不同于类比。我们在前一章已经看到，它当然本可以是别的东西。城邦的正义本可以是认可所有公民的需要，因此个人的正义也可以是这个。他们之间的关系也可能像色雷斯与色雷斯人的关系那样，城邦因为构成它的公民有德性而被称为有德性的。在这两种情况下，它们之间的相似性就是因果性的，而不仅仅是类比性的。有德性的城邦是有德性的构成要素

(也就是有德性的公民)之间因果性的总和(causal sum),或者是他们特征的因果性的总和。

但是苏格拉底在与此不同的意义上考察整体与部分之间的因果关系。美丽城是有德性的,因为它之中包括的三个等级的公民,以及这些等级之间的关系;个人是有德性的,因为构成他灵魂的三个要素,以及这些要素之间的关系。但是人的灵魂中不同要素之间的关系,以及美丽城中不同等级之间的关系是类比性的,而非因果性的。理性像一个智慧的统治者和护卫者,意气像一个可敬的士兵和理性的同盟,欲望像一个会赚钱和物质至上的人。苏格拉底通过一系列带有隐喻性的细节阐明了这些部分之间的因果联系:意气跟随它的"统治者"(ἄρχων)——理性——的"指导"(παραγγελθέν),而理性的任务是为整个"共同体"(κοινόν)进行思虑,在这个共同体中所有的成员都在谁应该统治的问题上"有统一的意见"(ὁμοδοξῶσι),而不会陷入"冲突"(στασιάζωσιν)(442b—c)。在第八卷论述败坏的品格时,这种隐喻性的 60
阐述甚至达到了洛可可艺术那种精巧复杂的程度。虽然这些与公民有关的隐喻强化了个人与城邦之间的平行关系,但是它们并没有提到这二者之间的因果联系。事实上,它们仅仅强调了二者之间的对应关系是类比性的,而非因果性的。

城邦与灵魂之间对应关系的核心是亚里士多德所说的成比例的隐喻或比喻(μεταφορὰ κατὰ τὸ ἀνάλογον),它暗示或表明了一种比例关系。[1]亚里士多德称这是最好的隐喻类型,并且举了伯里克利用过的一个很好的例子:在战争中牺牲的青年从城邦中消失就像有人剥夺了一年中的春天[《修辞学》(*Rhetoric*)3.10.7]。这个隐喻暗示了一种比例

1　亚里士多德:《诗学》21(1457b);《修辞学》3.4.4(1407a),3.10.7(1411a)。

关系：城邦的青年与城邦的关系就像春天与一年的关系。因为成比例，这种隐喻就是“可反转的”（δεῖ ἀνταποδιδόναι，《修辞学》3.4.4）。青年是城邦的春天，那么同样的，春天也就是一年中的青年。在一部更晚的作品，即德米特利乌斯（Demetrius）的《论文体》（*Περὶ Ἑρμηνείας*）中，作者用一个与我们的主题关系更密切的隐喻阐明了这种可反转性（虽然不那么确切）：

> 在将军、舵手和御者之间有某种相似性，他们都是统治者（πάντες γὰρ οὗτοι ἄρχοντές εἰσιν）。因此我们完全可以称将军为国家的舵手，反过来也可以称舵手为航船的统治者（ἄρχοντα）。（78）

在《理想国》第一卷中，统治他人的技艺已经被纳入了一个成比例的比喻，特拉叙马库斯称统治者与臣民的关系就像与羊群的关系（343b），并让我们自己补全这个比例关系中的第四项，从而注意到他在嘲讽荷马的著名隐喻——国王就像人民的牧者。如果国王是人民的牧者，那么牧者就是他羊群的国王。但是《理想国》同时朝着这两个方向明确发展了统治者与医生的隐喻，而非统治者与牧者的隐喻。苏格拉底在第一卷中称医生为“身体的统治者”（σωμάτων ἄρχων，342d），在第三卷中说美丽城的统治者要像运用医术那样管理城邦，并称这些统治
61 者为城邦的“医生”。

在第四卷，我们达到了促使城邦与灵魂的对应发展出来的那个成比例的隐喻关系的顶峰：理性是灵魂的统治者。这意味着理性与灵魂的关系就像统治者与城邦的关系，因此如果理性是灵魂的统治者，那么统治者就是城邦的理性，也就是智慧或理智。说城邦与灵魂的对应从这两个隐喻中的第一个“发展”出来，我的意思并不是这个对应关系在

此基础上得到论证，而是说理性是灵魂的统治者这个隐喻可以被看作柏拉图心中的种子，城邦与灵魂的类比正是从这个种子中成长起来的。

对柏拉图的读者而言，这并不是一个在他们的文化遗产中熟悉的隐喻。当然，对那个文化而言，将灵魂的某些力量看作控制一个人，或者控制其他的灵魂机能，并不是非常陌生（虽然后者更加少见）。但是那种控制并没有被描述成政治性的。我们最经常看到的隐喻是斗争或战斗、更强的力量、支配，涉及的是命令、激励和掌舵；而不是明确关乎王制或统治。假如高尔吉亚在他的《海伦颂》(*Encomium of Helen*)中用"λόγος"表示思想或理性的力量，并称之为"强大的君主"(δυνάστης μέγας, 8)，那么这只是一个例外（并以其特有的方式成为一个有趣的先例），但是在那个语境之中，λόγος的意思是"言辞"，而非理性。

我们看到荷马的英雄们试图征服或支配他们的意气，反对或屈从于它的驱策和指挥，用带有激励或责备的语言对它讲话。在荷马之后，我们看到一些隐喻，在其中控制性的要素不是个人或意气，而是心灵或理智(νόος, φρένες)，但是那个形象依然是掌舵或者更高更强，而非统治。有些时候，在这个隐喻中暗示的我们的理智可能会在斗争中失败，也会被明确说出。

一些有代表性的例子包括忒奥格尼斯(Theognis)630—631：理智(νόος)应该但并不总是比意气更强大(κρέσσων)；埃斯库罗斯(Aeschylus)的《波斯人》(*Persae*)767：梅多斯(Medus)的儿子实现霸权是因为"他的心灵控制着意气之舵"(φρένες γὰρ αὐτοῦ θυμὸν ᾠακοστρόφουν)；欧里庇得斯(Euripides)的《美狄亚》(*Medea*)1021—1080：美狄亚的独白是经典的理性被压倒的例子，阿里斯托芬(Aristophanes)在《阿开亚人》(*Acharnians*)480—484中戏仿了这段独白；欧里庇得斯残篇718.1(Nauck编辑)："现在是你的判断比你的意气更强大的时候了”(ὥρα σε θυμοῦ κρείσσονα γνώμην ἔχειν)；赫拉克利特(Heraclitus)残篇B85和德谟克利特(Democritus)残篇B236(Diels-
62 Kranz编辑)：它们都以“很难与意气战斗”(θυμῷ μάχεσθαι χαλεπόν)开头，赫拉克利特接下来说“不管它要什么，都从灵魂中买到”，而德谟克利特说“但是征服它(κρατέειν)是一个有良好判断的人(εὐλογίστου)的标志”；德谟克利特残篇B290：“用推理(λογισμῷ)驱逐麻木的灵魂中难以控制的(ἀδέσποντον)悲伤”。我们还应该注意，在《理想国》331a中克法洛斯引用的品达(Pindar)的残篇，关于希望如何驾驭判断(ἐλπὶς… γνώμαν κυβερνᾷ)。

在柏拉图身处其中的那个文化遗产里，我们更少见到理性是灵魂的统治者这个隐喻反转的形式，即统治者是城邦的智慧或理智。诗人们当然会自由地将城邦拟人化。比如在品达那里城邦“努力抗争”[μάρναται，《涅嵋凯歌》(*Nemean*)5.47]，在阿里斯托芬那里城邦“欢喜”[γέγηθεν，《骑士》(*Knights*)1417]或“感到恐惧”[κἀν φόβῳ καθημένη，《和平》(*Peace*)642]，等等。但是并没有将城邦中的等级或个人与拟人化的城邦的感觉和想法、或者感觉和思想的能力相比较的范式。就我所知，在柏拉图继承的思想遗产中不仅没有这种隐喻的范式，而且根本就没有这种隐喻的例子。但是我也知道考察这么大的范围一定有可能出错。

但是当诗人们将城邦做拟人化处理时，经常赋予它身体，就像经常赋予它心灵一样。在刚刚引用的《骑士》的那一行中，阿里斯托芬让城邦在感到恐惧的同时“变得苍白”(ὠχριῶσα)；忒奥格尼斯说城邦“孕育”(κυεῖ，39，West编辑)；梭伦(Solon)的城邦有一道“伤口”(ἕλκος，4.17，West编辑)；埃斯库罗斯的城邦“大声呻吟”[βοᾷ，《阿伽门农》(*Agamemnon*)1106]。虽然我们没有找到将国王比作城邦眼睛的隐喻（我们可以认为这是统治者作为城邦的理智在身体上的对应物），但是发现了这样的说法："我认为主人的出现是家庭的眼睛"（ὄμμα γὰρ δόμων νομίζω δεσπότου παρουσίαν）。这行诗句来自埃斯库罗斯的《波斯人》169，他还在《奠酒人》（*Choephoroe*）934中将同样的称号给了国王的子嗣俄瑞斯忒斯（Orestes）。我们还可以将这个称号应用到波斯国王的大臣身上，他被称作"国王的眼睛"。

身体与政治的隐喻当然经历了漫长且引人瞩目的发展。事实上它也出现在《理想国》关于健康与疾病的隐喻之中。这里我只提几个最显著的例子：苏格拉底在第二和第三卷中"净化"了那个"肿胀和发烧的"城邦（372e，399e）；他将统治者比作给城邦开药的医生（459c），将寡头城邦的瓦解比作一个不健康的身体陷入彻底的疾病（556e），将民众 63
领袖和他们的追随者比作城邦中的黏液与胆汁（564b—c）。

柏拉图反复将城邦比作一个健康的身体，但是更经常地比作一个生病的身体，这将我们引向了城邦与灵魂类比最重要的先例，同时也是柏拉图那个成比例的隐喻的基础。公元前5世纪的医学作家阿尔克迈翁（Alcmaeon）将健康描述成身体各个要素（比如热、冷、干、湿、苦、甜等）之间的"政治平等"（ἰσονομία），而将疾病描述成"君王的统治"（μοναχία），一个要素居于其他之上（残篇B4，Diels-Kranz编辑）。在这里我们终于看到了一个真正政治性的隐喻被用来描述一个人不同要素之间的关系，而不仅仅是力量或支配（κράτος）的意象。但是它们是身体的要素，而非灵魂的。如果我们补全阿尔克迈翁政治隐喻所包含的比例关系，会得到这样的结果：如果我们认为苦的要素是身体的统治者，那么就可以认为统治者是城邦中苦的要素。柏拉图正是用这种方式扩展了阿尔克迈翁的看法，他用希波克拉底（Hipporates）的体液代替了阿尔克迈翁的"热"、"冷"等，他将政客及其追随者在城邦中的破坏性影响比作身体中黏液和胆汁的破坏性影响。

事实上，城邦与灵魂的类比接受了阿尔克迈翁关于身体健康和疾病的隐喻，并以惊人的原创性将其应用到灵魂之中，将其成比例的含义推及城邦，并最终将隐喻中的政治学颠倒了过来。是某种“君王的统治”，也就是让天生适合统治的要素进行统治，而非阿尔克迈翁认为的“政治平等”，才是健康的关键，不管是在灵魂还是在城邦中都是如此。当阿德曼图斯将民主式的灵魂说成是“一个平等的人”（ἰσονομικοῦ τινὸς ἀνδρός，561e），他认为这是一种带有侮辱性的说法。

柏拉图究竟是看起来从阿尔克迈翁那里借用了这个隐喻，还是事实上确实从他那里借用了这个隐喻，并不是我论证的要点。但是像之前的很多学者一样，我很难不认为柏拉图第一次将健康的意象从身体转到灵魂时不是在暗指阿尔克迈翁，因为他让苏格拉底将健康和疾病定义为身体的要素“以自然意愿或不意愿的方式控制和被控制……**统治和被统治**”（κρατεῖν τε καὶ κρατεῖσθαι...ἄρχειν τε καὶ ἄρχεσθαι，444d）。在希波克拉底关于身体的和诗人们关于灵魂的著作中经常出现的关
64 于支配性力量的隐喻之上，柏拉图又补充了阿尔克迈翁关于身体的著作中独特的政治性隐喻，柏拉图将它们新颖地用在了关于灵魂的作品之中。

但是在柏拉图之前，灵魂的力量没有被毫不含糊地用在政治隐喻之中，这条规则也有一个重要的例外，柏拉图甚至要努力在《理想国》中将它标示出来。在第九卷中苏格拉底描绘了僭主式个人的产生，在这个过程中他的灵魂被某种注入的爱欲或激情（ἔρως）霸占。他用一个问题结束了这段描述：“那么这是不是厄洛斯（Eros，即爱欲）自古以来就被称为僭主（τύραννος）的原因呢？”（573b）。在希腊文学中，我们经常看到厄洛斯对人和神来讲有着不可抗拒的力量。但是只有索福克

勒斯（Sophocles）说厄洛斯“统治”（ἄρχει）因他而喜的人［《特拉喀斯少女》（*Trachiniae*）441—444］；只有欧里庇得斯将厄洛斯称为僭主，他两次这样做，一次是在《希波吕托斯》（*Hippolytus*，538），另一次是在《安德洛梅达》（*Andromeda*）的残篇中（残篇136，Nauck编辑）。《理想国》第一卷讲了一则关于索福克勒斯的轶事，上了年纪且失去性能力的索福克勒斯感到自己摆脱了一个“残暴和疯狂的主人（δεσπότην）”（329c）；第八卷将欧里庇得斯单独提出，因为他曾赞美过僭主（568a—b）；而在第九卷中的那个问题看起来像是柏拉图承认了自己思想的来源，并接受了一个挑战：让悲剧作家们歌颂灵魂的僭主吧，柏拉图会赞美它的君王。

二、荣誉制、寡头制、民主制

成比例的隐喻或比喻最显著的特征就是它的可逆性（reversibility）。城邦与灵魂的对应既意味着将灵魂比作城邦（理性是灵魂的统治者），也意味着将城邦比作灵魂（统治者是城邦的理智）。这个对应不仅适用于理性是灵魂的统治者这个隐喻，而且也适用于灵魂的每一个要素，以及这些要素之间的每一种权力关系，不管是好的还是坏的。虽然这个对应关系本身不是成比例的比喻或隐喻，但是它处处表现这样的比喻或隐喻。正是这些相似性，而非因果关系或整体与部分的关系，将每种城邦与对应的灵魂，也将每种灵魂与对应的城邦紧密地结合起来。

比如我们不应该在荣誉制的城邦中寻找热爱荣誉的个人，不管是在这个城邦的统治等级还是在其他地方，不管我们是否加上这些人通过将自己的品格投射到政体之上从而将城邦变成荣誉制的。热爱荣誉的个人像一个荣誉制的政体，他并不是荣誉政体的一部分，也不是他塑 65

造了荣誉政体。荣誉制像一个热爱荣誉的人,它并不包含热爱荣誉的人,也不是由热爱荣誉的人构成。也就是说,城邦与灵魂的类比并没有决定这些问题。

详细地考虑第八卷中描述的不同种类的不良社会和与之对应的不良个体可以强化这个否定性的论证,也可以让我们洞悉城邦与灵魂类比的积极价值,即它对《理想国》的整体论证有何作用。我们依然需要回答上一章提出的问题:如果对不同形式的社会和个人的分析确实是在相互平行却分离的轨道上进行,那么这个重复意义何在?

荣誉制和热爱荣誉的个人是衰败的第一阶段,也是与理想状态最接近的状态。乍看起来,荣誉制与热爱荣誉的人颇能体现威廉斯所说的主导性规则,从而构成了外化的例子。热爱荣誉者的灵魂由意气的部分领导(550b),他喜爱身体锻炼,赋予战争的技艺很高的价值(549a)。他与荣誉政体中拥有权力的那种充满意气、好战、体格强壮的人(547e,548c)有相同的品格吗?如果我们更仔细地观察这些描述,就会看到如果单独考察热爱荣誉的人,他并不是荣誉制城邦中统治等级的成员,他们有着不同的品格。

认识到这一点的第一个方法是看他们各自对金钱的态度。荣誉政体中的统治者非常爱财,对金钱严加看管、极其吝啬(548a—b);而与之相反,热爱荣誉的个人年轻时公开蔑视金钱,老了之后公开享受金钱(547d)。而对此的解释虽然不同但是有类比性。荣誉制城邦被认为是美丽城衰败之后的第一个阶段,原来共同拥有财产的统治等级现在瓜分了城邦的财富,私自占有了它们(547c)。统治等级成员的公共和私人生活分离了。在公共生活中,他们是一群军事精英,在公餐中聚在一起,鄙视商业活动和那些靠劳动挣钱的人(547d)。对他们来讲金钱变成了某些本质上私有的东西。而在他们个人的“巢”中,他们贪婪地积

累并挥霍金钱，无视法律（548a—b）。 66

这种政体的病理学要追溯到产生这种政体的妥协。败坏的护卫者在理智和军事方面的价值与生产者的商业价值之间出现了张力，解决这一张力的途径是抛弃最高的价值，也就是理智的价值，使它不再成为一个人有资格进行统治的依据（547e），同时赋予原来排在第二位的军事价值在公共生活中的显赫位置，同时保留最低的商业价值，让它处于从属地位，并成为军事等级纯粹私人的事情（547b—c）。（商业等级被贬低成了农奴和仆人；这个城邦对于较低等级的严苛不是在热爱荣誉的人对待金钱的态度中，而是在他对待奴隶的粗暴中得到反映的，549a。）

但是热爱荣誉的个人之所以产生，是因为他个人的不同价值、他灵魂的不同要素在斗争之后的妥协；这并不是阶级斗争。他将灵魂的控制权交给了意气的要素、交给了对荣誉和胜利的热爱，这是采纳父亲的缺少政治抱负（在一个统治得很差的城邦中这是理性的策略）和屈服于母亲以及其他家庭成员的压力从而无限制地追求权力、地位和财富这二者之间的折中道路（549c—550b）。他不在理智追求上积极进取（荣誉政体不允许知识分子进行统治），而完全成了文化产品的消费者（548e）。在他的生活中对财富的欲望确实扮演着从属但非常重要的角色，就像在与之对应的城邦中那样。但是与荣誉制城邦中的统治等级不同，热爱荣誉的个人没有缺少私人财产的过去，因此在他的人生中没有哪个阶段需要在钱上偷偷摸摸或将金钱藏在私人的巢中，贪婪更不会导致他违反法律。

在荣誉政体中，哲学家不再居于统治地位，城邦变成了一个军事至上的社会——这部分是以斯巴达为原型的（545a），斯巴达的纪律严苛到了压迫的程度。这导致了统治者偷偷摸摸的行为，他们试图偷偷避开法律，就像孩子逃离父亲的管束（548b）。但是在热爱荣誉的个人的灵魂中只有不稳定，没有偷偷摸摸。就像哲学家不再是荣誉政体的护卫者，热爱荣誉者的灵魂也“失去了最好的护卫者”（τὸ ἀπολειφθῆναι τοῦ ἀρίστου φύλακος），也就是理性和哲学的要素（549b）。失去了这个护卫者之后，他不再“完全被引向德性”（εἰλικρινὴς πρὸς ἀρετὴν）；他不
67 能够保持年轻时对待金钱的贵族式态度，而且岁数越大越看重它的价值。但是他完全没有必要在金钱上偷偷摸摸。

一个将军事放在第一位的社会如果想让军事价值渗透到制度的各个层面就需要非常严格的纪律，而这很可能表现在法律的严苛上。这种严苛也会对居于统治地位的军事等级成员发挥作用。但是充满竞争性、追求荣誉、崇尚战争技艺的个人却并非如此。严苛的社会约束并不是他生活的标志，他的品格反映的是荣誉政体通过有限的品位和热情，以及整体上的不可变通性实现的内在约束（548e）。他“将军事放在第一位”是说他的灵魂由充满意气和攻击性的部分支配。他看重（ἀξιῶν）战功和军事技艺，将它们看作统治的资本；但是他真正热爱的是统治本身（φίλαρχος），而非军事技艺，他还喜爱体育运动和狩猎（φιλογυμναστής τέ τις ὢν καὶ φιλόθηρος，549a）。

黩武并不是热爱荣誉者的典型特征，比如他对狩猎的热情就不是荣誉政体的统治者生活的特征，热爱狩猎大概与那个社会的价值对应，即与战争中的“欺骗和计谋”（δόλους τε καὶ μηχανὰς，548a）对应，但是我们要注意，这个对应是与城邦整体之间的对应，而非与军事等级成员的对应。这个城邦将对计谋的喜爱推广到适当的范围，也就是战场之上，而与之对应的个人则在狩猎场上收获快乐。（如果有人怀疑柏拉图并不认为狩猎与战争构成恰当的类比，并且与欺骗相伴，可以参考《礼法》7，823b—824a。）

无论如何，热爱荣誉的人看起来像是个喜欢狩猎、打鸟、捕鱼的自大的乡绅，虽然他也希望在政治上有些影响。但很清楚的是，一旦解决了家庭传递给他的混杂信息，并决定了自己要以什么价值为指引，他就会过一种自鸣得意、与人无争的生活，这与荣誉政体中的统治者大不相同，不仅在生活环境上不同，而且在伦理和心理取向上也不同。

在荣誉政体与热爱荣誉的个人之间的对应关系里有一个因素发挥了重要作用，它可以与上一章提到的理性的政治家进行比较。如果说一个智慧的政治家很可能是一个理性的人，因此知道什么有利于他
和他的城邦，那么这种可能性的依据在于人类本性中的规律。我们不 68
该诉诸灵魂与城邦的类比去寻求确证的依据。与此类似，在任何社会中那些以战争为业的人都充满意气和竞争性，他们依赖荣誉法则生活。因此在军事至上的荣誉政体中，统治者似乎就应该是那些热爱荣誉的人，但是我们已经看到情况并非如此。这个误解可能会引出一个更普遍的误解，即认为灵魂与城邦的类比是由外化和主导性规则塑造的。

柏拉图似乎注意到了这个危险，并且采取了一些措施加以应对。首先，他反转了这个对应中成比例的隐喻。热爱荣誉的人不仅“将自己的政治权力交给了……热爱胜利和充满意气的要素”（τὴν ἐν ἑαυτῷ ἀρχὴν παρέδωκε τῷ...φιλονίκῳ καὶ θυμοειδεῖ, 550b），而且荣誉制也因为“意气的要素统治”（ὑπὸ τοῦ θυμοειδοῦς κρατοῦντος, 548c）而被描述成代表了“热爱胜利和荣誉”（φιλονικίαι καὶ φιλοτιμίαι），这里“意气的要素”就是指居于统治地位的军事等级。

这是柏拉图在《理想国》里唯一一次明确在城邦与灵魂和灵魂与城邦这两个方向上应用成比例的隐喻。在下一章我们会看到这一点所隐含的严格规则意义何在，但是现在我们还是来考虑柏拉图在此打破规则的结果。他或许会引出外化的说法放在前台和中央，放在不留心

的读者面前：赋予城邦这种特征的充满意气的要素是一个等级，其中的每个成员都充满意气（ἄνδρας…θυμοειδεῖς, 547e），因此也就是由意气的要素支配的。

但是柏拉图将这个炸弹摆在读者面前，目的是要在光天化日之下解除它的威胁。柏拉图让阿德曼图斯提出，就热爱胜利而言，格劳孔看起来是热爱荣誉者的合适人选，之后又让苏格拉底予以否认，因为热爱荣誉者比格劳孔更为顽固、更少教养（548d—e）。格劳孔虽然有对胜利的爱，但同时也有热爱荣誉者缺少的很多品质，因而他的情况比乍看起来更加复杂；生活在压迫性的荣誉政体之下的充满意气的统治者也是如此。并不是每个充满意气的人都是“热爱荣誉的人”。柏拉图帮助
69 读者理解这一点的方法是让阿德曼图斯说出正确的理解：热爱荣誉的人拥有“那个政体的品格”（ἦθος ἐκείνης τῆς πολιτείας, 549a），而不是拥有“那个政体统治者的品格”；如果你将荣誉制城邦的生活加到个人生活之上，产生的结果就是他那种人。并不是每个充满意气的人都有那种品格或那种生活。

现在让我们沿着堕落的顺序继续来看城邦与灵魂之间的对应。荣誉制之后是寡头制。我们看到与寡头制城邦对应的人是一个努力工作的守财奴（554a），而那些在寡头制（plutocracy，即富人统治，财产和财富使人有资格统治）中占据统治地位的人是富人，事实上是极其富有的人（ὑπέρπλουτοι, 552b），因为城邦的大量财富集中到了极少数人手中。苏格拉底明确说统治等级的人包括那些游手好闲、挥霍无度的富人，而他们与寡头式的人恰恰相反。这些挥霍无度的人是一些“雄蜂”，他们的习惯最终会让他们变得穷困潦倒，从而被踢出统治等级（552b—c）。

有什么让吝啬鬼与富人统治相似呢？这样的个人和城邦都最看重物质财富（554a—b）。在这两种情况下，都是只有少数满足于物质利益

的要素得到了实际的满足。对城邦而言，这意味着财富集中在少数人手中，而法律也鼓励这种集中（财产是可以转让的，552a）；但是在个人那里，同样的倾向表现在他尽力限制自己的物质满足，仅仅满足于那些必要的欲求，克制对奢侈品的渴望（554a）。

因为富人与穷人之间的敌意，寡头制的城邦总是处在冲突之中，富人害怕贫穷和反叛的大众，还有罪犯，这些他们都必须用强力予以压制（551d—e，552e）。而寡头式的个人则在自己的生活中充满矛盾。就像寡头制的城邦充斥着乞讨者和罪犯，寡头式的个人也有很多罪犯和乞丐般的欲求（554c），同时他又认为这些奇怪的念头和渴望毫无价值（554a），就像乞丐对城邦毫无价值一样。但是如果有机会满足这些受到压制的渴望而不受惩罚，他也会将它们暴露出来，比如虐待要他照顾的孤儿或者花别人的钱（554c—d）。

苏格拉底确实说不仅是寡头制本身，而且统治等级的成员也都将
金钱放在第一位，他们是一些“爱财之人”（φιλοχρήματοι，551e；比较
551a），在这个意义上可以与寡头式的人进行比较（对比554a和551a， 70
551e）。但是就像热爱荣誉的个人与荣誉制中充满意气的统治者一样，不是每个爱财的人都有寡头式个人的品格特征。寡头制统治者的拜金主义表现在他们仰慕富人，不愿意资助针对别国的军事活动，但是他们非常舍得给自己花钱。稍后我们得知这些人奢侈的家族和被他们养成放纵生活方式的孩子正是他们衰败的重要原因（556b），这与寡头式个人家庭中匮乏的、吝啬的教养形成了显明的对比（558d，559d）。寡头制的统治者不情愿为公共利益花钱，而寡头式的个人则不愿意花钱让自己在公共生活中变得显赫（555a）。寡头制中的统治等级在城邦中已经达到了显赫，但他们不愿破费从而让自己的城邦在其他城邦之中达到显赫。他们的军事活动没有足够的资助，他们不管怎样都害怕将反叛

的大众武装起来，因此他们是作为ὀλιγαρχικοί上战场的，柏拉图在这里用了一个有趣的双关，他们不仅是“少数指挥的人”，而且“指挥少数人”（551e）。

同样的双关用在寡头式的个人身上，就产生了相当不同的结果。他不愿为了在公共生活中露脸而花钱是因为他害怕将权力赋予那些本来受到压制的过度欲求，那些可以助长野心的欲求（555a）。要在公共生活中获得成功往往需要寡头式的个人不具备的情感，比如热衷于自己地位的提升，愿意因为社会中激动人心的场景而神魂颠倒。因此他只在政治舞台上投入很少精力，他半心半意地（ὀλιγαρχικῶς）走上战场，紧握着自己的钱财。他的吝啬来自一种内在的匮乏和内在的冲突，而这些都是寡头制中的统治等级所没有的。因此对寡头式个人的描述并不是对寡头制中统治者的补充，并不是为了让我们看到在分析他们公共角色时所缺失的灵魂的内在结构。因为这个分析表明，没有哪个寡头式的个人愿意过寡头制中统治者的生活。

在这里，又是阿德曼图斯的一个说法能帮助读者正确地理解这个对应。和每一种不良的类型一样，寡头式个人品格形成的部分原因在
71 于他父亲的道德水准更高。苏格拉底设想热爱荣誉的父亲哀叹他对政治权力的追求，以及由此导致家庭贫穷的后果。他的儿子在此之前一直追随父亲的脚步，而现在则要避免政治风险，将精力集中在挣钱上（553a—d）。阿德曼图斯同意这样的环境最有可能“将一个有抱负的年轻人变成一个爱财之人”（ἐκ φιλοτίμου νέου εἰς φιλοχρήματον）。苏格拉底继续说道：

> “这是不是寡头式（ὀλιγαρχικός）类型呢？”
>
> “他当然是从那种与寡头制由之发展而来的政体相似的人那

里发展而来的。”

“那么让我们来看看他是不是与寡头政体相似。”(553e)

阿德曼图斯很小心地选择措辞。苏格拉底描述的那个年轻人显然已经变成了一个爱财之人(φιλοχρήματος),但是苏格拉底在称他为“寡头式的”时究竟是什么意思呢?“ὀλιγαρχικός”这个词通常用来形容一个人在政治观点上支持寡头制。但是阿德曼图斯意识到,苏格拉底并不是在分析与城邦对应的个人的政治观点,而是在分析他们的道德品格和生活方式。他也理解在城邦与个人之间的对应具有平行关系,但那是在不同的轨道上。即便那个将金钱放在首位的年轻人很可能赞成寡头制——至少是赞成那种富人统治(550c),但是这个可能性与他是否应该在这个对应所要求的意义上被称为“寡头式的”没有关系。确证这一标签的唯一方法就是展开这个对应,考察类比的要点。而至此唯一能够支持这种可能性的就是那个对应带来的平行关系,就像寡头制的根源在于荣誉制,爱财的年轻人的“根源”在于一个与荣誉制类似的父亲。这样看来,他很可能与寡头制相似,并且有资格得到“寡头式的”头衔,但这并不是因为他很可能采取的政治立场,而是因为阿德曼图斯相信这个类比是成立的。

最后我们要注意,虽然荣誉制像寡头制一样在富人和穷人之间存在截然的区分(也就是在那些秘密拥有财富的军人和充满怨言的农奴之间),但是它并没有像寡头制那样被描述成两个城邦——一个富人的城邦和一个穷人的城邦(551d)。这是因为实际是两个城邦的那个城邦对应着一个过着冲突的、受压制的生活的人;而我们已经看到热爱荣誉的人并没有什么冲突,如果有冲突的话,也是荣誉制中的统治等级过着冲突的生活。 72

总而言之，寡头式的个人会是一个小人，一个关注私人生活的人，不会在公共生活中留下什么印记。他会是一个在社会上值得尊敬的（或许在私底下很淫荡）、尽力存钱、努力工作的商人，或者是多产的劳动者。因此他无须与寡头制中有资格统治的人有任何相似之处，后者代表了拜金主义（τὸ φιλοχρήματον）的不同方面：不是为了个人目的聚集金钱，不是为了极少的花钱机会，而是在政治上倾向于最低的税收和将财富集中在少数富人手里，他们聚集金钱为的是城邦中的少数人可以花费。

威廉斯让我们注意到民主制与民主式个人之间的关系。在民主制中，人们有机会按照自己喜欢的方式安排生活，因此在给定的人性基础上，民主制包含了各种各样的人，他们过着各种各样的生活（557b—c）。但是民主式的个人有他特有的生活方式：他跟随着自己随意的兴致，从一种热情跳到另一种。民主式的个人热爱多样性，而民主制是一个允许多样化生活方式的城邦。城邦中共时的多样性在与之对应的个人那里表现为历时的多样性；毕竟个人比社会更难容纳多样性。因此，假如民主制的统治等级——不管我们理解为所有人还是大多数人——是民主式的个人，那么民主制城邦的多样性将会消失。

我们或许可以这样挽救民主制的多样性：一个由民主式的人们构成的社会在任何时刻都会有很多不同的生活方式，因为民主政体内部大多数反复无常的公民在同一时刻会有不同的兴致。这种尝试似乎能在描述民主制中的公民和民主式的个人特征的词汇中找到进一步的支持：民主制城邦和这个城邦中的公民都是“自由的”（ἐλεύθεροι，557b），而这也是民主式的个人所夸耀的资本——他的生活是“甜蜜的、自由的（ἐλευθέριον）和幸福的”（561d）。但是在这里我们要像考察荣誉制和寡头制一样小心，不要让共同的名称掩盖了重要的区别。

民主制的公民所拥有的自由是政治性的，是不能容忍城邦可能
给公民的公共行为施加任何限制，认为自己不受任何公民义务的束
缚。事实上，这与其说是自由，其实更像是“无政府状态”（πολιτεία…
ἄναρχος, 558c），而且苏格拉底描绘的雅典民主也显然意在戏仿而非如
实地描述。城邦既不会强迫你承担公职，也不会在你想要公职时给你 73
任何限制；城邦既不会给你施加任何军事或法律义务，也不会因为你无
视法庭判决而惩罚你（558a—c）。但这绝不是那种民主式个人的自由。
这种人拒绝承认的限制和义务是对他个人欲求的限制，以及习俗中认
为的他对自己的义务。习俗规定真正的绅士只应该重视他的某些欲
求，而要限制其他的（561b—c）。这是他应该对自己，而非城邦采取的
行动。但是民主式的个人拒绝容忍这些习俗对自我的限制。他平等地
重视自己的每一种欲求，满足任何当下的欲求。而在民主制中与此对
应的是拒绝受到社会等级的影响，以同样的方式看待平等和不平等的
公民（558c），以及通过抽签来决定公职（557a）。

将类比保持在两条分离的轨道上让我们可以理解，民主制中公民的生活并非如民主式的个人那样反复无常。民主制中的公民极其珍惜他们的自由，坚决抵抗任何侵犯自由的企图（563c—d）。当讨论转向政治自由如何影响他们的家庭和私人生活时（讨论中的这个转向是为了解释民主制如何蜕变为僭主制，而不是因为这个类比要求考察统治等级的私人生活），自由的影响不是表现在反复无常的行为，而是表现在家庭中等级关系的崩溃，父亲害怕儿子，老师害怕学生，在夫妻、主奴，甚至主人与狗之间，一切依据等级区分确立起来的规矩都消失了。

在某种意义上民主式的个人也很坚决：“他通过一切东西坚持自己的生活方式”［χρῆται αὐτῷ (sc. τὸν βίον τοῦτον) διὰ παντός, 561d］。但是他所坚持的生活“没有秩序或必然性”（οὔτε τις τάξις οὔτε ἀνάγκη,

561d)。他持续保持着没有任何连续性的状态，充满激情地投身于反复无常的活动。这完全不是民主制下的公民所热爱的自由。不同自由之间的差别来自城邦与灵魂对应关系中不同层面之间的差别。当公民过分坚持他们的公民自由，城邦就变成了无政府状态；而当个人灵魂中的每种欲求都获得了自由，无政府状态就会支配他的灵魂，而非他的
74 城邦。

至此我们就不该惊讶于阿德曼图斯对这一对应关系提出了小心的评论。他称赞苏格拉底对民主式个人前后相继的短暂热情的描述是“对那种平等之人（ἰσονομικοῦ τινος ἀνδρός）的精彩描绘”（561e）。因为某些复杂的原因，平等（ἰσονομία）成了民主政治的口号，民主制中的公民很乐意称他们自己为平等者（ἰσόνομοι），但是形容词“ἰσονομικός”显然只出现在这里。我们已经看到阿德曼图斯不情愿将政治术语“ὀλιγαρχικός”（寡头制的）用于形容寡头式的个人；与此类似“δημοκρατικός”（民主制的）通常也用来形容赞成民主政体的人。阿德曼图斯很明智地创造了一个在当时政治辩论中没有的术语，利用它所带有的政治暗示来形容这个人努力确保他的每一种冲动都拥有平等的权利，而不是用来描述民主式个人的政治观。他后来允许苏格拉底“在这个词的严格意义上”称这个人为“民主式的”（ὡς δημοκρατικὸς ὀρθῶς ἂν προσαγορευόμενος，562a)，那是因为这个词的严格意义已经变成了这个词的新意义。

还有一个细节能够说明，认为在民主制城邦中充满民主式的个人是错误的。这种说法不符合将社会区分为三个不同等级的划分：富人、雄蜂和大众（564d—565a）。苏格拉底做出这个区分是为了解释民主制如何蜕变为僭主制。按照这里的描述，民主式的个人不符合这三个等级中的任何一个。他肯定不是富人，因为在民主制中是那些“本性上最

守秩序的”（κοσμιώτατοι φύσει, 564e）人变得最富有；他也不是雄蜂，因为雄蜂型的人被那些不必要的欲求所支配（559c—d），而民主式的个人赋予所有欲求平等的权利（561a—b）；他也不属于大众，因为大众包括手工业者和农民，他们没有金钱和时间从事政治（565a），也就是说没有闲暇或资源来支持民主式个人的生活方式，后者变幻莫测的热情使他不停地进出公共领域。

三、隐喻的重要性

第八卷的读者会面对关于公共生活和个人生活的一系列彼此平行的指控，每一种都有生动的、经常是带有讽刺意味的细节描写，每一种平行关系中的两者都由相似性的复杂网络联系起来。但是对这些城邦和个人的描写越是生动和特点鲜明，它们看起来就越不重要。比如，对 75
民主式个人的描述既有趣又一目了然，但是既然还有别的生活方式需要谴责，柏拉图为什么要让我们关注**这种**生活方式的不可取之处呢？表面上看，答案在于这种人的品格特征与民主制相似。但是这样的回答只会引出进一步的问题。我们必须设想柏拉图在设计出城邦与灵魂的类比时知道这样做的目的是什么。他并非仅仅关注政体的主要类型，并且用类比将他带到与政体对应的个人那里。原因之一是，那些政体并没有被当作单纯的政治系统来分析，讨论的焦点并不是它们的制度和结构、权力之间的平衡、法律，或者任何像我们在亚里士多德的《政治学》那样的政治著作中看到的政治分析。

当然，有些细节可以适用于更技术化的立法模型，比如，当财产可以转让的时候，契约带来的风险应该由自己承担（556a—b），这个提议在《礼法》中再次出现（比如742c）。但是柏拉图讨论的重点并不是这些问题，而是城邦的道德品格、公民价值和公民生活。此外，正如布罗斯纳指出的，这些政体中的一个，“荣誉制”，根本不是标准的政体类型，并没有出现在当时关于政体的辩论之中。[1]（苏格拉底颇费周章地强调自己不得不发明这个名字，545b。）另一个政体，寡头制，通常也不是被界定为富人的统治，而是少数人的统治。柏拉图选择不同类型的政体，一方面考虑的是与之对应的不同类型的个人，另一方面他的最终目的是对僭主式的人提出恰当的指控。

如果认为柏拉图的眼睛仅仅盯着某一个方向，不管是以政体类型的特征为基础决定灵魂的种类，还是反过来以灵魂的基本类型来决定不同政体类型的特征，似乎都是错误的。这种对应关系是成比例的，而
76 成比例关系的特征就是对称。如果柏拉图不在天平的两端各放入一些他希望在另一端也放入的观点，那么他就失去了这个类比一半的效用。

因此我建议或多或少接受苏格拉底表面的说法，即他选择了比较容易界定的政体类型（544c）。当然，它们是道德或行动上的范畴，而不是表面看来的技术性的政治范畴。如果只考虑本章处理的三种政体，那么黩武主义、拜金主义和追求平等看起来都是恰当选择的价值，可以用来分析希腊社会中的各种张力，既包括国家内部的也包括国家之间的。即便这些对公民生活的描述没有哪个完全准确地反映了历史上的政治共同体，但是每一种都戏仿了现实中政治共同体的倾向，有时还是同时出现的不同倾向，比如雅典的寡头派和民主派之间的政治斗争，因此我们不能说这些戏仿没有真正的政治作用。与此相似，虽然不是每个充满意气的人都是爱荣誉的人，也不是每个拜金主义者都是寡头式的人，但是这些小品文确实引起了读者的兴趣，并且对基本的人类动机

1 Blössner 1997, p. 88.

和欲求做出了具体的区分，这些区分在柏拉图的其他对话中也有出现，这些区分比这些小品文本身有着更广泛的应用。

我在这里是要分别描绘比例关系两方的独立价值，以及对不同类型的公民生活和个人生活方式的分别指控。但是作为类比，它的价值何在呢？我们首先来考虑将城邦映射到灵魂上。比起城邦的复杂生活，我们更熟悉个人的生活，也更容易把握整体的个人生活，并在需要的时候谴责它。将城邦的道德特征投射到个人的灵魂之上使我们可以一目了然地看到通常无法一目了然的整体。这里我们可以比较鸟瞰意大利得到的其海岸线像“靴子”的印象。假如荣誉政体是一个人，那么它一定是一个浮夸、自满的家伙；假如寡头政体是一个人，那么它一定是个心胸狭窄、充满矛盾的吝啬鬼；假如民主政体是一个人，那么它一定轻浮不堪。这样的类比使得任何被那些政体吸引的人从整体上考虑它们，而不是想象自己是其中处于优越地位的等级。在构建美丽城的时候，苏格拉底坚持说他的任务是让整个城邦尽可能幸福，而不是让某个等级幸福（420b）。但是在描述不同人的时候，我们很难把握整个城邦的幸福或不幸，因为一些人比另一些人得到了更大的满足。而将城 77
邦映射到灵魂上能帮助我们把握到这一点。

现在考虑另一面，即将灵魂映射到城邦之上。这样的映射不是为了让我们看到之前只能零碎地看到的整体，而是为了让我们理解被个体表面的统一性掩盖了的复杂性。现在不再是看意大利这只靴子，而是要看到这只靴子的鞋尖、鞋跟和鞋帮。个人很容易忽视自己的需要和欲求，很容易去应付社会更为急迫的要求和张力，从而忽略自己内在的需求和张力。但是如果将那些需要和欲求投射到城邦的大屏幕上（苏格拉底说的是阅读较大和较小的相同字母，368d），那么两方就都不会被忽视。人们有一种倾向，即作为社会中的一员将注意力集中在其行为的中间地带，这样一方面会忽视个人的内在生活，另一方面会忽视社会的整体生活。现在通过类比，内在生活得到了显明，就像将城邦投射到灵魂之上帮助我们把握公民生活一样。

柏拉图让阿德曼图斯和格劳孔展示出这里所说的倾向，用这种精心的设计让我们理解这一点。当苏格拉底坚持说他的任务是让整个城邦尽可能幸福，而不是让其中某个等级幸福，他首先回应了阿德曼图斯（419a），随后回应了他的弟弟（519b—c），他们代表美丽城中的统治等级表达了不满。阿德曼图斯关心苏格拉底对护卫者的不义，将所有的义务都给了他们，而没有将统治的特权交给他们；格劳孔关心苏格拉底对哲学家的不义，让他们牺牲自己的一部分生活进行统治，而他们本来可以全身心地投入更为高贵的哲学探究。

他们忘记了苏格拉底不仅是在描述有内在利益的社会安排（当然他也是在这样做），他还在塑造与之类比的正义的个人。他们替美丽城中的统治等级说了话，他们清楚地听到这个等级可能会表达的保留，但是他们没有听到哲学家之中与其对应的要素发出的声音，也就是哲学部分对真正幸福的渴望以及它对灵魂中的政治所持的保留态度。虽然他们准备好考虑个人的内在生活，虽然他们引导苏格拉底去考虑内在
78 生活意义上的正义，虽然阿德曼图斯明显把握到了这个类比在荣誉政体、寡头政体和民主政体中如何运作，但是他们却没有理解哲学家灵魂内部的呼声。原因在于他们很难理解灵魂的健康只是一个补给站，而非通向幸福旅程的终点，正如我们在第一章结束时看到的。将哲学家的灵魂投射到美丽城的幕布之上，给了他们，并且通过他们给了读者，一条克服这个困难的道路。

在第八卷讨论不良的品格时，将灵魂投射到城邦之上也同样富有启发性。民主式个人的生活看起来自由、放松、多样，因此值得羡慕

(561d—e),但是如果将它投射到民主城邦之上,那么得到的就是无政府状态。那些羡慕民主式个人的人看到的只是他作为社会中的个体的行为,在这个领域里,他各种欲望之间的平等表现为它们相继出现,一种兴致跟随着另一种。他不可能同时酩酊大醉和完全清醒,不管他多么想尝试这样的体验。但是在城邦中,公民之间的平等是同时的,结果导致整体无法无天和相互蔑视。而这样的投射揭示出,在民主式个人的灵魂内部,**确实**同时酩酊大醉和完全清醒。外在地看,他反复无常的生活可能还不错,这可能是因为朋友的帮助,可能是因为他有大把金钱,也可能完全是因为好运;但是如果从内部看,他的灵魂则是一片混乱。与此类似,这样的投射也可以让我们看穿寡头式个人表面上的可敬(554d—e),以及热爱荣誉的个人表面上的高贵(549b)。

事实上,城邦与灵魂、灵魂与城邦之间对称的关系包含了在社会中如何生活的指导。[普罗克洛斯(Proclus)认为柏拉图努力成为荷马,但是柏拉图显然同样经常地回看赫西俄德。]这种对应关系将政治的宏观世界和微观世界,将城邦和自我作为有序的整体结合起来认识,而非人们习惯性地关注社会中的个人和与他人相关的个人。如果这个类比试图实现更多,比如向我们表明民主式的个人生活在民主城邦中,或正义的个人生活在正义城邦中,那么它也就无法实现上面说的目标了。

尽管如此,我们每个人当然都是生活在社会中的个人,如果说这个类比没有考虑正义的个人生活在正义的城邦中,那么《理想国》显然有这样的考虑,它展示了生活在美丽城中的哲学家(498e)。美丽城中的哲学家恰恰代表了那个类比所推荐的意识。他进行统治是因为关 79
心社会整体的利益,而非自己在其中的地位,这是他对政治宏观世界的意识。他同时保持着灵魂各方面的健康,因为他意识到自己还只是个人,或者说他看到了自己灵魂中人性和神性的方面。他是自己灵魂的医生，因为他将自己看作一个微观世界，而不是因为他努力成为一个绅士，并认为自己拥有君王的才智。那么他进行哲学思考的愿望呢？他进行哲学思考完全是因为他热爱哲学。但是这种爱并不是柏拉图在《理想国》中考虑哲学家时关心的主要问题；在这部对话中，他关心的是哲学家如何生活在城邦之中。

但是说哲人王代表了这个类比所推荐的意识，并不是说他会用包含在城邦与灵魂对应中的那种类比性推理来确证那种意识。那个对应关系所包含的教益是留给《理想国》的读者的，而非针对哲人王的。

在下一章我们会更详细地讨论哲学家如何看待城邦与灵魂中的政治。现在让我们考虑城邦与灵魂之间的对应（将它仅仅看作一个类比，而非更多）如何满足了格劳孔和阿德曼图斯的要求——抛开正义和不义的奖赏和结果，仅仅考察它们对灵魂的效果，以及如何在满足这一要求的同时避免它的局限。因为类比没有将不同种类的个人放入与之对应的社会，而是将每个人看作自足的微观世界，因此它成功地抽象掉了外部的奖赏和结果。但是因为与每个个人对应的是城邦，是一种公民生活，因此苏格拉底也就可以用传统的方式赞赏正义、指控不义，虽然兄弟俩的要求看起来好像排除了正义与不义这两个词传统的社会应用。最后，因为类比的运作暗示了某种在社会中的生活方式，而且正如我们刚刚看到的，政治立场不管外在的奖赏和结果，都不是通过反对它们或者抽象掉它们，而是通过提升到它们之上，于是苏格拉底得以给兄弟俩坚持的寂静主义的消极方面——退出城邦世界、独自疗伤——提供某种替代方案，而同时保留了其积极的方面——关注灵魂的政治，即便在他追求一个可以将兄弟俩与王制的前景重新联系起来的理想时也
80 是如此。这最后一点正是柏拉图为什么以兄弟俩的要求作为剧本的开始。在这个限制之下写作使他可以解释一个人如何生活在社会之中，

而这正是他在《理想国》中要做的。

如果这些是正确的，我们就可以排除掉城邦与灵魂类比的一个功能：它并不真的是探索性的，即便苏格拉底这样说过（434d—e，我们还会回到这段文本）。作为类比，它确实是启发性的，就像隐喻应该发挥的作用那样。但是我们不应该设想柏拉图首先在一边开列了好坏政体的基本类型，之后进行隐喻性的计算，考虑在另一边出现什么，随后制造出与之对应类型的好坏个人。我们也不该设想柏拉图尝试相反的方向。各种匹配关系很显然在一开始就已经被设计好了。柏拉图利用这个类比并不是为了发现什么，而是为了与读者交流。

我们没有必要否认每一种类型的人，因为拥有与之对应的城邦的特征，会感到那个城邦很适合生活，而且如果他住在那里，大概也会想要归属于它的精英等级，不过这并不是因为精英中的人都有他的品格，而是因为大多数人都认为拥有权力比没有权力更好，也因为他想要确保这个城邦一直是那个吸引他、适合他生活的地方。重要的是，我们必须反对这个类比建立在这样的原则之上，或者柏拉图构建这个类比的目的是为了表达这个原则。苏格拉底关于民主制的论述实际上是要告诉我们民主制的口号，民主制中自豪的公民喜欢传播它。在苏格拉底
的分析中突然出现了关于民主制如何蜕变为僭主制的讨论，这个转变 81
完全不是他对民主式个人描述的一部分，也不是那个人与民主制关系的论述。

我们还应该指出，各种败坏类型的个人的野心，并不是在与他们对应的城邦中得到最完全的满足，而是在僭主制中。没有人比僭主地位更崇高、更受到顶礼膜拜，没有人比僭主聚集更多的财富，也没有人比他更自由地满足自己反复无常的兴致，因为在这些事情上他都不能容忍竞争。荣誉政体、寡头政体和民主政体都没有将爱荣誉的、寡头式

的、民主式的个人的野心实现出来，这些政体也不是为了证明那些野心的坏处，正像布罗斯纳指出的那样。[1]描述它们的目的一方面是为了它们本身之故，另一方面是为了通过类比澄清与之对应的个人的内在状态，完全不是为了实现那些人的梦想。

只有到了拥有僭主式品格的人那里，柏拉图才宣布了这个主题，一个外在于城邦与灵魂类比的主题。僭主式品格的独特之处就在于梦想让整个社会服务于他个人的需要和欲求。因此柏拉图通过打破城邦与灵魂类比的模式来展示这种品格。"外化规则"不能应用于灵魂与城邦的类比，但是它可以应用于变成实际僭主的僭主式的个人。"主导性规则"不能应用于灵魂与城邦的类比，但是它可以应用于美丽城中的哲学
82 家。在下一章我们就要来看如何以及为何如此。

第三章的相关资料和学术背景

Thesaurus Linguae Graecae的数据库在研究柏拉图所继承的灵魂隐喻时是不可或缺的工具。我也很高兴利用了我在伯克利指导的大卫·恩格尔(David Engel)的博士论文《荷马到亚里士多德之中被划分的自我》(*The Divided Self from Homer to Aristotle*, 1997)中的材料。关于希腊悲剧中的灵魂隐喻，萨利文(Shirley Darcus Sullivan)的作品节省了我很多力气(Sullivan 1997，1999，2000)。

关于阿尔克迈翁作为柏拉图应用到灵魂之上的政治隐喻的先驱的重要性，参见下述著作中关于历史语境的讨论：Cambiano 1982；Vegetti ed. 1998 [vol. 3], p. 102, n. 122(比较Vegetti 1983, ch. 2)。我与这两位

1 Blössner 1997, pp. 91—92, 204.

学者的不同之处在于没有将κράτος（力量、权力）和κρατεῖν（支配、统治）的隐喻当作完全政治性的。

当前的学术作品倾向于认为荣誉政体的统治等级由热爱荣誉的个人构成，寡头政体的由寡头式的个人构成，等等，关于这一点参见“第二章的相关资料和学术背景”。

我认为这一类比的两方有独立的政治和心理学价值，这使我不同于当前学界的几种不同立场。我虽然接受了Blössner 1997, pp. 185—207和Frede 1997的论证——他们都反对不义社会中的政治安排反映了历史状况，但是我不认为这会使得那些描述在政治上无关题旨。我更不认为这样的论证会使《理想国》在整体上与政治无关，完全是一部道德著作，像Annas 1999, p. 77认为的那样。我也反对Blössner 1997, pp. 215—216, 241否认这个类比意在包括一种柏拉图式的心理学，虽然我同意这个类比并非探索性的。不管怎样，柏拉图让他的心理学概念适应于它们出现其中的不同对话的需要，但我们还是要承认，即便考虑了语境问题，很多柏拉图对话之间依然有足够的稳定性和持续性，让我们可以谈论一种柏拉图的“心理学”。 83

第四章

僭主与君主

一、不对称关系

只有在处理哲学家和僭主这两类与城邦相似的个人时，《理想国》超出了在个人与城邦之间的纯粹类比，向我们表明在城邦中进行统治的个人以及统治者的地位对他的品格产生了什么影响。在这两种情况下，《理想国》考虑了在严格意义上的类比关系中缺失的因果联系。再次绕道考察隐喻的修辞效果，可以帮助我们解释这个问题。

我们已经看到成比例的隐喻是可反转的，因此在社会与个人之间的对应关系就既是灵魂与城邦的类比，也是城邦与灵魂的类比。但是现在我们需要对这些说法做一些限定。说成比例的隐喻是可反转的，并不保证它在两个方向上都同样有效。亚里士多德虽然非常欣赏这类隐喻的可反转性，却并没有讨论效果问题，之后的修辞学家将这一点明确化了。

上一章提到的德米特利乌斯在《论文体》中给出的将军、御者和舵手的例子之后还有另一个例子，也同样是成比例的，但并不是可反转的：诗人们称伊达山下部的“斜坡”(ὑπώρεια)为它的“脚”(ποῦς)，但是并不称人的脚为他的斜坡；因此“不是所有的(这种类比)都可以反转”。另一部匿名作品《论修辞手法》(*On Tropes*)[1]提到了某个岛屿以无边的大海“为花环”这个例子，得出了同样的结论。环绕着岛屿的水流可以被说成是岛屿的花环，但是如果说花环围绕着某人的头部流动则是“可笑的”(τὸ γὰρ τοιοῦτον γελοῖον)。与此类似，当特拉叙马库斯用成比例的方式重述国王是人民的牧者(343b)，他要达到的讽刺效果就是将传统中高贵的隐喻变成毫无高贵可言的相反说法——牧者是羊群的国王。 85

将统治者比作城邦的理智，将战士比作意气并没有什么明显的可笑之处，我们甚至还会想到将农民和手工业者比作城邦的饥饿和干渴，因为他们让城邦可以养活自己。称国王是家族的眼睛，或将民众领袖比作黏液和胆汁当然也没有什么奇怪。不管怎样，柏拉图只从当时的文化中继承了第二种比较(只有上一章提到的一个例外)，也就是城邦的要素与人类身体而非灵魂之间的比较。我们还看到，在处理身体的隐喻时，柏拉图在两个方向上使用这个比例关系：不仅说疾病像不良的统治，而且说民众领袖像黏液和胆汁；不仅说医生统治病人的身体，而且说统治者是城邦的医生。

他本来可以很容易地在灵魂的隐喻中做同样的事。他从不拘泥于继承的意象，但是他并没有这样做，因此这一点就显得非常重要，他必然是选择不这样做的。在他的文本中有很多可以应用到灵魂之上的政治意象。理性是统治者，为了灵魂各个部分构成的共同体的利益进行统治，并且试图防止这些部分之间发生冲突。在第八卷中苏格拉底

1　*Rhetores Graeci*, ed. Leonhard von Spengel, vol. 3, p. 228.

精彩地描绘了大众的革命如何将年轻人的灵魂变成民主式的（560a—561a）。暴民攻陷了理性的卫城，封锁了通向智慧的大门，用戏仿厄琉息斯秘仪（Eleusinian Mysteries）的方式庆祝放纵的胜利。虽然在城邦与灵魂之间对称的关系暗示同样的隐喻或比喻也可以应用在相反的方向上，但是柏拉图却没有明确提到任何一个相反方向的隐喻。

统治者从来没有被称为城邦“理性的部分”（λογιστικόν），甚至没有被称为城邦的“智慧”（σοφία）；战士没有被称作城邦的“意气”（θυμός），或“充满意气的要素”（θυμοειδές），或城邦的“勇敢”（ἀνδρεία），只有第八卷的一处是例外（548c），我在前一章提到了它；农民和手工业者也没有被称为城邦“欲望的部分”（ἐπιθυμητικόν）；与此类似，寡头制中的统治等级从没有被称为城邦的“必要欲望”（ἀναγκαίαι ἐπιθυμίαι），僭主也没有被称为城邦的“爱欲”（ἔρως）。相反，随处可见的应用到城邦构成要素上的意象都相当传统，或者来自医学——比如说城邦中的不同等级是患病身体的不同元素；或者来自动物界——比如城邦是一
86 个蜂巢，政客是里面的雄蜂（552c，564b），而僭主则被说成是狼（566a）。

这样看来柏拉图利用了解释类比的顺序，让苏格拉底先描述城邦的结构，之后才是与之对应的灵魂，以此避免在两个方向上应用成比例的隐喻。他只在一个方向上应用这个隐喻，与他提出这个对应关系的顺序相同。我们当然可以将这当作证据，说美丽城的政体安排和生活方式，以及那些不义的城邦，不过都是意在成为说明与之对应的个体灵魂结构和生活方式的意象。但是这样一来我们就要面对另一个问题，那些意象，尤其是美丽城的复杂性，为何远远超出了进行比较所需要的程度。更具有决定意义的是，如果这些不过是个人道德的意象，那么我们就不得不忽视它们清晰的政治意涵，即它们有力地赞扬或批判了不同种类的城邦生活。

有一种更好的方式来解释柏拉图为什么用这种不对称的方式应用城邦与灵魂之间的隐喻。他要对抗一种伦理立场，这种立场也包括灵魂与城邦的关系，并且这种关系既是美丽的也是因果的。用不对称的方式应用这些隐喻是实现目的的一个方法，而让僭主和哲学家处在城邦与灵魂对应关系的两极则是另一个方法。

这种立场来自一种柏拉图以及大概任何人都不想去反对的观点，即那些拥有权威的人应该用自己的榜样领导人民。在色诺芬的《回忆苏格拉底》中，他提到好的国王不仅要很好地安排自己的生活，而且要让臣民兴旺发达（3.2.2）；在《居鲁士的教育》（*Cyropaedia*）中他讲到国王不是要在奢侈的生活上胜过臣民，而是要在深谋远虑和对工作的欲望上胜过他们。在斯托拜乌斯（Stobaeus）成书于晚期罗马帝国时期的箴言集中，这一点被认为非常可敬，因而被归于泰勒斯："统治者，要赋予自己秩序"（ἄρχων κόσμει σεαυτόν, Diels-Kranz 编辑，1.64.10）。这个毫无争议的观点非常清楚：统治好自己才有资格统治别人。

但这并不是柏拉图想要对抗的思想。事实上，在苏格拉底回应格
劳孔挑战的高潮部分，柏拉图让苏格拉底非常有力地认可了这一点：那
些在他们的灵魂中没有"神圣统治者"（θεῖον ἄρχον）的人，为了自己的 87
利益考虑，应该接受那些有"神圣统治者"的人统治，事实上应该成为
他们的奴隶（590c—d）。我们可以将这个想法再往前推一步：统治自己
不仅让一个人有资格统治他人，而且统治他人还是统治自己最好的表
达方式，因为政治统治是一个人可以承担起来的最伟大的任务。这样
我们就得出了柏拉图想要对抗的那个立场。他心目中的哲学家，甚至
是变成君王的哲学家，有比这更为远大的抱负。

值得注意的是，柏拉图想要对抗的这个思想模式在伊索克拉底大约写于公元前4世纪70年代末的早期作品《致尼科克勒斯》（*To*

Nicocles）中可以见到。这部作品是致塞浦路斯国王的道德劝勉，在第29节有这样的建议：要达到真正意义上的君王（βασιλικώτατος），就绝不能成为快乐的奴隶（ἂν μηδεμίᾳ δουλεύῃς τῶν ἡδονῶν），要比控制公民更紧地控制自己的欲望（κρατῇς τῶν ἐπιθυμιῶν μᾶλλον ἢ τῶν πολιτῶν），因为自我统治给了他统治他人的权利（ἄρχε σαυτοῦ μηδὲν ἧττον ἢ τῶν ἄλλων）。至此，伊索克拉底还没有迈出额外的一步，他在这里所说的不过是他在《致德莫尼库斯》（*To Demonicus*，假如这部作品确实是他的）第21节中说的：一个拥有自制（ἐγκράτεια）的人认为，在自己还是快乐奴隶的情况下对奴隶施加权威是可耻的（ἐὰν αἰσχρὸν ὑπολάβῃς τῶν μὲν οἰκετῶν ἄρχειν, ταῖς δ᾽ ἡδοναῖς δουλεύειν）。那额外的一步是："王制……是人类活动中最伟大的（μέγιστον），需要最多的关照"（《致尼科克勒斯》6）。这样的说法表明，自我统治的最好结果就是让一个人有资格统治他人。

如果你想要统治他人，并且确实有这个资格，那么首先要统治自己。这就是柏拉图的竞争对手伊索克拉底传授给那些来到他的学校，学习他所谓的"哲学"（φιλοσοφία）的精英们的知识。伊索克拉底所能想象的他们**不愿意**统治他人的动机，就是与高官相伴的危险和不安[《致尼科克勒斯》5;《致伊阿宋之子的信》（*Letter to the Sons of Jason*）11—12]。伊索克拉底没有给出比高官更好的东西让他们去渴望。

伊索克拉底的建议意味着某种熟悉的在城邦与灵魂之间的对应关系：统治者灵魂中进行控制的部分与自己的欲望之间的关系，就像统治者与公民之间的关系一样。但是这里有一种因果性的，而非单纯类比的联系。统治者对自己的控制为他实际上控制城邦提供了辩护，因
88 为只有统治好自我的君王才能统治好城邦。在这里，类比性的思想以因果性为基础：城邦自身之中不会有统治者那种内部的结构，除非那种

类型的统治者控制着城邦。这是我们看到的主导性规则。认为在统治得好的社会中灵魂与城邦之间存在这种关系的人会认同，成功的统治者用他们自己的形象塑造了城邦，使城邦变得与他灵魂内的政治相似。用乔纳森·李尔的话说，成功的统治者将他们自己外化在城邦之中。伊索克拉底满足了我们的这种预期。“让你的节制成为其他人的榜样，”他在对尼科克勒斯国王的建议中说，“要认识到城邦整体的品格与它的统治者相似（τὸ τῆς πόλεως ὅλης ἦθος ὁμοιοῦται τοῖς ἄρχουσιν）”（《致尼科克勒斯》31）。因此，在第二章中考虑的那些对灵魂与城邦类比的误解就不仅仅是现代人对《理想国》的误解，而恰恰是在《理想国》之中柏拉图想要对抗的误解。

通过用不对称的方式应用灵魂与城邦的隐喻，柏拉图表明，他反对伊索克拉底的这种观点。在上一章的结尾我们看到，柏拉图利用灵魂与城邦之间的类比来把握我们的一种自然倾向，即我们倾向于关注社会中个人行动的中间地带，他要将这种倾向重新引向对两极的关注，也就是关注个人的微观世界和城邦的宏观世界。伊索克拉底使用了同样的类比，但是顺应了我们的自然倾向。与柏拉图不同，他在劝告君王如何配得上自己的社会地位。他关注的是君王在社会中个人的行动，也就是那些赋予社会某种品格的行动。节制本身当然是值得赞赏的，可以使君王成为好人和好的君王，但是就伊索克拉底的教诲而言，君王是好人这一点也使他成为好的君王，并塑造了一个好的城邦。

与此不同，柏拉图让苏格拉底将城邦与灵魂对应关系的隐喻效果完全集中在个人的灵魂而非城邦之上，从而将听众或读者的道德和情感关注指向同样的问题。虽然城邦与灵魂的对应本身是对称的，虽然它的很多道德和政治教诲都来自这种对称性，但是《理想国》在某种意义上毕竟更关注灵魂，要将个人提升到城邦之上。这并不是说《理想 89

国》仅仅是一部道德而非政治著作，但是它确实认识到城邦不如个人强大。最好的城邦就是没有冲突、稳定、和谐，生产力保持连续的循环状态。最好的城邦会支持它的哲学等级，但是除此之外，城邦并不能进行哲学思考，只有哲学家个人可以这样做。最好的个人不仅拥有灵魂的和谐，而且可以进行哲学思考。是哲学，而非王制，才是最高的人类成就。哲学家的生产力、他灵魂的丰饶不是循环的，而是不断发展的，使他逐渐接近神。因此，虽然正义在个人和城邦两方之中是类比性要素之间类比性的秩序安排，但是正义在个人那里比在城邦那里意味着更多。这一点之所以可能，恰恰是因为个人比城邦更强大。

我的论证并不依赖于将伊索克拉底确定为柏拉图所要对抗的那种进路的来源。我们甚至不确定《致尼科克勒斯》写于《理想国》之前，也有可能是伊索克拉底要对抗柏拉图。我们可以确定的是，在柏拉图的同时代人中，没有人像伊索克拉底的《致尼科克勒斯》那样直接讨论在君王灵魂的结构（即君王统治自己的欲求）与他和臣民关系的结构之间的对应关系。

我们在前面也看到了这种伊索克拉底式的思想模式发挥作用，在那里格劳孔迫使不情愿的苏格拉底描述城邦的节制，而苏格拉底却相当反常地首先描述了个人的德性，以此解释城邦的德性（431c—d）。而结果很像我们在伊索克拉底那里看到的：只有当那些节制的人（他们由于良好的出身和教养，可以非常简单和容易地让欲望服从理性）控制着不如他们的人，控制着那些人中大量和多样的欲望，城邦才能被称为节制的。正是在这个篇章中，柏拉图最坦率地反对伊索克拉底的思想，而那正是在他发展自己关于城邦与灵魂的类比之前。现在我们就带着这样的想法重新来考虑这个篇章。

苏格拉底实际上并没有称较高等级的成员为节制的，而且我们在

第二章看到，柏拉图确保他并不是在讨论个人的行动，而是整个等级的快乐和品位。出身和教养最好的那些人服从好的判断，但是这些判断并不需要是他们每个人做出的好判断。即便关于城邦节制的论述意味 90
着统治等级的成员整体而言是节制的，这也不是因为类比要求如此，不是因为主导性规则在这里比在其他情况下有更大的适用性。

无论如何，在这里将个人的节制置于城邦的节制之前，无疑让我们更多想到外化的问题。要解释城邦中的节制，苏格拉底首先讨论在节制的个人之中，较好的部分如何控制较差的部分，之后将这一描述应用到城邦之上。城邦中较好的部分就是那些有着最好的出身和教养的人，他们的特征就是欲望由好的判断控制，也就是由个人之中较好的部分控制。我们很难不认为，正是因为苏格拉底首先描述的这些节制的人控制着其他人，这个城邦才与那类个人相像。我们也很容易由此跳到普遍性的结论，认为城邦呈现出统治者的品格，并用这样的方式理解城邦与灵魂之间的对应关系。

在城邦的各种德性之中，只有节制是用灵魂与城邦的类比来解释的，而这个类比的运作方式与其他几对城邦与灵魂的类比相反。整体上讲，这些对应是首先论述城邦的德性，之后将它应用到个人之上。事实上，对节制的论述也并非例外，个人的德性之后会通过类比的方式，由城邦的德性推论出来（442c—d）。这里的差别仅仅在于，关于节制个人的一个额外论述被插入到了对节制城邦的论述之中，在这里城邦的德性是由个人的德性推论出来的，而非相反。

之后从节制的城邦推论出来的对节制的个人的描述，仅仅涉及城邦德性的一个方面，即在统治者与被统治者之间关于谁应该统治所达成的共识。因此在节制的灵魂中，意气和欲望都同意理性应该统治，而不会造反。（在442a—b也有意气和理性一起控制欲望的描述，但这

是灵魂的正义而非节制的一个方面。）这时格劳孔插话进来，强调了这
91 样的看法："是的。对于城邦和个人来说，节制不是别的，就是这个东西（οὐκ ἄλλο τί ἐστιν ἢ τοῦτο）"（442d）。这样的说法提醒读者事实上城邦中的节制还是与此不同的东西：它是等级较高者对较低者的统治（431b），也是等级较低者的快乐和欲求受到较高者的控制（431c—d）。这些是由在那里插入的从个人节制中推论出来的城邦节制的几个方面。在这个城邦中，统治者和臣民一致同意谁应该统治，这一点只不过是苏格拉底的一个说法（431d）。结合他之前对美丽城的描述，这个说法是完全说得通的，但并不是一个能够从他对节制个人的论述中推论出来的观点。他之后对节制个人的定义反而要从这个观点推论出来。

我们现在可以理解柏拉图为什么只有在论述这种城邦德性时才首先绕道个人德性。事实上，他在自己的论述中插入了一段伊索克拉底式的类比模式，从而展示了自己与伊索克拉底之间的差别。他插入了从个人的节制推论出城邦的节制，并且补充说正是因为那些人统治城邦，城邦才是节制的。这与伊索克拉底给尼科克勒斯王的建议如出一辙。而结果是分析的重点落在了等级的差别，以及等级较高者控制等级较低者，因为只有这些才是从插入讨论的个人与城邦的比较中直接呈现出来的。但是当苏格拉底最终按照标准模式，从城邦的德性中推论出个人德性时，个人的节制是通过城邦的和谐与意见的一致理解的，而不是等级和严格的控制。节制的人不是要像尼科克勒斯王那样证明自己的优越，而是让他的灵魂保持安宁，这样或许更能够倾听内在的神圣之声。

我们需要注意，这些对应的结果并非必然。苏格拉底从个人开始，并不意味着他必然要让城邦在等级的划分和控制的严格上与众不同；

但是反过来，如果他将城邦投射到个人身上，就必然要突出个人的内在和谐而非坚定沉着。他声称城邦中的不同等级会同意谁应该统治，这无论如何都是一个非常唐突的说法。柏拉图在让苏格拉底向格劳孔解释城邦与个人的节制之间的类比关系时给苏格拉底的选择，其实向读 92
者解释了柏拉图提出城邦与灵魂整体上的对应关系目的何在。

节制实际上是格劳孔和阿德曼图斯最喜欢的德性。虽然他们让苏格拉底为正义辩护，但是他们强调正义对灵魂产生的效果，并且将正义理解成自我护卫，从而将正义变成了某种形式的节制——某种对自我的关照。他们对城邦层面的节制也同样有兴趣。格劳孔说："我不想让它（城邦的正义）出现得太早，如果那意味着放弃对节制的考察。如果我可以做决定，那么请先考察节制"（430d）。至于阿德曼图斯对这个问题的兴趣，我们应该考虑在第八卷中他是多么强烈地反对民主制城邦的自由散漫（尤其是558a—c和563a—e），以及他自发地声称统领一个城邦是最困难和最重要的社会责任（χαλεπωτάτη καὶ μεγίστη ἡ ἀρχή，551c）。

而苏格拉底却非常不情愿讨论这个问题，他不情愿的原因与格劳孔对此充满热情的原因相同。格劳孔的热情就是伊索克拉底那种理想统治者的热情，对通过个人的节制赢得统治充满抱负。在第一章中我们看到，兄弟俩坚持寂静主义，从政治抱负中隐退，而非超越政治抱负；在上一章我们看到他们非常乐于将自己等同于美丽城中的统治者，而这可能会妨碍他们将美丽城理解成用于讨论个人灵魂的类比。与格劳孔热切地想要考察城邦的节制不同，苏格拉底的勉为其难与柏拉图的哲人王相似，他屈从于而非欢迎双重的必要性，一方面是要统治社会中等级较低的要素，另一方面是要统治灵魂中较低的部分。

苏格拉底勉为其难做出的对城邦节制的论述很适合格劳孔和阿德

曼图斯展示出来的高傲。在第二章中我试图代表美丽城中遭到不公正诽谤的生产者反对威廉斯的观点，同时表明城邦的节制之音似乎意在带来温暖和吸引力。只有极其迟钝的耳朵才会对如下评论充耳不闻：

> 但是你确实也发现了各式各样的欲求、快乐和痛苦，尤其是在孩子、女人、奴隶那里，以及所谓的自由人那里，也就是大多数
> 93 人之中（ἐν παισὶ μάλιστα ἄν τις εὕροι καὶ γυναιξὶ καὶ οἰκέταις καὶ τῶν ἐλευθέρων λεγομένων ἐν τοῖς πολλοῖς τε καὶ φαύλοις）。（431b—c）

但是我们应该在这样的篇章中寻找苏格拉底勉为其难的根源。控制健康的灵魂和社会中较低的元素，对他来说并没不像对格劳孔那么有魔力。

二、僭主

伊索克拉底对尼科克勒斯王的建议是外化的最高贵形式，但是这种外化却在社会中个人行动的那个中间地带陷入泥潭。它制造了灵魂与城邦之间的类比，但是却没有采集这个类比的果实：对于在小与大、在个人的微观世界与政治的宏观世界之间既彼此结合又相互区分的意识。如果你想要通过外化的方式将小与大联系起来，要么通过理论的方式，设想一个城邦从拥有类比性品格的统治者那里获得它的品格，统治者用自己的品格塑造了城邦；要么通过实践的方式，就是你真正进行统治，将自己外化到城邦之中。但是不管用哪种方式，你都会失去那种意识。《理想国》中个人实际统治与他有着类比性品格的城邦的两个例子，就是为了用各自的方式阐明这一点。虽然美丽城确实是统治它的

哲学家的形象，但是哲学家并没有努力用自己的形象塑造它。他在统治美丽城的时候，依然拥有城邦与灵魂的类比所主张的那种对小与大的意识。另一极是有着僭主式品格的人变成了真正的僭主。他代表了外化的最差形式——最远离对微观世界与宏观世界的意识。

我们首先来看最差的情况。僭主制的定义就是一个人统治，因此苏格拉底在第八卷论述僭主制城邦的时候就描述了在城邦中获得权力的一个僭主。于是就产生了一个在这里比在其他城邦与灵魂的对应关系中更为迫切的问题：这个实际的僭主是否拥有第九卷描述的那种僭主式个人的品格，从而使其灵魂的要素和结构可以类比僭主制城邦？相反的情况非常清楚，拥有僭主式品格的人并不必然是实际的僭主，因为在第九卷中苏格拉底给这种人分配了卑贱的生活，包括给实际的僭主当保镖（575b—c）。但是在第九卷中同样清晰的是，第八卷中描述的那个进行统治的僭主是一个僭主式的人。 94

苏格拉底解释说，如果在社会中有很多僭主式的人，他们会利用民众的愚蠢，将他们中的某一个变成“那个僭主”（τὸν τύραννον γεννῶντες…ἐκεῖνον，575c），也就是第八卷中那个成为统治者的僭主。他们会选择“在灵魂中拥有最大和最多僭主的人”（μέγιστον καὶ πλεῖστον ἐν τῇ ψυχῇ τύραννον ἔχει）。但是这发生在类比的条件之外。在第八卷中我们读到人民如何在雄蜂般的民众领袖的带领下，将僭主拥立为他们的领袖（γεννήσας，568e；比较565c）。而这在灵魂中的对应就是爱欲成为所有闲散欲求的领袖，这些欲求吞没了其他一切（573a）。苏格拉底在此前已经解释了僭主制与僭主式个人之间的对应关系，因此这里所说的在灵魂中有最大的僭主，以及让这个人成为城邦中最大的僭主，并不是为了满足那个对应关系的要求，而是另外的论点。

这么说并不是要否认这个论点可以从僭主制和僭主式个人的类比

中获得支持。但这并不是因为城邦与灵魂的类比在整体上按照外化的规则运转，而是因为僭主制和僭主式的个人都与外化现象有着特殊的联系。

在讲完僭主通过成为人民的领袖获得权力，民主制因而蜕变为僭主制之后，苏格拉底在第八卷中这样论述了僭主制下的公民生活：

> 我们下面是否应该来描述，在产生了这种人的地方，这个人和这个城邦的幸福（τοῦ τε ἀνδρὸς καὶ τῆς πόλεως）呢？（566d）

我们要考虑城邦和人的状况，但不是像第八卷那样先考虑城邦，之后考虑灵魂中有着类比性结构的人。僭主制与其他城邦的区别在于它仅仅是一个人——那个僭主——利益的延伸。我们不能像考虑荣誉制、寡头制、民主制那样考虑整体的公民生活，而必须要将它看作由公民组成的星云衬托起来的耀眼恒星。

僭主的自然倾向就是要将他的城邦压缩成个人意愿的表达，唯其如此，他才能维持自己绝对的权力。他不想让能够与自己匹敌的人存在，不能容忍依赖他人，他为了纯粹自私的原因将城邦卷入毫无必要的
95 战争，只是为了巩固自己的至高地位（566e—567c）。最后在雇来的喽啰的帮助下，他将公民们都变成他个人的奴隶（568d—569c）。如果这些悲惨的奴隶居住的城邦展现光彩或赢得荣耀，它们都属于僭主个人。（狄奥尼修斯一世治下的叙拉古就因其壮举而赢得瞩目，并且在外人眼中是一个伟大的城邦。）是僭主本人赢得了城邦的战争。他必须如此，否则就要丢掉王位。是僭主，而非他的城邦，吸引和资助来自外邦的诗人和戏剧作家。这些艺术家在宫廷中，而非公共节日表演，他们要赞美的也不是这个城邦，而是僭主个人（568a—d）。

简而言之，僭主代表了最无耻的将自己外化的野心。如果伊索克拉底模式的错误在于试图将小字外化成大字，它至少将词语分解为字母，注意了人与城邦都是由部分构成的，注意了微观世界与宏观世界。但是僭主像原子那样行动，他既不管自己内部的进程，也不管城邦的进程，而是将他的意志当作不可分的东西加以外化。城邦行动的时候就好像僭主在行动，城邦不是作为整体而是作为个人在行动。它会与其他城邦开战，但却是僭主个人的战争，城邦内部的张力或者被忽视，或者被无情地镇压。城邦中宏伟的建筑、宽阔的大道、蜂拥而至的艺术家会令人目眩，但是它们就像僭主头上装饰的华丽雀翎，而与此同时，美却从公民生活中隐退了。

我们再来考虑一下僭主式个人灵魂中的类比过程。僭主将城邦变成他个人的延伸，导致他的城邦在行动时如同僭主的化身，这个僭主式的个人内在的僭主，也就是他的“激情”或“爱欲”，在控制了整个灵魂之后并没有停下来（573d），它反对原来温和的快乐，喜爱更加极端的快乐（574a）。爱欲将整个人变成了爱欲的延伸，使得他在行动时就像那种激情的化身。因此这个僭主式的个人会殴打年迈温和的父母，让他们伺候他带回家的醉醺醺的朋友（574a—c）。僭主会让他的城邦卷入只对他个人有利的战争，僭主式个人内在的僭主则会让他“像城邦一样”（ὥσπερ πόλιν, 575a）犯下罪行，而这些罪行只会满足那些放纵无度的需要。这个内在的僭主已经冲破了灵魂的限制，进入了人们的世界；僭主式的个人在光天化日之下实现了他堕落的前一阶段只出现在梦境中的生活（574e）。 96

对僭主式个人的这个描绘基于类比性的推理。但是由于这对类比关系的独特性，而非由于城邦与灵魂类比的标准机制，将他与城邦联系起来的最自然的方式就不仅是类比性的，而且是因果性的。因为僭主式的个人内在的僭主绝不会在冲破个人的限制,闯入这个世界之后,依然满足于成为一家之主,犯下微不足道的罪行。这个内在的僭主有足够的理由要抓住机会成为整个城邦的主人,苏格拉底说他不仅要奴役母亲和父亲,还要奴役母邦和父邦,这才是“僭主式个人的欲望所要达到的终极目的”(τέλος ἂν εἴη τῆς ἐπιθυμίας τοῦ τοιούτου ἀνδρός, 575d)。

第八卷中提到他被选为人民的领袖是因为灵魂中有最大的僭主,阿德曼图斯对于这个看法做出的评论和他对其他与城邦对应的败坏个人的评论一样精准和富有启发性。他说:“很有可能,不管怎样,他会是最为僭主式的”(Εἰκότως γ', ἔφη· τυραννικώτατος γὰρ ἂν εἴη, 575d)。实际的僭主是一个僭主式的人,这是一种可能性,不多不少。在从富人手中攫取权力和资源的斗争中,人民会愿意选择最贪婪、最不择手段的人(565c—566a),却忘记了这种人不会在毁灭了富人之后善罢甘休。这个最贪婪的人很可能想要对他人也拥有完全的权力,并且倾向于使用暴力,这就是僭主式的人。

这种可能性植根于人类的本性而非城邦与灵魂的类比。这个类比表明的是,如果我们去考察这只完全支配着瑟瑟发抖的羊群的狼的灵魂,假设这只狼有着僭主式个人的品格,我们就会发现,这只狼的灵魂也和那些羊一样可悲地瑟瑟发抖。将民主式个人的生活投射到民主制城邦的幕布上之后,我们看穿了它表面上的闲适与自由,察觉到无序和混乱。与此类似,将僭主式个人的生活投射到僭主制城邦的幕布上之后,我们看穿了僭主表面上令人羡慕的生活——他拥有可以摆布他人的权力,揭示了这种生活实质上乃是自我奴役(577d—e)。但是这个论证中有一些曲折,因为我们感兴趣的那个僭主式的个人变成了实际的
97 僭主。由类比穿透的那种生活方式是最需要我们去看穿的,因为这种

生活方式由于其外在的表象，由于僭主宫廷上“剧场般的服装和道具”（τραγικὴ σκευή）最容易让人目眩（577a—b）。通过论证中的这个曲折，柏拉图在插入僭主心头的匕首之外又增添了更强烈的痛苦。如果说有什么东西能够让僭主式个人的内心生活更加悲惨，那就是让他实现那些最低级的欲望、让他变成真正的僭主、让他昂首走上宽阔的舞台，这只会增加他的众叛亲离和贪得无厌（578c—580a）。

我们可以说僭主式的个人是一个“自然的外化者”（natural externalizer）。但是我们必须要区分他**认为**在发生的外化和实际发生的外化。他想象着将周围的人都变成个人意志的延伸，从他自己的家庭开始，逐渐扩大这个圆圈，直到条件允许的范围。我们从第九卷中了解到，那个僭主不仅是僭主，还是僭主式的个人，当我们带着这个认识回头看第八卷中对那个变成僭主之人的描绘时，就能够理解这一点。他并不知道将自己的野心外化，也就是将内在与外在彼此匹配，会给他带来什么，但是他显然会遭受这样做带来的后果。

僭主式的个人并没有着手奴役自己，但那是不可避免的结果。这就是为什么柏拉图反复提到“厄运”或“不幸”“迫使”僭主式的人变成僭主（ὑπὸ τινὸς συμφρᾶς，578c；ἀναγκασθῇ ὑπὸ τινὸς τύχης，579c）。假如他知道在对自己做什么，他会这样看待命运的捉弄；假如他知道在对自己做什么，他的野心会变成扭曲了的伊索克拉底对尼科克勒斯王的建议。不是统治自己，从而有资格统治他人；而是成为自己的僭主，从而有资格成为他人的僭主。

不因为僭主外在的表象而感到目眩，同时关注城邦与灵魂的类比如何帮助我们看穿僭主的生活，我们就可以应对这样的反对：像僭主式的个人那样在灵魂上非常不幸的人，会缺乏在面对敌人时维持自己权力所必需的钢铁意志，而很多实际的僭主非常符合这种具有钢铁意

98 志的类型，包括柏拉图时代最著名的僭主，大概也是他在写作第九卷时想到的僭主——狄奥尼修斯一世（这是茱莉亚·安纳斯提出的反对理由）。[1]

柏拉图并没有否认一个在位的僭主可以是一只技艺高超和令人畏惧的狼。当他将僭主比作一个身体上有病的虚弱的人，试图与那些有着更好体格的人战斗的时候（579c），他指的并不是僭主的外在生活、他对付竞争者和维持统治的能力；而是即便有狼一般的外表，不管他是否寿终正寝，即便是狄奥尼修斯一世这样的僭主，也是在对自己施暴。一个软弱的人不可能成功地对抗强大的对手，与此类似，狄奥尼修斯作为僭主虽然很成功，但是作为统治者却非常失败。我们可以设想，狄奥尼修斯终其一生都认识到在希腊世界中，他被一群在公民生活和精神生活上优于自己的人包围着。这场战争他要打，但是会失败，而且他知道自己必败无疑。在此我们可以想到，他悲惨地试图通过资助诗人，甚至自己成为诗人，来获得尊重。

最后，我们需要注意，要证明僭主式个人的悲惨境地，我们并不需要打破类比论证惯常的模式。布罗斯纳指出，当僭主作为施暴者时，僭主制就更彻底地沦为一个被施暴的城邦。他批评柏拉图将僭主式的个人完全等同于受压迫的大众，并指出从这种等同推论出他的不幸太过容易。布罗斯纳将这与之前的模式进行对照，之前的几对类比都是将个人与城邦的统治等级进行比较。[2]

我认为有足够的证据表明，并不存在这样一个“之前的模式”。在每种情况下，个人都是与对应的城邦整体进行比较，而不是和其中的任

---

1 Annas 1981, p. 304.

2 Blössner 1997, p. 163.

何等级。同样清楚的是，在僭主式的个人与僭主制之间的对应也同样遵守这个规则。在一个地方，格劳孔自信地表示一个由僭主统治的城邦是受奴役的，而非自由的，而苏格拉底质疑了他的这种自信，因为这个城邦中包括主人和自由人。格劳孔回答说： 99

> 我可以看到很少的一些，而整体，可以这样说（τὸ δὲ ὅλον, ὡς ἔπος εἰπεῖν），至少是其中最好的要素，受到了耻辱和悲惨的奴役。（577c）

在他看来，与僭主式个人的比较扫荡了全部的要素。他的灵魂几乎完全被奴役，只有最卑微的部分还占据支配地位，也就是最差和最疯狂的部分（577d）。当我们比较整个人与整个城邦时，就可以清楚地看到，他灵魂中最卑微的部分随心所欲，成为其余部分的僭主。

但是我们可能会奇怪，僭主式的个人为什么要去关心被他奴役并因此萎缩的部分呢？那“卑微”的部分毕竟给他带来了巨大的快乐。他愿意摆布他人，把时间花在自己爱做的事情上。他可能会告诉我们，他不在乎自己不爱任何其他人，也没有人爱他；他不在乎没有真正的朋友，只有对抗敌人的同盟。只要他们害怕，让他们恨我好了（Oderint, dum metuant[1]）。他总是生活在边缘，“永远被欲望的牛虻（οἴστρου）驱赶”（577e）。如果这个边缘状态正是他想要的又怎么样呢？

我们似乎必须要将自己看作微观世界，就像城邦与灵魂的类比要求的那样，只有这样才能认为这个类比的结果——僭主式个人的不幸——很有说服力。我们必须要认为我们不能忽视或虐待我们的任何

1　古罗马暴君皇帝卡利古拉的名言。——译者注

部分，而不受惩罚（哲人王最彻底地将这个信念付诸实践），我们要将僭主式的个人提出的挑衅当作外强中干的咆哮，或许是在绝望中的咆哮。格劳孔和阿德曼图斯这样的人才会询问正义与不义会对我们的灵魂产生什么效果，这个问题从来没有出现在特拉叙马库斯那里。

三、哲人王

如果说成为实际僭主的僭主式个人代表了外化的最差情况，如果伊索克拉底的模式是外化最高贵的形式，那么美丽城中的哲学家就代表了某种超越了外化并优于外化的情况。他与美丽城的关系不是李尔理解的那种外化最佳的例子。哲人王将《理想国》通过城邦与灵魂的类比传达给读者的那种对小与大的意识付诸实践。而外化在那个类比
100 中没有位置，在哲人王的实践中也没有位置。

很显然，在美丽城中，我们所说的主导性规则在发挥作用。美丽城统治者的灵魂结构与他们所统治的那个城邦秩序具有类比性（498e，590d）。但这既不是城邦与灵魂类比标准的运作方式带来的结果，也不是哲学家政治抱负外化的结果，而是美丽城的“建立者”（519c）——苏格拉底和他的同伴——立法的结果。僭主式的个人变成僭主，是因为偶然性迫使他走上王座，这种强迫性反映了在他的意图和意图的实现之间并不一致。他渴望成为自己城邦的僭主，但是在这样做的时候自己的灵魂内部也经历着僭主般的统治；这个在他自己和城邦之间的匹配既不是他计划的，也不会给他带来快乐。

类似的强迫性也加到了哲学家身上，使他们成为君王，这是《理想国》中的重要主题，这个主题甚至有一次与偶然性相伴，与僭主的情况类似。苏格拉底在第六卷中说，我们的希望必然是现有的哲学家“被

某个偶然事件迫使（ἀνάγκη τις ἐκ τύχης περιβάλη），承担起统治城邦的责任，而不管他们愿不愿意”（499b）。这并不是说哲学家在只要可能就不去统治的意义上不愿意承担统治的责任，这是我们在第一卷已经看到的。但是这个强迫的主题准确地传达了一个信息：在他那里也有一种在他的灵魂与城邦之间的匹配是在他计划之外的。是法律造成了这个匹配。在某个意义上，这种匹配也没有给他带来快乐，但也不是像实际统治的僭主那样遭受内心的煎熬，只是他不可能在王制中感到荣耀，不可能认为那是“美好的”或“美丽的”（καλόν，540b）。

法律使哲学家的灵魂与他的城邦匹配，但那并不是法律的目标。法律的目标是让整个城邦幸福（519e），为了这个目的，必须要让那些可以根据正义和理性的模式塑造城邦的人成为统治者，而这种模式存在于理念，也就是知识的永恒对象之中（484c—d，500d，501a—c）。这些人就是哲学家，对那个理性秩序的沉思使他们与那个模式相似（500c）。哲学家内化了理念的模式，它成了他们灵魂的模式或范本，指导着他们的行动（484c）。因此当美丽城的统治者给城邦制定规范时，他们根据的是灵魂中的模式。但是关键在于，当他们给城邦制定规范时，不是看着自己的灵魂，而是直接看着理念，仿照那个模式来规范城邦，就像他们以那个模式来规范自己的灵魂（484c，500d，501b）。这与外化无关。哲学家并不是用他们在自己灵魂中准备好的理念的理性秩序来服务城 101
邦。规范自己和规范城邦是一生都要相伴而行的过程，与理念有着相同的距离，哲人王会轮流实践它们（540a—b）。

说规范自己和规范城邦与理念有着相同的距离，并不是说它们与理念有着完全相同的关系。给城邦赋予秩序的哲学家被说成是一个画匠，把城邦当作画布，把理念当作模板（484c，501a—b）；而哲学家让自己与理念同化的模仿过程就不是那么刻意为之，看起来更像是充满爱欲地与理念结合的自然结果（500c）。（540a的说法非常宽泛，足以概括这两种类型的模仿。）这个对比反映了加给哲学家的两种强迫之间的差别，一种是哲学家与自己之间的纽带，另一种是哲学家与他统治的城邦之间的纽带。城邦是人造的，是人为的产物；而哲学家作为人是自然的产物。他与自己的“内在政体”（τὴν ἐν αὑτῷ πολιτείαν，591e）之间的纽带比他与美丽城之间的纽带更加必然，因为美丽城需要法律的力量来补充自然的力量。

但不管怎样，哲学家规范自我和规范城邦的方式都是要模仿理念。不管这到底意味着什么，显然都需要从自己和城邦向外看。结果，当哲学家再回头看自己和城邦时，他都是从外面看过来，将各自看成自足的整体。这让他可以将二者分别看作微观世界和宏观世界。他不像其他人那样认为，一个人的价值在于他可以在城邦中成就什么，也不认为一个城邦的价值在于它可以为某个个人或利益集团做些什么。

当然，生活在美丽城中对哲学家自己和对城邦整体而言都是最好的。苏格拉底说，在一个配得上他的政治制度中，哲学家“自己会发展得更强大（αὐτός τε μᾶλλον αὐξήσεται），成为城邦和自己的救主”（497a）。如果对比一个必须要生活在动荡的城邦之中，躲避在墙壁背后寻求纯洁生活的哲学家，这个生活在美丽城中的哲学家可以取得“最伟大的”（μέγιστα）成就。但那是一个非常重要的限定，区别了苏格拉底与伊索克拉底，后者建议尼科克勒斯将王制看作“最伟大的”人类活动。而在
102 苏格拉底这里，对哲学家个人来说，最好是生活在一个支持哲学家及其活动的城邦之中。哲学才是最伟大的人类活动，它制造出这样的人，他同意统治一个支持哲学家的城邦，不仅因为这样对他自己最好，而且因为这样对城邦整体也最好。

与美丽城相似的人在美丽城中获得权力，这个论证可以与僭主式

的个人成为实际的僭主进行对比。僭主式的个人实现了他成为僭主的野心，但这却使得他自己的状况更加悲惨；哲学家同意接受权力，而这使得他自己的状况变得更好。这两个结果同样在意料之外，但原因不同。在僭主那里，实现一个人的野心却成就了他的毁灭，这非常奇怪，至少非常具有讽刺意味；而哲学家从政治权力中获得的好处之所以出乎意料，是因为权力从来不是他的抱负所在。

苏格拉底在第九卷中对这两种人的幸福与不幸所做的最终判决（580c），体现了这个对比。最幸福的人是“最为君王式的，他是自己的君王”（τὸν βασιλικώτατον καὶ βασιλεύοντα αὑτοῦ），而最悲惨的人是“最为僭主式的，他是自己和城邦的最大僭主”（τυραννικώτατος ὢν ἑαυτοῦ τε ὅτι μάλιστα τυραννῇ καὶ τῆς πόλεως）。对僭主式个人的描绘符合伊索克拉底的模式，他将自己的内在状态外化到城邦之上，而对哲学家这个最好和最正义的个人的描述只提到了他对自己的统治，仅仅是通过βασιλικώτατον（最为君王式的）这个词暗示了对他人的统治。

这个词本身不仅是一个庄严响亮的最高级，而且是在柏拉图所有对话中唯一一次出现。柏拉图很有可能用它标明自己的立场与那些在更有限的意义上使用这个词的人判然有别，在《理想国》中他超越了那种更为有限的方式。伊索克拉底就是一个值得注意的例子，我们看到他敦促尼科克勒斯王将控制自己的能力与控制公民的能力同样看作“最为君王式的”；色诺芬或许也是这样的例子，他将波斯国王居鲁士描写成βασιλικώτατός τε καὶ ἄρχειν ἀξιώτατος［“最为君王式的，最配得上统治的”，《远征记》（*Anabasis*）1.9.1］。这两个人中，伊索克拉底做出了对柏拉图的回应，在他写于柏拉图人生最后十年之中的《战神山议事会演讲》（*Areopagiticus*）14和在柏拉图死后撰写的《泛雅典娜节献词》（*Panathenaicus*）138中，他说城邦的政体（πολιτεία）是它的灵魂（ψυχή），103

“像理智在身体里那样拥有同样的权力”（τοσαύτην ἔχουσα δύναμιν ὅσην περ ἐν σώματι φρόνησις），因为它想着公益。

柏拉图小心回避的那种隐喻或比喻，就是将城邦的一个要素描绘成灵魂的一个要素，这是伊索克拉底之前使用的那种隐喻的反转，这时候首次出现在了伊索克拉底的作品之中，而且比那个时代任何政治作家都要明显，甚至包括亚里士多德在《政治学》4.9.3，1294a39—1295b1中的说法。这或许是一种带有挑衅性的表象，夸耀柏拉图拒绝写出来的东西，或者写下这些话是为了表达对柏拉图在《礼法》中相当不同的立场的同情；因为在伊索克拉底笔下，城邦的理智并不是它的统治等级，而是它的政体。我们还要注意伊索克拉底如何为《战神山议事会演讲》做总结。政治家和个人都不可避免地顺从政体或者让自己与政体同化（ὁμοιοῦσθαι），他们的行动也会依此进行。在《理想国》里，这种几乎是自动的同化过程发生在哲学家与理念的关系上；而在伊索克拉底这里，发生在所有的公民与城邦的政体之间。我们很难不认为，伊索克拉底在《理想国》的城邦与灵魂类比之中，看到了对他所持的王制观点的批判，从而在这里做出了回应。

但是在一个地方，《理想国》也提到将个人变得与美丽城的政体相似，而不是与作为政体基础的理念相似。在第九卷的结尾（592b），苏格拉底提到正义之人不大可能在自己的城邦里得到统治权，之后坚持认为不管美丽城是否存在于什么地方或者是否能够实现，它都是唯一与正义之人有关的城邦。或许“有一个在天上的范本”（ἐν οὐρανῷ… παράδειγμα），任何人都可以去看，也可以在他看到的东西的基础上“在自己之中建立一个城邦”（ἑαυτὸν κατοικίζειν）。

我这里遵循迈尔斯·布恩耶特（Myles Burnyeat）的说法，将这里的ἐν οὐρανῷ翻译成“在天上”（in the heavens），而不是传统的译法“在

天国中”(in heaven),他比较了《蒂迈欧》(*Timaeus*)47c,主张这里提到 104
的范本应该按照字面意思理解为可以在我们头顶的天空中看到。他说这里和《蒂迈欧》一样,“哲学家的理智要与之相似的是……那推动着天空中星体的有序的圆周运动”[1]。但是我们要注意,一方面蒂迈欧是在解释用眼睛可以看到的最大的善(47b),而非用理智可以得到的最大的善;另一方面这个说法也很难与《理想国》中天文学在哲学训练中扮演的从属地位相符。

强调“在天上的范本”这个说法与天文学有关是正确的,但是就算涉及天文学,也不应该将读者首先引向《蒂迈欧》,而是应该引向《理想国》中的建议,它建议我们设想天上星体的构成的模式是代达罗斯(Daedalus)或某个娴熟的画匠绘制的,从而将它们当作“范本”(παραδείγμασι,529d),通过它们来理解推动那些星体的真正数字和运动。美丽城这个在天上的范本并不是天文学意义上的,而是像天上的星体一样,需要我们将它们设想为一幅由娴熟的画匠绘制的图画或图示,不过这个画匠并不是代达罗斯,而是柏拉图。

格劳孔认为如果美丽城在这个世界上找不到,我们就必须要称它为“言辞中的城邦”(τῇ ἐν λόγοις κειμένῃ,592a)。苏格拉底称它为“天上的城邦”给格劳孔的看法增添了什么呢?美丽城不是一个理念,它不具有推动天体的真正运动(美丽城也不是一个数学上的城邦,如果真正的运动不是理念而是数学)。美丽城像星辰一样是一个美丽的范本,揭示了真正运动的对应物,那就是真正的德性,美丽城正是依据它们组织起来的。

你可以用两种方式将星辰当作模板。你可以将它们当作它们属类

1　Burnyeat 2001;Burnyeat 1992, p. 177.

中最好最美（κάλλιστα，529c，529e）的造物，学到它们的美在终极的意义上所源自的运动和数字。这是苏格拉底在第七卷中建议的（μαθήσεως ἕνεκα，为了学习，529d）。你也可以将对天体的观察当作一种精神训练，
105 将秩序赋予自己灵魂的运动，让它像恒星和行星的运动那样。这似乎是《蒂迈欧》给出的建议。至于这两种方式实际上是不是同一的，则要取决于我们如何看待500c所说的哲学家与理念相似，这样说有多少有意识、有目的的成分。对天文学的正确研究可能或多或少会自动带来精神上的益处。但是《蒂迈欧》却说“使用”星辰的运动在心灵的轨道上制造了某种效果（χρησαίμεθα ἐπί...，47b）。

不管怎样，可以这样回答我们的问题：通过将美丽城升到天上，苏格拉底认为美丽城像星辰一样，应该被当作它那个属类中可以想象的最美的造物，也就是最美的人造物，因为美丽城是一个创造，是柏拉图的创造，不管它是否能够在哪里建成。建起天空的匠人是神，只要他决定创造出真正的数字和真正的运动最美的体现，他就能将它建成。但是柏拉图只是一个人，他可以建成的最美丽的城邦只能在书中。

苏格拉底在第五卷提到，假设你画了一幅画，它可以被当作能够想象的最美的人的范本（παράδειγμα οἷον ἂν εἴη ὁ κάλλιστος ἄνθρωπος，472d），假如不能证明这个人确实存在，你会因此成为一个拙劣的画家吗？苏格拉底是在缓和格劳孔想要知道如何能够将美丽城付诸实践的迫切心情。是柏拉图在书中描绘的那个美丽城，而不是有朝一日可以建成的美丽城，才对应着那个作为范本的人、那个画中的美丽之人，并且与天上的美丽范本最为接近。由人类组成的社会，即便是美丽城，都不可能匹敌天体的美，因为有朽的造物不可能匹敌神圣的造物（《蒂迈欧》34b，41a—d）。

而一本书则可以与这个理想更加接近。言辞不仅比蜡可塑性更

强，不受可实现性的限制（473a，588d），而且书比任何城邦的寿命都更长，这个真理不仅仅得到了《理想国》身后命运的证实。即便我们不能活在书中，《理想国》依然是一个很好的创造，一个很好的体现，作为一个范本它让我们每个人都可以将它带入灵魂，而不是像天文学家那样去模仿遥不可及的东西。

对个人来讲，在某时某地体现这个范本要比建立美丽城容易得多。在考虑我们个人的生活时，我们每个人都可以像制造星辰的工匠神那
样。只要我们决心去做，并且这些决心是好的，那么我们总是可以做 106
成。这并不是说人生像人类城邦一样是人造物，人类是神圣的造物，神创造了人，让他们有责任去管理各自的生活，而不仅仅是管理他们的城邦（617e）。美丽城依然是最美丽的人造物，虽然人比城邦更强也更美。

苏格拉底在第九卷最后的那些话并不是对哲人王说的，而是柏拉图对读者的建议。凝视美丽城的范本并不是哲学家要做的事。他不会去读关于美丽城的书，而是在那里生活和统治；他会凝视理念，并将他对理念的理解用于造福城邦，就像柏拉图凝视理念，从而设想他的美丽城。读者对这些东西的理解是通过对比间接得到的，这也可能会刺激他去做一些原创性的思考，可能会引领他去凝视理念。

但是柏拉图并不是说那些什么都不做，只**想着**美丽城的读者就可以对自己感到满意。当苏格拉底说天上的那个城邦的范本“是否在什么地方存在，或者是否可能存在没有什么关系”（592b）时，他的意思并不是说这完全没有关系，而是说那个范本对于选择凝视它和“在自己之中建立一个城邦”（ἑαυτὸν κατοικίζειν，592b）的人来说总会是有用的。他毕竟没有说“你看，建立这个东西只是狭隘的思想才会有的野心”，而是给出了一个解释（γὰρ），“那是唯一一个与他（即凝视天上范本的人）有关的城邦”。也就是说，我们可以坚定信念，而不管这个城邦存在与否。

如果柏拉图并没有建议我们做比想着美丽城更多的事情，那是因为对哲学家来说最伟大的成就是找到一个配得上他的政治制度，在那里“他自己会发展得更强大，成为城邦和自己的救主”（497a）。这依然是最伟大的人类成就，但并不是“最美的”（κάλλιστον）。只有神作为工匠，最伟大的创造才同时是最美的。我们知道，哲学家根本不认为统治
107 的任务是“美丽的”（καλόν，540d）。

如果在美丽城中哲学家自己能有更大的发展，那么他为什么没有热情创建美丽城呢？我们首先要注意，如果美丽城存在与否对于在自己内心建立一个城邦没有影响，那么在他“发展”时变得更好的，就不可能是他的内在状况。一个人可以完善他的内在“政体”，过无可指摘的生活（496d—e），同时生活在任何一种政体之下（496d—e，591e）。但是就像忒米斯托克利斯（Themistocles）反驳那个来自塞里福斯岛的人那样（329e）：当那个人抱怨说，是忒米斯托克利斯的城邦，而非他个人的努力，使他出名，“忒米斯托克利斯的回答是，假如他生在塞里福斯可能永远不会出名，而其他人即使生在雅典也不会像他那样有名”。这是一个非常机智的回答，但代价是忒米斯托克利斯必须承认在小地方没有人能够施展拳脚。

如果哲学家是一粒种子，掉进了美丽城的土壤之中，那么他会“发展得更强大”（μᾶλλον αὐξήσει，497a）。这里说的是一个更强大的人，而不是更好的人；他至少不比那些成功逃脱了不良土壤侵害的人更好（496b—c，497b）。但是后者神圣的本质被关在了围墙后面，在那里他们躲避城邦的风暴（496d），而前者则可以“闪耀光彩”（δηλώσει，497c）。

美丽城中的哲学家有条件为他的城邦造福，作为好人他们也抓住机会这样去做。他们认为这是他们亏欠城邦的，是某种因为养育而欠下的债务（τροφεῖα），城邦给他们提供了哲学上的发展（520b—e）。但是

与美丽城中的哲学家不同，柏拉图本人的哲学发展却是某种“自发的发展”，并非得益于城邦带来的福祉（520a）。苏格拉底说这样的人有理由不参与政治，也不热心于偿还那本来就没有的债务（520b）。假如柏拉图抓住机会在政治领域做好事，那么他这样做只是因为他是好人，想让他的好惠及更多人；此外，毫无疑问他也不会拒绝变得伟大。假如他没有寻求这样的机会，而是专注于写作《理想国》，那是因为对人类来说最伟大的成就并不是最美的。

对于美丽城中的哲学家来说，是否寻求这样的机会根本就不是一个问题。他们就是为了完成这个任务而被培养起来的，法律保证了这
样的机会。但是在《第七封信》中，迪翁（Dion）认为是“某种神圣的 108
命运”（θείᾳ τινὶ τύχῃ）给了他将西西里国王变成哲学家的机会（327e）。柏拉图写道，这个机会是他没有预料到的，但是他不能拒绝，因为一旦成功就可以带来那么多好处；也因为一旦拒绝会给他带来最大的（μέγιστον）指控，指控他不愿意承担起行动的重担，而只满足于做一个文人（即便写出的是最美的文字）；还因为他虽然没有亏欠叙拉古养育之恩，但是却亏欠了迪翁的友谊，迪翁正是这个所谓的天赐良机的真正创造者（328c—d）。

用苏格拉底在第九卷最后的话，柏拉图暗示我们，要构建我们的小宇宙，第一步就是要凝视美丽城，理解一个人如何才能变得与它相像。而这第一步却是全书迈出的最后一步。或许令人吃惊，这一步并没有在《理想国》中迈出，但它是《理想国》明确让读者准备好迈出的一步。

四、城邦与人

在第四卷中，当苏格拉底准备将有德性的城邦应用到有德性的个

人的灵魂上时，他做了这样的告诫：

> 让我们将在那里的发现应用到个人身上。如果它们相互吻合，那就再好不过。如果在个人那里我们得出了其他结论，那么就再次回到城邦，并检验这个结论。将它们并置起来考察，或许能擦出火花，就像将干燥的树枝相互摩擦一样。如果那样可以使正义显现，我们也就可以满意地确认它了。(434e—435a)

第四卷中的发现至少让格劳孔满意，当他们将正义说成是灵魂的健康时，他已经准备好给论证画上句号了。但是苏格拉底却没有就此打住，坚持要补充不良的城邦与个人之间的类比，而在这之前，他先将话题转移到了补充美丽城生活的细节上(第五至七卷)。结果是一个与之前的描述大不相同的人，成了能够想象出的最好的人：不是拥有健康灵魂的人，而是既统治美丽城又与美丽城相像的哲学家。在回看第五至七卷的内容时，格劳孔说："你显然给我们讲了一个甚至更好的城邦和个人"(543d)。

哲学家当然也有健康的灵魂。但是对他来说真正的德性并不止于灵魂的健康，我们在第一章里已经看到了这一点。他灵魂中的理性部分被引向了某种比第四卷考虑的灵魂内部的政治更伟大、更神圣的东
109 西，虽然灵魂内部的政治也是理性关心的东西之一。哲学家关心他的灵魂是出于某种必要性，因为他受到人性的迫使。有一种必要性是美丽城最独特的要素之一，那就是哲学家要被强迫成为君王。在此，我们还要考虑一种新的对应关系：在完全有德性的城邦和完全有德性的个人之间的对应。

苏格拉底在开始类比败坏的城邦和个人之前说，"我们已经描述

完了与贤人制相似的个人（τὸν μὲν δὴ ἀριστοκρατίᾳ ὅμοιον διεληλύθαμεν ἤδη）。我们很正确地称他为好的和正义的”（544e）。这对于第四卷中描述的人来说是非常正确的，但是对哲学家来说就不那么正确了。第五和第六卷描述了他的品格，苏格拉底说得很清楚，哲学家是统治正义城邦的正义之人（498e）。但是我们并没有像在第四和第八卷中那样，看到在美丽城与哲学家之间对应关系的正式论述。

事实上苏格拉底在第七卷结尾提到了他还没有完成这项工作：

> “我们对这个城邦和与之对应的个人的讨论是不是完成了？不管怎样，在我看来清楚的是，我们要说那个人像什么样（δῆλος γάρ που καὶ οὗτος οἷον φήσομεν αὐτὸν εἶναι）。”
>
> “是的，很清楚，”他说，“就回答你提出的问题来讲，我确实认为讨论的主题已经完成了。”（541b）

我们会说他像什么样确实相当清楚。对格劳孔来说显然已经足够清楚了，因为他已经被哲人王的辉煌灿烂搞得神魂颠倒。但那并不意味着关于他如何与城邦相似没有更多可说的了。阐明那个对应关系可能是柏拉图意在让我们点亮灵魂中火光的方式，来自取火的木棍的火光在《第七封信》中被说成是一个人长久伴随着一件对他来说重要的事情的结果（341c，344b）。

为了看清这个对应关系如何不同于第四卷中（也就是在苏格拉底将哲人王引入讨论之前）描述的正义城邦与正义个人之间的关系，我们需要首先来看第五至七卷中描绘的城邦有哪些独特之处。最明显的一点就是它由哲学家统治。此外，那些哲学家之所以进行统治，完全是因为他们认识到那是必要的，而非因为他们的抱负使然。这一点在前几 110

卷中没有出现，之前只有护卫者，哲学家还没有登场。在护卫者那里，苏格拉底关心的并不是让他们认识到有必要进行统治，而是要保证他们像狗一样的侵略性不会变成像狼一样，不会被用来反对他们的同胞公民。

在美丽城中，古代世界里绝对统治者与臣民之间的典型关系被颠倒了。公民们心甘情愿地臣服于统治者，将他看作救星（463a—b），虽然这种合作关系最开始是通过驱逐所有成年人实现的，也就是驱逐那些没有可塑性的人。另一方面，为了将哲学家与政治权力牢牢锁在一起，苏格拉底设想出某种"必要性"加到他们之上，迫使他们承担起统治的任务，"不管他们愿不愿意"（499b）。

还有最后一个独特的要素：在第五卷中加给辅助等级（美丽城中的哲学家是从这个等级中挑选出来的）的军事纪律，其严苛程度甚至超过了斯巴达。单独的家庭生活被废除；女人也要在军队中服役，免除了照顾孩子的义务；军事等级将成为一个巨大的家庭，因为哲人王的暗中操纵而不能认出自己的骨肉，哲学家管理他们的方式就像从一群动物中挑选出最好的几只。有了这些措施，军队就拥有了不可比拟的团结和协作精神，毫无疑问会变得非常忠诚，只要一声令下，他们时刻准备好为城邦利益牺牲个人利益（462a—e，464a—b）。

与这样一个政体对应的灵魂是什么样的呢？我们记得，在这个最佳城邦中，统治等级的作用与最佳的个人灵魂中理性的作用对应，军事等级的作用与意气对应，而处于从属地位的公民群体，也就是农民和手工业者，与物质性的欲望对应。让我们来看看结果如何。

首先来看理性和意气之间的关系。军事等级的团结和忠诚，是通过统治者为了被统治者的利益采取的欺骗性操纵实现的（459b—c）。当苏格拉底提醒听众，这些统治者需要多么精湛的技艺和胆识才能完成这样的任务时(459b),他的意思是只有哲学家才能做到。只有他们才充分把握了这个城邦的组织原则,就像城邦的建立者,也就是参加这 111
次谈话的人一样(473e,497c—d)。但是哲学家组成了一个与一般的军队相当不同的等级。在这个意义上他们不同于第三卷中描绘的统治者(412c—e),这些统治者不过是军队中年长的成员,他们表现得最有能力,也最愿意自我牺牲。换句话说,完全是通过哲学家的中介,那些战士变成了独特而统一的辅助者等级。

这与在第四到第九卷对个人正义分析的发展进程完全吻合。在第四卷中,理性仅仅是实践理性,是对每种情况下最好的行动做出判断,而不是哲学家特有的对智慧本身的爱。在区分灵魂的不同部分时,苏格拉底提出了意气是不是一个独立部分的问题,因为在某些方面它像欲望,而在另一些方面像理性。莱昂提乌斯(Leontius)的例子成功地将意气与欲望区分开来,但是将它与理性区分开的那些例子却远没有那么有力。格劳孔指出孩子缺少理性但充满意气,在这个意义上有些成年人终其一生都还是孩子。苏格拉底补充说动物也是这样(441b—c)。但是这两个例子都没有包括意气与理性之间的冲突,而冲突才是苏格拉底用于区分灵魂不同要素的工具。

此外,苏格拉底之后提到的冲突的例子,也就是奥德修斯(Odysseus)责骂自己愤怒的心灵,也不是一个根本性的冲突。它不像发生在莱昂提乌斯灵魂中的例子,莱昂提乌斯的意气或自尊反对观看丑陋或可怕的东西,虽然他对那些东西也有着迷和贪婪。奥德修斯的理性和意气是同盟,一起为了复仇和证明自我,对抗那些求婚者。区别只是意气缺乏耐心,而理性则等待合适的时机。

直到苏格拉底赋予理性属于它的目标,即追求智慧,理性与意气作为灵魂中的驱动力才得以真正区分开来。换句话说,对于非哲学家的动机来说，二分的心理分析就已经足够了。他们有自尊的目标和物质性的目标，而理性就是执行者，为了这两方的利益平衡它们，理性并没有自己的目标。正是由于哲学家出现在美丽城中，军事等级变成了一个与统治者相区别的等级，对后者来说有比当将军更好的事情要做。
112 就像哲人王努力在军队中建立忠诚，从而使他们可以成为真正的“辅助者”或“帮手”（ἐπίκουροι），哲学家灵魂中的理性也努力将意气变成它的“同盟”（σύμμαχος，589b）。

哲人王通过对战士使用欺骗手段来达到目的，而在个人的灵魂中甚至也有这种欺骗的对应物。理性就像管理牲口的农夫，对于灵魂中最低的部分——形式多样的欲望，他的任务是驯化那些温顺的部分，防止狂野的部分（ἄγρια）发展起来（589b）。但是意气被比作狮子这种狂野的动物。理性这个农夫怎么能够让这样的动物成为他的同盟呢？不是通过驯化它，而是正确运用它的凶暴。就像苏格拉底设想自己“温和地说服”赞美不义的人（πείθωμεν…πρᾴως，589c）那样，温和地说服意气，从而将它本质上没有道德性的凶暴转向反对不义本身。

意气对于丑陋的东西有种自然的厌恶，这是莱昂提乌斯（这个名字的字面意思是“狮子—人”）的例子证明的。通过训练，它会认为被城邦判断为应该责备和“可耻的”行为（τὰ αἰσχρὰ νόμιμα）是“丑陋的”（αἰσχρός，589c）；会反对“最污秽的”（μιαρωτάτῳ）动物——那个多头怪兽——想要支配理性这一最神圣的部分的想法；会反对将自己从威武的狮子变成险恶的蛇或更加丑陋的猴子（这是谚语中的说法）的想法（590b）。让它称那些将温和之人变成凶暴之人奴隶的行动为“可耻的”（αἰσχρά，589d），让它注意不到自己也被算作凶暴者的一员，并且受到欺骗去反对自己的本性。

但是这并不是个人的自我欺骗，而是家长和拥有权威的人对年轻人的道德教育（590e）。说意气受到了欺骗，只是因为正确的教育使它反对自己纯然的本性。它自然的凶暴可以被重新引导，并成为道德感的基础。护卫者也与此类似，如果让他们自己选择，他们会愿意自己成长、繁衍后代，而不愿为了城邦的利益被养大。但是在城邦中没有任何一群人，在灵魂中也没有任何一个部分，可以完全决定自己，因为没有什么是孤立存在的。

现在来看理性与欲望之间的关系。那个像小写的美丽城的人，他的理性因为某种必要性成了身体欲求的主宰者，理性一开始将那些不可塑的欲求从生活中排除出去（就像美丽城放逐成人），但是要经验那些带有必然性的欲求的力量，它必须为了满足这些欲求而努力。它不 113
认为这个任务有什么高贵可言，对它来讲真正的满足只在它自由地出于理性能力自身之故使用这些能力时才会有（就像哲人王可以自由从事哲学活动那样），而在服务于其他欲求时则不会。

让我们将这个结果与第九卷中对那个正义和有哲学倾向之人的描述进行比较，他的生活被证明是最好的和最快乐的。在这个人灵魂中理性非常强大，至少足以在他清醒的时候排除掉那些如果任由其发展就会变得无法约束的身体欲求，苏格拉底称之为不必要的和无法无天的欲求（571b—572b，589b）。而保留下来的是那些“必要的”（ἀναγκαῖαι）身体欲求，它们是维持身体的正常运转、从事哲学事业以及过哲学生活所必需的，理性别无选择必须要想办法满足它们（581e）。这些欲求虽然给理性施加了很多必要性，但是出于对安全和满足的回报，还是乐意接受理性的指导，就像顺从的公民接受哲学家的统治（586e）。苏格拉底将它们比作驯服的动物（589b）。

甚至一开始设想出的，在城邦中迫使哲学家承担统治任务的那种必要性，也在个人那里有它的对应物，他的理性被设想为来自天上，因为不可避免的命运与身体结合,并获得权威去控制身体的欲求。这个主题在《理想国》之外的对话中得到了更详细的说明,最引人注目的就是《蒂迈欧》(42a, 69c—d)。但是在《理想国》里它还是出现了。第一次是苏格拉底说其他的德性都与身体有关,不是先在的,而是要通过习惯和实践才能实现的,但是理性的德性或智慧是更加神圣和永恒的(518e)。最重要的是厄尔神话的前言,在那里苏格拉底说灵魂最真实的形式只是理性,它因为接触身体而受到损害(611c—612a),这一点还出现在厄尔的神话之中,在那里灵魂的轮回出现在必然性女神(Necessity)的女儿拉凯西斯(Lachesis)的法令之中(617d—e)。那些灵魂可以自由选择它们的生活,但是不能逃避轮回。

不同层次的类比之间的区别,带来了哲学性个人的理性所面对的
114 必要性与美丽城中的哲人王所面对的必要性之间的差别。苏格拉底和对话者设想他们自己是城邦的建立者,他们给统治者施加了关心全体公民的必要性,这种强加的必要性对应于必要的身体欲求给理性施加的强制力。在个人之中这种强制力是"由自然"施加的(τῇ φύσει, 558e),也就是由与生俱来的、不可避免的欲求施加的;而在城邦中,与此对应的必要性是"由法律"施加的(νόμῳ, 519e),城邦的建立者颁布了它,将它变成了一种义务,虽然是基于哲人王能够接受的理由。必要的欲求将某种强制力施加给有德性的个人,而在城邦之中法律施加的义务是与此最为接近的类比。

当然,美丽城与其他城邦最大的区别在于它是"一个依据自然原则建立起来的城邦"(κατὰ φύσιν οἰκισθεῖσα πόλις, 428e),但是这并不影响在自然施加的必要性与法律施加的必要性之间的对比。刚刚引用的这句话出现在关于城邦智慧的论述之中,这一点非常重要。我们知道,城邦的智慧是因为统治等级所拥有的理智。美丽城的政体是依据

自然的，因为那些在其中拥有权威的人依据自然就是更优越的人（比较485a）。但这并没有妨碍那个政体同时是习俗的产物。

理解了这个类比，我们也就明白了更强大的必要性存在于个体之中，但是坚持这个类比帮助我们能够与那个更强大的必要性保持恰当的哲学距离，既远离灵魂的政治也远离城邦的政治。哲学家理解，自然的要求止于灵魂这个他内在城邦的边界。城邦的要求只具有衍生性的力量，那是城邦义务所施加的必要性，哲学家接受它仅仅因为他认识了自然的要求。这种态度似乎与格劳孔在第二卷说到的“真正的人”或“自然的人”有一些共同之处，因为他也相信自然的要求止于灵魂的边界。但他的反应是，自己因此有资格践踏社会和习俗的要求，像神那样将它们踩在脚下。哲学家对自然要求的认识在于，认识到他只是一个人，而这让他准备好接受城邦的义务。他也想成为神，但他的神是沉思性的，而不是全能的。但是因为他可以看到自己的整体，看到自身之中的人性和神性，因此他会同意在有机会的时候关心城邦整体。他可以
看到小字也可以看到大字，而别人却做不到这一点。这使他有资格统 115
治他人。他会同意去做那些自己比别人更有资格做的事。为什么呢？
正是因为他可以看到小字也可以看到大字。 116

第四章的相关资料和学术背景

布罗斯纳敏锐地注意到，由城邦与灵魂的类比得出的隐喻在应用时并不对称。但是他用这个观察当作论证来支持他的结论，即灵魂三分不是由人性的事实决定的，而完全是由语境决定的，也就是由与美丽城中三个等级进行比较，以及这个比较所服务的更大的论证的意图决定的（Blössner 1997，pp. 174—178）。单独来看，布罗斯纳对不对称性的

解释并非不可能。如果要反对它,我们不仅要对这个不对称性提出另外的解释,比如像我在本章中做的那样,而且还要考虑柏拉图在其他对话中如何处理灵魂三分。但是这个问题超出了本书的范围。

我对这个不对称性的解释,是将它与正义虽然在个人和城邦之间存在类比关系,但是对个人比对城邦意味着更多联系起来。城邦没有个人强大,这是我从施特劳斯和受施特劳斯影响的其他人那里学到的(参见第一章的相关资料和学术背景)。罗伯特·斯佩曼(Robert Spaemann)也很好地处理了这个问题(参见Höffe ed. 1997,第8章,尤其是p. 170)。另参见Ferrari ed. 2000,pp. xxv—xxviii。

我对美丽城是一个天上城邦的讨论,以及它作为柏拉图想象中的造物有着范本般的美,提出了《理想国》中乌托邦主义的问题。我在本章中的进路不同于流行的三种进路中的任何一种,但是也分有每一种进路的特点。我将这三种进路分别称为理想主义进路、现实主义进路和反讽性进路。第一种进路将美丽城看作一个理想,它的首要目的是促进个人道德,这样看来,《理想国》就首先是一部道德而非政治著作。Guthrie 1975和Isnardi Parente 1985是这种进路的代表。现实主义的阐释将美丽城看作一个柏拉图真正想要实现的城邦,或者至少是他给现实政治改革设计的蓝图,Burnyeat 1992很好地捍卫了这种进路。根据反讽性的阐释,美丽城不但没有实践性,甚至没有可欲性,但它确实是一个乌托邦,表明在公益与私利之间的冲突是终极的、无法解决的。这
117 种进路来自Strauss 1964。

我在本章中的进路在一定程度上可以被称作理想主义的,因为我认为柏拉图将想象中的美丽城,也就是书中的美丽城,看作人类创造出来的最美城邦,比在现实中可能建立起来的任何城邦都更加美丽;在一定程度上它可以被叫作现实主义的,因为我认为不管怎样柏拉图还

是将在现实中建立起城邦当作更大的成就；因为它强调哲学家不仅对城邦政治而且对灵魂中的政治，因此也就对由最佳灵魂居于其中的最佳城邦中的政治，持保留态度，在这个意义上我们也可以称它为反讽性的。像反讽性的进路一样，我也非常重视强迫的主题，以此来考察哲学家对必要性的接受程度。我没有像Kraut 1999那样，将哲学家在政治上的“勉为其难”还原为对现实管理工作和随之而来的烦恼的反应。如果要给我的进路一个名字，我会称它为“作家式的类型”（writerly type），因为它最独特的地方在于将《理想国》看作一部政治性的和真正带有乌托邦性质的著作，同时将它看作一个乌托邦式的写作计划，而不是乌托邦式的改革计划。柏拉图要成就的是最美的，而非最宏大的政治事物。

在追溯《理想国》中理性与意气作为推动力量的差别何在时，我提出了一种办法解决研究灵魂三分时的一个争论：争论的一方认为灵魂的二分而非三分才是柏拉图心理学的基础，也就是传统的在理性与欲求之间的二分，“意气”作为一个居间的部分被引入讨论主要是为了与政治进行类比；另一方认为意气是灵魂中根本性的力量，必须要与另外两种根本性的力量区分开来。Penner 1971是第一个阵营的代表，这个阵营还包括Robinson 1995，pp. 44—46。我在开始谈到了布罗斯纳的观点，他有些接近这个立场，但大大超越了它，他论证说，柏拉图的对话并没有提出一种柏拉图式的心理学。Price 1995，pp. 68—70的讨论非常精细，很难归类。他认为将意气区分出来的论证是有问题的，但并不是因为灵魂二分的分析框架令人满意，而是因为即便是灵魂三分的分析框架也还是非常贫乏。相反阵营的代表包括Cooper 1984；Reeve 1988，pp. 135—140；Vegetti ed. 1998［vol. 3］，pp. 29—40。那些受到施特劳斯影响的作者也非常重视意气部分的动机，意气对丑陋有天生的反感是

118 我从Craig 1994那得到的观点。

我赞成第二个阵营，也认为意气是灵魂中的根本性力量，而且它
的自作主张是欲望部分所没有的。愤怒是意气的特点，却不是它的本
质，因此第十卷在某些方面将愤怒与悲伤这样的情感对应起来归于
欲望的部分，并不能够削弱意气部分的独立性（我反对Penner 1971,
p. 112）。但是第一个阵营正确地指出了第四卷中灵魂三分的论证存在
不足，以及在第十卷中灵魂二分的讨论已经足够。但是这并不能表明
意气的部分缺少根本性，只是表明在非哲学家的灵魂中推理部分不足
以承担它应有的根本性地位。在我们每个人之中这三个部分都存在，
也都是根本性的，但是除了哲学家的灵魂之外，其他人的理性部分都
没有指向它的自然目的，而是受到其他部分的奴役。这一点可以比较
119 Ferrari 1990对《普罗塔哥拉》和《斐多》中的心理学的论述。

第二部分

《理想国》研究四篇

威廉斯与城邦—灵魂类比

伯纳德·威廉斯关于柏拉图《理想国》中城邦与灵魂类比的论文[1]影响深远，它让很多学者养成了一个坏习惯，认为柏拉图的两段文本对理解那个类比至关重要。第一段是第四卷的435e，在那里苏格拉底说到色雷斯人、雅典人或埃及人整个共同体的特征，来自那个共同体个体成员的特征。从这段文字，威廉斯得出了一个原则：一个共同体是F，当且仅当它的成员是F。第二段是第八卷的544d，威廉斯认为这段文本修正了第一个原则，表明一个共同体是F，当且仅当最有影响力的成员是F。我称后一个原则为"主导性规则"。为了方便起见，我们可以将这两个原则一起称为"衍生性原则"(derivation principle)。[2]

1 Williams 1973.

2 这个说法是丹尼尔·德弗罗(Daniel Devereux)在2007年12月29日美国哲学学会(American Philosophical Association)东岸分会"作者与批评者"(Author-meets-critics)会上讨论我的《柏拉图〈理想国〉中的城邦与灵魂》时发明的。本文正是基于我当时所做的回应。

在《柏拉图〈理想国〉中的城邦与灵魂》中,我试图解除威廉斯从这两种衍生性原则推论出的关于这个类比的悖论。为此,我将435e和544d这两段文本的相关性做了最小化处理,指出苏格拉底在这两个地方所做的不过是给出表面上的理由,让我们认为城邦层面的特征也能够出现在个人层面上。[1]而我论证的重点在于收集所有的证据,表明这个类比事实上并非建立在衍生性原则之上,根据城邦与灵魂的类比,在个人与城邦之间的联系事实上只是类比性的联系,而不像衍生性原则要求的那样是因果性的或构成性的联系。

因为我降低了435e和544d的重要性,辛普尔瓦拉(Singpurwalla)在书评中问道:柏拉图为什么"明确地用某些说法确证他从城邦到灵魂的转换,却没有注意到这个表面的说法最终被证明是错误的?"[2]与此类似,人们还可以问,如果柏拉图**不想**让我们通过这个类比进入与城邦对应的个人的灵魂(像我在书中认为的那样),他为什么两次用从个体成员的特征衍生出城邦特征的原则来阐明这个类比?[3]

下面我想用比书中更详细的论述来说明我如何理解435e和544d的作用,以此来回应这些担忧。虽然我希望这里的论述能够服务于书中更大的论证,但是这里的论述是否成立也可以得到独立的判断。

我首先要指出,如果城邦与灵魂的类比并非建立在衍生性原则的基础上,那么它所依据的又是什么原则。这个原则隐含在用大字和小字写同样内容这个比较上(368d),这一点在435a得到了明确的说明:

1 Ferrari 2003, pp. 43, 50.

2 Singpurwalla 2007, p. 178.

3 这是前述与德弗罗的讨论中另一个批评者米切尔·米勒(Mitchell Miller)提出的反对。(米勒提出这个反对的同时,接受了我关于这个类比如何运作的论述。德弗罗接受了我的观点,即城邦与个人在部分和结构上的类比解释了两者的德性和特征,但认为衍生性原则同样是一个重要的解释性要素。)

对一个城邦是F和一个人是F的解释是相同的。但是因为这个类比是关于部分和结构的，F对于城邦和个人来说意味着什么就可能相当不同；柏拉图也确实探讨了这些不同。假设智慧的个人和智慧的城邦必然以同样的方式、因为同样的部分而智慧（441c），但是个人的智慧还是相当不同于城邦的智慧，后者体现在统治等级之中。[1]同样的特征体现在城邦和个人身上时会有深刻的不同，因此当谈论正义的时候，苏格拉底将城邦的正义描述为“影子”（eidōlon），而与之进行比较的个人正义就代表了“真实”（443c）。但是在恰当的抽象程度上，两者可以用同样的词汇界定，比如说“与整体相关的不同部分的恰当运转”。

这个类比完全没有促使我们在城邦中寻找与之对应的个人，相反，它明确反对这样做，因为每种情况下，在个人那里出现的结果都与城邦那里的结果大不相同，这不仅适用于正义，而且适用于城邦和个人所有其他的德性和恶性。当然，如果考虑第五至七卷的内容，我们可以论证，除非智慧的人进行统治，否则城邦就不可能是智慧的，智慧者灵魂的结构与他们所统治的城邦的结构具有类比性。[2]但是令人吃惊的却是，城邦与灵魂的类比并没有出现在第五至七卷中（它仅仅出现在第七卷的最后一句话里）。这个类比没有在那几卷中得到发展。这应该提醒我们不要将那几卷中的材料作为阐明城邦与灵魂类比的关键。

我并不否认，我们至少可以在美丽城中应用主导性规则：最有德性的人统治着最有德性的城邦；假如城邦没有被这样统治，它就不会是有德

1 Ferrari 2003, p. 44.

2 德弗罗在他的评论中就提出了这样的论证，以此证明衍生性原则至少在某种程度上解释了城邦与灵魂类比的运作。

性的。我在书中不仅没有否认这一点，还展开了其中隐含的内容。[1]我否认的是美丽城中的情况应该用城邦与灵魂类比中的那些原则加以解释。

只有两段文本似乎促使我们在某种类型的城邦中寻找与之对应的个人，它们就是我在这里要讨论的435e和544d。因此至关重要的是，我们要认识到这些文本事实上并非意在“确证”苏格拉底对灵魂和城邦的比较（像辛普尔瓦拉在书评中说的那样），如果“意在确证”的意思是“意在解释那个比较如何运作”。

当色雷斯人、雅典人和埃及人出现在435e时，灵魂与城邦的比较已经得到了确证，这一点是通过如下原则实现的：解释一个城邦是F与解释一个人是F是相同的，这是在435a论证的。而435e的论证支持一个更具体的观点，即我们每个人的种类和特征也可以在城邦中找到，城邦表现出某些特征是因为这些特征也表现在城邦成员身上。435e的论证不足以表明个人的灵魂分成三个部分，与构成正义城邦的三部分对应，而这正是城邦与灵魂的类比促使我们去寻找的（435c）。435e的论证表明**那**是一个不同的论证，是《理想国》接下来几页中的任务，那个任务更加困难，而且根据在于冲突原则（principle of conflict）。[2]

因此现在的情况是，为了充实这个类比，我们开始寻找个人灵魂中的三个部分，它们与前面描述的正义城邦的三个等级对应（435c）；435e关于色雷斯人到埃及人的部分给了我们一个普遍性的理由，让我们相信在城邦中找到的任何特征也可以被归于个人。的确，这里给出的理由是城邦的特征来自其成员的特征，但至关重要的是，这并非关于色雷斯人到埃及人的文本所要表明的。它所要表明的是我们在城邦中找到

1　参见Ferrari 2003，第四章。

2　我遵循Bobonich 2002，第二章，来理解这里论证的进程。

的任何特征也可以被归于个人。而衍生性原则这个因果性的说法不过是为了表明这一点所诉诸的考虑。接下来才是确证将城邦的特征归于个人的长篇论证,这才是那个类比促使我们去寻找并归于个人的,即个人也可以被分为三个部分,与正义城邦的三个部分相同。但是我们在这个论证的全部内容中(结束于441c)得到的仅仅是城邦与灵魂类比的**材料**。我们只是确定了城邦与灵魂确实是类比能够成功所必需的可以比较的对象,是在结构上可以比较的对象,而不仅仅是因为它们有同样的德性之名。但是那个类比本身,也就是在城邦德性与个人德性之间的类比,还没有得到充分说明。一旦在需要的层面上确立了可比性,那个类比便重拾(441c)之前留下的头绪(435c),进而表明个人的好与城邦的好基于相同部分的相同关系。至于那样的人是否在有德性的城邦之中,或者他们身居何处,柏拉图都未置一词。

同样的论证模式对544d及其语境也成立。在第四卷结尾,苏格拉底已经提出了灵魂的一整套结构来和好的城邦进行类比,他说自己的下一个任务是描绘各种坏的政体,以及与它们对应的个人(445c—e)。换句话说,那个类比在之前促使我们去寻找个人灵魂中的区分,而现在它促使我们找到个人灵魂的整个“构成”,从而与相应类型的政体对应(参见449a)。这是因为我们之前只处理了一个政体——贤人制,而现在要考虑多个政体。

我们需要注意,此处的探讨完全通过第四卷中的类比过程得以确证。苏格拉底仅仅宣称:“如果你想想有多少种不同形式的政体,恐怕也就有多少种灵魂”(445c)。与第四卷相似,那个类比指引我们去寻找个人灵魂中的三个部分,却没有给我们任何独立的理由认为它们确实存在(435c)。当第四卷结尾处悬而未决的论证最终在第八卷中被重新提起,苏格拉底给出了一个独立的理由,说明有多少种主要的政体,就有多少种灵魂的构成，就像他之前给出独立的理由，说明灵魂可以分为三部分，适合城邦与灵魂的类比。这个独立的理由就是544d提出的主导性规则。和之前一样，这段文本诉诸的考量并不是它想要得出的结论。它意在表明，我们有理由认为任何政体的特征都可以被归于个人，因此如果我们认为政体有五种主要的类型，那么就有理由认为可以在个人那里找到五种相同的类型。为了表明这一点，这段文本诉诸政体倾向于反映其中最有影响力的成员的价值。但是和之前一样，它并不是在描述城邦与灵魂的类比如何运作，而是为应用这一类比做准备的论证中的一个步骤。

大体来说，这两个版本的衍生性原则在我看来都是正确的，我也没有理由怀疑柏拉图相信它们是正确的。比如，第四卷中描绘的好城邦的特征看起来确实来自它的成员。但是我要再强调一遍，这并不是城邦与灵魂类比的结果，而仅仅是关于这个好城邦的事实。

还有另一种方式来理解这一点。我们首先要注意，从公民衍生出好城邦的特征并不像色雷斯人形成色雷斯的特征那么容易。柏拉图在色雷斯人到埃及人的文本中也指出事情并不那么容易，学者们注意到，柏拉图关于不同人种典型特征的例子，恰恰是好城邦三个等级体现出的特征。这样我们就可以猜测，像“城邦是F因为它所有或大多数公民是F”这样的普遍结论不适用于美丽城。如果我们用那些人种的典型特征来分类的话，那么美丽城的统治者似乎就是雅典人（理性的人），战士是色雷斯人（充满意气的人），农民和商人是埃及人（喜欢物质享受的人）。[1]从他们互补性的特征中衍生出了好

1 我说“似乎”是因为整体而言柏拉图在第四卷中努力描绘这三个等级集体的特征，而不是将这些特征直接应用到每个等级的成员之上（参见Ferrari 2003，pp. 47—48）。

城邦公民生活的特质。衍生性原则对那个城邦来说是成立的。但是它得以成立的方式让我们不能轻易在这个好城邦中确定与它类比的个人。假如美丽城中的公民都有相同的特征，就像所有色雷斯人都充满意气，那么如果有人将衍生性规则作为城邦与灵魂类比的基础，并依此寻找既与有德性的城邦类比又是这个城邦中的公民的有德之人，他们就很容易将美丽城中的任何公民当作例子。但是我们在城邦的什么地方能够找到这样的人，他灵魂的划分和组织可以和美丽城的等级结构类比呢？在435e对衍生性原则的表述中，柏拉图没有给出明确的答案。我们只能诉诸其他考虑来论证这一点，比如第五至七卷中的内容。而我认为柏拉图没有给出明确答案的原因就是他不希望我们将衍生性原则当作城邦与灵魂类比的基础。

值得注意的还有，在色雷斯人到埃及人的篇章中，三个例子中的两个都是说的地理区域，而非希腊城邦。这样的设计或许是要指出，个人可以由他们的环境塑造，就像他们可以塑造环境一样。早期希波克拉底的作品《气、水、地域》(*Airs, Waters, Places*)就表明，相信气候和地理可以塑造整个民族的品格并无不妥。[1]《理想国》第八卷中关于各种堕落的个人教养的论述毫无疑问地表明，柏拉图完全意识到了品格在多大程度上是公民文化和家庭环境影响的产物。

衍生性原则的第二个版本，也就是主导性规则在某种意义上也成立。比如各种堕落政体的统治等级就体现了那些政体特有的价值。在第八卷中，荣誉政体的统治者被描述成“充满意气的”(547e)，寡头政体的统治者被描述成“爱财的”(551e)，而民主政体中的大众在行动中展

1 在这里即使是雅典(或许是阿提卡)也被描述成一个地区而非城邦：τὸν παρ' ἡμῖν... τόπον(我们这个地区)。《蒂迈欧》中的埃及祭司(24c—d)称雅典娜女神为古代雅典选择地点的时候，判断那里平衡的气候可以促进生活在此的人们的智力。

现了充分的自由和平等（557b，563b—d）。但至关重要的是，柏拉图对这些城邦中统治等级成员特征的描述仅仅适用于他们对城邦的统治，或者更普遍地讲，适用于他们对公共生活的参与。而结果是，与城邦对应的堕落个人的品格与那个堕落的城邦中统治等级成员的品格是不同的，即便他们的堕落有着相同的名称。它们不同是因为，对前者来说堕落的是个人的品格，而对后者来说堕落的是公共生活。柏拉图确保这个差别清晰可见。

因此荣誉政体中统治等级成员的意气就表现为他们的黩武精神，以及他们用法律强加给自己的带有压迫性的严苛纪律，他们以此确保城邦可以在军事上达到卓越。这种压迫性就迫使他们在改变规则时必须偷偷摸摸。但是在与荣誉政体对应的热爱荣誉的个人身上却看不到这种压迫性或躲躲闪闪。他的错误并非源于社会上黩武精神得势，而是因为在他的灵魂中意气部分得势。因为缺少理性和文艺教养（549b），他的品格是愚钝的、在社会方面非常僵化，并且自命不凡。与此类似，寡头制城邦实际上是一种富人制，统治者是一些富人，说他们爱财是因为他们非常短视地将商业上的成功和促进商业文化看得比其他政治价值更高（551a）。而另一方面，寡头式的个人却是吝啬鬼，他的吝啬阻碍了个人发展的大多数道路。民主政体中的公民既不能容忍对公共行为的任何规范性限制，也不能容忍对公共参与的任何规范性强迫，这样一来，政治上的无政府状态就成了不可避免的结果，而民主式的个人则听任当下的欲求，完全过着朝三暮四的生活。[1]

第八卷中的这些内容只不过是更多的例示，它们说明的问题与我

---

1 细节可参见Ferrari 2003，pp. 65—75。

们之前在第四卷中看到的关于统治等级智慧的问题相同。他们的智慧仅仅是公民生活的智慧，与有德性的个人的智慧不同；与此类似，那些堕落城邦的统治者的价值也是用政治方式解释的，不同于在与之对应的个人那里体现出来的名称相同的价值。

此外，即便单纯从个人品格角度进行比较，一个充满意气、喜欢物质享受，或喜爱自由的人也可以和另一个同类型的人大不相同，比如充满意气的格劳孔与热爱荣誉的人就非常不同（548e）。雅典的文化和贵族式的教养显然对塑造格劳孔有所贡献，苏格拉底说，与热爱荣誉的人相比，格劳孔不那么固执己见，也更有教养。我在上文提到，教养和家庭背景对发展个人品格的重要性是第八卷一个持续的主题。因此两个灵魂由相同部分支配的人在个人品格上存在巨大差别也就没有什么神秘的了。我们不该期望像"充满意气"或"爱财"这样宽泛的词汇能够准确地描述相同的品格；我们也不该期望以灵魂中三个（或五个）部分中的一个为特征的品格能够支配整个灵魂。[1]因为这个系统也是在散乱地描绘它的对象。

对主导性规则的这些讨论带来的结果是，用同样的名称描述城邦统治等级的成员和与那个城邦对应的个人的品格，并不能支持我们将衍生性规则作为城邦与灵魂类比的基础。我们已经看到，这个论题与柏拉图文本中对这个类比的实际应用有出入。我希望已经表明，那两个似乎给了这个论题最有力支持的段落可以被合并到《理想国》的整体论证中，而不再支持那个论题，因此那个论题也就应该被抛弃掉了。

---

1 这最后几段可以回应Singpurwalla 2007，pp. 178—179中提出的第二个主要批评，即我需要进一步解释为什么一个人可以被描绘为充满意气的或爱财的，但却不同于热爱荣誉的或寡头式的人。我要感谢罗纳德·波兰斯基（Ronald Polansky）和匿名的评论人，他们鼓励我扩展和澄清我在文章这部分的立场。

柏拉图作家式的乌托邦主义

如果说柏拉图在《理想国》中体现出来的那种乌托邦主义理论性太强，因而不能被称为圣战般的(crusading)，但它毕竟是一种现实主义的乌托邦主义。这种现实主义以某种特别的作家式方式表现出来。下面的内容就是要解释和确证这些说法。

我会将目光集中在始于第五卷的论证上，苏格拉底的对话伙伴要求他更详细地论述一个他们感到之前讨论不足的问题：护卫者的家庭生活应该是共同的。这个论证贯穿第五卷和第六卷的大部分，它的最终结论是，为理想城邦构想出来的社会结构假如能够实现的话，确实是最理想的，而且它的实现虽然困难但并非不可能(502c)。

苏格拉底很早就引入了在构想的最优性与可行性之间的区分，但是这个区分随后将他置于某种尴尬的境地，为了应付听众的要求，他必须表明自己的构想既是为了最好的结果，又是可能的。苏格拉底在450c做出了这个区分。他预见到自己即将提出的关于护卫者共同生活的构想会遭到反对，于是将可能的反对分为两类：一类是关于可行性的怀疑,另一类是对于假如真能实现是不是最优结果的怀疑。

苏格拉底的区分似乎暗示他会不偏不倚地处理这两种怀疑,但事实却并非如此。在接下来的长篇论证中,柏拉图在让苏格拉底表明美丽城为什么是最好的城邦方面花费的精力,远远大于表明它是否以及如何可能实现。这一点似乎反对我的主张——柏拉图持一种现实主义的乌托邦主义。但是我们将会看到,事实上它起到了相反的作用。

在苏格拉底所谓的三个"浪潮"中的第一个,他花在讨论改革是否可能上的时间确实比是否为了最好的结果更多。但是我们要注意他是如何研究可能性问题的(452e—456c)。在论证的这个部分,他没有考虑用什么手段可以让女性也成为护卫者,也没有考虑事实上是否有什么可行的手段。他这样来解释这个构想是否可能的问题:女性的自然(或本性)是否**能够**和男性一起分担所有工作,或者一些工作,或者没有任何工作?[ei dynata ē ou(是否可能)的问题变成了ei dynatē physis hē anthrōpinē hē thēleia...(女性的自然是否可能)的问题,452e—453a。]苏格拉底令人满意地证明了女性确实能够和男性分担所有工作——当然也包括护卫者的工作——他这样总结道:因此我们毕竟不是在对不可能的东西立法,因为我们订立的法律是符合自然的(456c)。之后他又补充说:事实上反而是我们社会中女性目前的状况,也就是与我们提出的法律相反的状况,才是违背自然的。

这样看来,苏格拉底关于这项改革可能性的论证就与是否可以将其实现无关。他论证的毋宁说是这一改革并非荒诞不经,不管它在那些不能超越习俗的局限思考问题的人看来有多么可笑(452a—d)。从更积极的方面看,他论证的是这项改革很有意义。这个构想很可能要面对充满嘲讽的敌意,不管作为一个可能事件它的可能性有多低,但是作为一个观念它至少是合乎情理的。它是符合自然的,恰当地运用了女性的自然禀赋（455d—e），但这本身并不构成认为它很容易付诸实施的理由。这一点在苏格拉底指出女性在社会中的当前状况**违背**自然时表现得非常清楚。很显然，某种违背自然的状况很可能是现实中流行的状况。

如果有什么东西能够实现苏格拉底的构想，那肯定不是因为这个构想符合自然，而是在论证可能性之前提到的那个过程。他指出不久以前，希腊人还认为男人像外国人那样赤身露体地锻炼非常可笑。但是经验表明了这一实践的优点，于是人们最终忘掉了他们的羞耻感（452c—d）。在女性为了战争接受裸体训练的问题上，我们也可以预见到同样的情况（457a）。但是当苏格拉底宣称他的改革既非不可能也非单纯幻想（euchais homoia，456c）时，他想的并非这样的结果。对可能性的论证仅仅在于让这个观念显得合乎情理。[1]

结果就是，即便当苏格拉底论证第一个浪潮的可能性时，他的要旨也还是劝导性的。他的论证并不局限于考虑什么**能够**实现，而是提出什么**应该**实现。他坚称没有任何人类禀赋只局限于某一个性别（455d）；有一些女性完全能够成为护卫者（456a）；只有选择那些拥有必需的禀赋，适合从事某项工作的女性从事该项工作才是合乎情理的

---

1 Burnyeat 1992，p. 183这样概括苏格拉底的论证："这些安排符合女性的自然，**因此**它们是行得通的"，他进而从"推理的速度"推论出苏格拉底采取了一种"故意为之的，与个人无关的物种层面的观点"。布恩耶特主张，让读者接受这种观点是柏拉图提高美丽城最终实现可能性的策略（pp. 184—185）。与他的观点不同，我认为苏格拉底推理的速度完全可以从另一个角度得到充分的解释：他仅仅满足于让自己的构想作为一个观念合乎情理，即便作为可能事件它依然难以置信。我也不认为在这个论证中诉诸女性的自然是引出物种层面的观点。苏格拉底诉诸的是个别女性的个别禀赋（physeis，455d），有些人拥有成为医生的禀赋，有些拥有成为哲学家的禀赋，等等。这就是为什么说女性和男性一样，"依据自然参与所有的事务"（455d—e）。

(456d),毕竟我们的城邦所依据的原则是:每个公民都应该做适合本性的事情(453b)。这些是苏格拉底提出的考虑。甚至在他开始论证的第二部分之前,也就是论证他的构想同时也是为了最好的结果之前,苏格拉底还在标榜这项改革的好处。论证的第二部分只是增加了某种形式化的考虑:对城邦来说最好让女性和男性达到他们的最好状态,而如果我们教育适当的女性成为护卫者,与男性并肩战斗,那么就能够实现这种状态(456e)。但正是在论证的第一部分,苏格拉底提出要这样教育女性。

然而在改革的第二和第三个浪潮中,一种不同的可能性概念进入了讨论。苏格拉底似乎不再满足于仅仅证明他的改革不是荒谬的或空想的,而是准备好直面在第一个浪潮中绕开的东西,他似乎准备好具体说明将理想变成现实的手段,并评价这个结果的可能性。换句话说,他似乎准备好在他的乌托邦主义中注入某种实际性(practicality)。

这个转变出现在第二个浪潮的最开始。苏格拉底提议护卫者中的两性不能在家中成双结对,他们的性生活和子女都必须是公共的,子女不认识父母,父母也不认识子女。他宣称这个改革与第一个浪潮协调一致,也和他们之前对护卫者社会生活的描绘协调一致。事实上,他甚至宣称这项改革的好处是毋庸置疑的,在他看来怀疑只可能来自它的可能性(457d)。苏格拉底这样说是有道理的,毕竟在第一个浪潮的开始处,大家就同意护卫者的性生活和家庭生活应该延续护卫者与狗之间的类比(451c),而他现在所建议的护卫者共同的性生活以及与子女的关系正是遵循狗群的模式。不管怎样,他提出了对当前两性和家庭习俗的极端改革,因此格劳孔适时地要求苏格拉底讨论两个问题,不仅是可能性的问题,还有好处的问题。

正是在这里,可能性的概念发生了转变。这个转变出现在苏格拉底改变论述顺序之时。假如依然按照第一个浪潮的模式，苏格拉底就要首先讨论可能性，之后讨论好处。但是他在此请求将顺序反转过来，他将自己的做法比作懒惰的空想家不去"考虑什么可能什么不可能"。这些人不去费力"发现使他们的渴望成为现实的手段"，而只是"假设他们渴望的情景已经实现了，进而去安排它的细节，并享受想象这些情景的乐趣"(458a)。

空想家不去努力弄清他的梦想是否可能以及如何可能，他所逃避的不只是证明他的梦想仅仅是一种可能性，那个梦想如何变成现实的具体细节在他看来完全无关，他也拒绝予以考虑。这就是我们称某人是空想家的意思——他非常不切实际。这显然是苏格拉底在上面描述的人，他的结论是，那些习惯于空想的人"使他们已然懒惰的灵魂更加懒惰"。

但是苏格拉底许诺只当一个暂时的空想家。他只是将可能性的问题留到之后讨论，而不像真正的空想家那样斥之为完全无关(458b)。当他最终讨论这个问题时，他的任务就不像之前那样在于让他的改革免受荒谬性的指控，而是要解释哪些具体的手段可以将这些改革变成现实。

苏格拉底正是这样看待他的任务的，这一点从他总结改革的第二个浪潮是为了最好的结果时所说的话可以看得更清楚，就在他宣称要证明其可能性之前(466c—d)。苏格拉底提到的不仅是改革的第二个浪潮，即护卫者共同的性生活和子女抚养，他的结论涉及共同生活的各个方面，不仅包括性生活和子女的抚养，而且包括他们共同承担起的保护城邦居民的护卫任务，以及保卫城邦对抗敌人的共同军事活动，就像公狗和母狗一起保护狗群、一起捕猎。也就是说，他的结论——这些共同活动是为了最好的结果——将改革的第一和第二个浪潮结合了起来。此外，他还回顾了这些活动“并不违背女性与男性关系的自然，不违背这两个性别恰当分工的自然方式”。这显然是他在证明第一个浪潮的可能性时所诉诸的考虑。

但是我们看苏格拉底接下来说了什么：“那么对我们来说剩下的就是要决定，在人类中实现这种分工事实上是否可能，以及如何可能，就像在其他动物中那样。”这样看来，当前两个浪潮合并到一起时，原来足以证明第一个浪潮可能性的考虑就不再充分了。

为什么会这样呢？首先，在讨论改革的第二个浪潮时，苏格拉底不再能够论证这项改革是依据自然的，至少如果不做出某种特别的辩护他就不能这样论证。因此用这种方式证明第二个浪潮可能性的道路就被阻断了。当男女护卫者共同生活在一起时，自然的事情毕竟是发生性关系，就像在狗群中那样。正如苏格拉底说的，年轻的护卫者会受到“内在必然性”（anankēs…tēs emphytou，458d）的驱使。贯穿第二个浪潮始终，苏格拉底诉诸的都是与狗类比的一个不同方面：不是与公狗和母狗的自然行为进行类比，而是与饲养纯种动物的人通过技艺操纵自然进行类比（尤其参见459a—c）。护卫者不允许去做自然而然的事情。

但是如果现在不能诉诸依据自然的东西，苏格拉底必然感到自己终将被迫揭示他心目中的理想城邦是由哲学家统治的。我们即将看到，苏格拉底相信除非哲学家拥有至高的政治权力，否则理想城邦中的其他要素都不可能各归其位。对自然的诉求被阻断之后，如果想要令人满意地讨论可能性的问题，就必然要将这个观念公开出来。苏格拉底之后承认他看到了这个问题的迫近，并努力拖延，因为他意识到了这一观念的悖论和困难（472a，473e—474a）。

拖延的一个方法就是请求并征得同意，在第二个浪潮中将论证的顺序反转，将好处的问题置于可能性之前。但是，既然第二个浪潮的好处已经得到了证明，苏格拉底似乎也就不能再继续拖延下去了。但他还是找到了一个方法继续拖延。

让我们先回到466d，在那里苏格拉底称剩下的任务就是要表明，包括在第一和第二个浪潮中的改革是可能的，以及如何可能。格劳孔热切地回答说："你说了我们正要说的话。"但是苏格拉底之后是否开始了这个剩下的任务呢？他并没有这样做，而是说："毕竟，关于进行战争的事，我认为他们会怎么做是非常显然的。"

不管这个说法在我们看来多么意外，它并非无中生有：苏格拉底毕竟没有像他处理护卫者的性生活和子女抚养那样详细讨论护卫者如何共同作战。说他们的作战方式非常显然，苏格拉底的意思可能是护卫者的作战方式很显然应该遵循已经谈论过的性生活和子女抚养的方式。换句话说，他的说法可以被理解为解释为什么**不**继续讨论护卫者作战的细节问题，而是直接讨论可能性的问题。但是格劳孔落入了圈套。当苏格拉底称护卫者如何作战很显然时，格劳孔没有回答："是的，我看**确实**非常显然"；而是说："他们**将会**怎样呢？"于是苏格拉底逃脱了，他又用了好几页的篇幅进行论述，并且远远超出了女性护卫者和孩子如何参与作战的问题，而是变成了关于如何恰当进行战争的论述，沿着泛希腊化（Panhellenic）的方向改革，柏拉图在写作这几页的时候脑子里似乎想着他的竞争对手伊索克拉底。

因此我们不用奇怪，格劳孔最后有些恼怒地插话进来，要求苏格拉底将对这个想象出来的城邦的所有溢美之词都放到一边，转而说服听众这样的城邦有可能成为现实，以及如何成为现实（471c—472b）。柏拉图的读者们很可能感到，从现在起《理想国》终于要成为未来乌托邦分子的行动指南了。他们的这种感觉甚至还得到了苏格拉底的鼓励，因为他评价了至此进行的讨论，并在这种讨论和现在将要开始的讨论之间进行对比。他说，我们之前一直是在言辞中构建一个具有典范意义的城邦，就像画家在描绘一个具有典范意义的美丽之人（472d）。多少带有些辩护的味道，苏格拉底指出即使这个画家不能表明他画的人存在于现实之中，我们也不能因此贬低这个画家作为艺术家的成就。与此类似，他们至此进行的讨论的价值也不会因为不能证明这个城邦可以在现实中建立起来而有所减损。但不管怎样，为了格劳孔，苏格拉底现在许诺尝试证明“到底如何，以及在什么条件下，这是最有可能的”（pēi malista kai kata ti dynatōtat' an eiē，472e）。

苏格拉底的宣告让我们为一些实际的措施和对这些措施的详细讨论做好了准备。但这却并不是我们得到的。柏拉图在这里经过巧妙的计划，让苏格拉底将哲学家统治的论题作为单独的主题——改革的第三个浪潮。他这样做大概是因为那本身是一个引起很大争议的论题，事实上，他说这是三个浪潮中最大和最困难的一个（472a）。但是结果却很奇怪。我们要记住，哲学家应该统治的构想意在解释前两个改革浪潮如何成为现实。换句话说，它意在完成苏格拉底在前两个浪潮中给自己定下的两个任务中的一个，这两个任务是证明改革是为了最好的结果以及它是可能的。但是将它说成是一个新的和单独的改革浪潮，那么它本身就像前两个浪潮一样需要这两种证明。苏格拉底将要证明哲学家的统治是为了最好的结果，并且不是不可能的。在接下来的几页中，强调的重点再次落在了证明这项改革是为了最好的结果，只有非常宝贵的少量时间花在表明它的可能性上。而花在表明哲学家的统治如何能够实现前两个浪潮中的改革或某种近似情况上的时间则更少。苏格拉底将几乎全部精力都花在了解释他所说的哲学家是什么样的人，为什么让这样的人统治对城邦来说最好上。[1]

让哲学家统治成为其他改革之所以可能的条件还有另一个有趣的结果，我们可以抛开哲学家统治这个独立的改革浪潮来单独考虑这一结果。哲学家统治是美丽城的一个特征，是其政体的组成部分，就像护卫者共同作战和共同组成家庭，或者只允许他们拥有共同财产一样，也是这个城邦政体的组成部分。说这个特征是其他特征之所以可能的条件是什么意思呢？苏格拉底为什么不说，“亲爱的格劳孔，城邦所遭受的苦难，以及人类所遭受的苦难不会结束，除非女性被允许完全分担统治工作”，或者同时说，“……苦难不会结束，除非不允许统治等级的成员拥有私人财产”呢？

我们之所以**不能**这样说，是因为虽然缺少这些特征的城邦也不是理想的正义城邦，但是仅仅促成其他的改革并不能实现美丽城，而只有哲学的统治能够完成它。可这句话反过来说却可以成立，至少苏格拉底是这样说的。他声称让哲学家来统治，或者将现有的统治者变成真正的哲学家，那么其他的就会继之而来。哲学家的统治不仅是这个城邦的特征之一，更是给其他特征解锁的钥匙。

但是如果哲学的统治是这样一把钥匙，那么为了表明美丽城能够实现以及如何实现，我们就只需要表明政治权力能够，以及如何被赋予哲学家。特别是，这样一来苏格拉底就不需要首先详细论述美丽城是什么样的，之后再问：考虑到美丽城的特征，需要哪些外部条件才能实现这个城邦？他将美丽城的一个内部特征变成了其他特征可行性的钥

---

1 Hyland 1990，pp. 100—101注意到了改革的第三个浪潮与前两个浪潮之间关系的复杂性，但是他对这一材料的使用与我的大相径庭。

匙，之后关注能够实现这个核心特征的条件。

苏格拉底选择将注意力集中在那些条件中的一点上：如果哲学家要拥有政治权威，这个权威必须是自愿赋予他们的，而不是他们攫取的，将权威赋予他们因为他们是哲学家，而不是因为，比如说，他们碰巧已经成为了统治者。苏格拉底明确说，即便是现有的统治者转向了哲学，如果想要确保人们自愿服从美丽城的法律，他也必须要赢得城邦的支持（502b）。苏格拉底所设想的哲人王不是独裁者，即便是出于哲学的缘故。[1]

如果考虑从苏格拉底提出哲学家应该统治的构想，到他总结哲学统治以及按照美丽城的范本构建起的城邦既是最好的政治道路也并非不可能这部分的论证（502c），我们会看到，它的构成几乎完全是苏格拉底在尝试说服那些可能敌视哲学统治的人，接受哲学的统治实际上非常好。格劳孔对于473d提出的最初构想的反应是，想象一群愤怒的民众，抄起手边的任何武器，冲向苏格拉底，而苏格拉底却只有言辞可以保卫自己。苏格拉底则想象自己在格劳孔的帮助下，通过说服纠正他们的误解，告诉他们哲学家的真正本性不是他们认为的那样（474a—b）。

想象中的非哲学家，也就是爱意见而非爱智慧的人，也正是第五卷结尾处将他这样的人与真正的哲学家区分开来的那个论证的听众（476d—e）。从第六卷开始，对哲学家本质的赞美并没有明确针对一群怀有敌意的听众，而是进行得非常顺利，没有遇到来自格劳孔的任何反抗（485a—487a），但是随着阿德曼图斯的插入，敌对的气氛突然回到了

1 在499b，我遵从抄本和斯林斯（Slings）读作katēkooi（照管，阳性第一格复数），而非施莱尔马赫（Schleiermacher）和伯内特（Burnet）的katēkoōi（阴性第四格单数）。这句话是说哲学家必须要被迫照管城邦，而非城邦必须要被迫照管哲学家。

对话之中。他抗议说这些论证听起来都非常好，但是如果考虑到社会实际的状况，我们就会看到大多数自称哲学家的人要么是些古怪的家伙，要么是些十足的恶棍，即便是实践哲学的人中最好的，也因为这种实践而变得对城邦毫无用处（487b—d）。苏格拉底论证的余下部分就是对这个抗议做出回应，他并没有直接针对阿德曼图斯，而是针对想象中如此看待哲学家的公众。[1]但是在这里，苏格拉底没有像第五卷结尾那样采用抽象的形而上学方式，将哲学家与爱意见者区别开来，而是生动和详细地描绘了那些自称哲学家的人身处其中的社会场景。这一次他的目的是将哲学家与那些假装拥有哲学家的名号但实际上缺乏哲学本性的人区别开，同时解释为什么真正的哲学家在社会中没有得到恰当的利用。[2]

事实上，苏格拉底在第三个浪潮中为哲学家提出的论证与第一个浪潮中为女性提出的论证如出一辙。在第一个浪潮中，他论证在女性的自然本性中没有什么妨碍合适的人成为统治者，但是当前的社会状况没有恰当利用她们的自然禀赋，因而违背了自然。所谓适合的女性当然是拥有哲学本性的那些（456a）。而在第三个浪潮中，他论证哲学的本性远不是人们通常认为的那样不适合统治，而是完全能够胜任统治，事实上也应该承担起那项任务。

1　尤其可参见489a—b，498c—d，499d—500a，500d—e，501c—502a。

2　Morrison 2007，pp. 236—241论证说柏拉图对真正哲学家的观念有些模棱两可，在第五卷中是爱智慧或渴望智慧者，而在第六和第七卷中是拥有智慧者。因为没有将这个模棱两可解释清楚，柏拉图关于哲学的统治是实现美丽城的充分必要条件的这个主张也就变得无效了。但是莫里森对爱智慧者和拥有智慧者之间的区分比柏拉图的文本更加尖锐，他自己也承认这一点（参见p. 237，n.9）。此外，就实现美丽城或某种接近美丽城的政治制度（473a—b）的可能性而言，哲学家和非哲学家之间最重要的区分并不在于哲学家追求什么，而是他们不追求什么（金钱、权力、名望、自我或城邦的扩张、亲朋好友的利益，等等）。

在他的论证中，对自然（physis，本性）的诉求非常突出。苏格拉底告诉我们他要将哲学家真正的本性表现出来（485a），这种本性与最好的东西类似（501d），使哲学家不仅适合从事哲学，而且适合在城邦中统治（474c）。在女性问题上，苏格拉底从她们作为女性的本性论证到她们作为统治者的能力，而现在他将同样的论证用在了哲学家身上［比较453a的dynatē（能够，阴性第一格单数）和484b的dynatoi（能够，阳性第一格复数）］。[1]对哲学家来说，相似之处还在于当前的社会状况违背了自然。苏格拉底在489b说，不要因为哲学家对社会毫无用处就指责他们，而是要指责社会没有利用哲学家。他解释道，舵手请求水手让自己统治他们，或者医生去找寻病人，而非相反，"是不自然的"（ou gar echei physin）。社会限制了女性的机会，然后指责她们除了家庭之外毫无用处，而不是指责社会本身造成了这种状况；与此相似，社会没有认识到哲学与政治生活的相关性，然后指责哲学家在社会上处于边缘位置，而不是指责社会本身将哲学家边缘化了。（我们还应该注意，苏格拉底在491d—492a使用了好种子落入不适合的土壤，在不适合的环境中成长这个比喻，来解释在当时的社会中，为什么是哲学家而不是那些禀赋不如他们的人更容易变坏。）

在此我们应该回忆一下，在第一个浪潮中，这个改革的可能性与它是为了最好的结果这两个论证相互融合。即便当苏格拉底表面看来只是在论证女性参与统治的可能性时，他也同时指出这种参与是很好的。他对可能性的论证实际上是对合乎情理的论证，意在表明这个改革很有意义。相形之下他随后提出的，这项改革是为了最好的结果的论证

1 Burnyeat 1992，p. 187 n.17注意到了这个联系。

看起来反而非常单薄和流于形式。

在第三个浪潮中也有相同的融合，不过是沿着相反的方向。这个论证的大部分用于表明哲学家的统治是为了最好的结果，而接下来对哲学统治可能性的论证却显得单薄和流于形式。苏格拉底仅仅满足于指出，统治者的儿子有可能生来就拥有哲学的本质，可以避免那个本质被社会腐蚀，可以说服人民在改革的道路上追随他，至少**不是不可能**的，不管我们如何看待所有的历史，如何看待之前和之后的所有统治者（502a—c）。

苏格拉底曾对格劳孔说，他会专注于实现美丽城的那些实际性的细节，但是他最终怎么会仅仅满足于如此模糊的希望呢？在我看来的原因是，即便当他论证哲学家的统治是为了最好的结果时（502c），他也总是在通过某种方式论证哲学家的统治拥有切实的可能性。这与他论证女性参与统治拥有切实的可能性方式相同：他说服一群心存怀疑的听众相信，如果恰当理解，那么这个观点就是完全合乎情理的。

现在让我们回顾一下。美丽城或某种接近它的城邦，只有当哲学家进行改革之后才能成为现实，因为只有哲学家才能把握和追求体现在美丽城中的正义理想（484c—d，500c，519c）。哲人王拥有能够实现美丽城的实践手段。但是有什么实践手段能够让哲人王成为现实呢，尤其是考虑到社会整体对哲学怀有敌意？对于一个选择只用言辞作为武器的人来说应该怎么做呢？答案是：他会尽可能有说服力地论证哲学对社会的价值和哲学家有权获得政治权威。他会颂扬哲人王。他会致力于描绘出能够想象的最美之人，“在绘画中表现出需要表现的每个细节”（472d），这样就会让他的描绘尽可能有说服力，也就是尽他所能让哲人王显得合乎情理。之后他要将自己的艺术作品分发给大众，这样就可以达及有权势者。这样做他就采取了实践手段使哲人王成为现实。

在我看来，这就是柏拉图的乌托邦主义。我称之为“作家式的”乌托邦主义，意思并不是说柏拉图仅仅满足于用有说服力的方式写下关于美丽城的内容，而不管它是否能在地上实现；而是说柏拉图将他写下来的关于美丽城的内容本身看作促使美丽城在地上实现的有效贡献。

让我们回到那个画出了具有典范意义的美丽之人的画家的类比。它类比了苏格拉底在那之前所承担的任务——在言辞中构建一个具有典范意义的城邦。正如苏格拉底所说，画家的成就并不在于能够证明如此美丽的人存在于现实之中。这样的证明与他的艺术完全无关。苏格拉底说，如果他的画表现了应有的细节，就是有说服力的。理性的观看者不会要求艺术家制造一个活生生的、能呼吸的模型。

但柏拉图这位艺术家并没有用这种精神来理解自己作为作家的成就。当然，他让苏格拉底坚持，美丽城是具有典范意义的城邦，对它的论述不管能否表明这个城邦可以存在于现实之中，都不会影响这个论述的价值。但是柏拉图没有让苏格拉底就此停住，而是让他继续表明美丽城如何能够实现，苏格拉底说这是为了格劳孔的缘故。但是柏拉图是为了谁或什么才承担起这个任务呢？与画家的对比给了我们答案。柏拉图在写作《理想国》时制造出的艺术作品不仅意在描绘美，也就是美丽城的美，而且意在获得在这个世界中的实践效果。柏拉图的艺术作品意在给世界增添的美，不是像那个画家一样，仅仅是艺术作品本身的美。柏拉图也希望尽其所能让世界因为实际的美丽城，或者某个接近它的东西的美而受益。

但是，正如我们看到的，柏拉图并没有用我们预期的方式完成这个任务。他没有让苏格拉底给出详尽的指导，告诉我们一个热切的改革者会如何开始构建美丽城。他几乎省去了所有这类细节，不管是首先如何让哲学家获得权力，还是之后哲学家如何开始改革城邦。将十岁以上的人送到乡下这个尽人皆知的建议是主要的例外，虽然在501a有所预见，但是当它在第七卷结尾（541a）被明确提出时，却仅仅被一笔带过。与此不同，柏拉图让苏格拉底在一块很大的画布上，用极其丰富的细节描绘了具有典范意义的美丽之人，也就是要成为统治者的哲学家（497a）。换句话说，柏拉图让苏格拉底用与之前相同的方式进行论证，宣扬他提出的改革的好处，而不是指出实现它们的实践手段。

即便在论证中这不是一个令人不满的转变，读者也应该问：哲人王如果仅仅在讨论中得到善意的描绘，柏拉图怎么能就此认为他用实际的方式促进了哲学家获得权力，并由此促进了美丽城的实现（正如讨论中的这个转变暗示他想要做的）？一旦提出了这个问题，问题本身大体上也就可以做出回答了。用善意描绘哲学家，让那个描绘显得很有说服力，同时如果那个描绘能够成为一部在有影响力的圈子里流传的作品的顶点，那么这个描绘本身就增加了哲学家有朝一日进行统治的机会。如果能说服足够多有影响力的人相信这个看法是好的，那么这个看法也就很可能会流行开来。

这就是柏拉图为什么没有写出用什么实践手段能够让哲学家获得权力，也就是说没有让这些手段成为笔下人物讨论的话题。他没有写**关于**它们的内容是因为在他人生的这个时刻，他最关心的实践手段正是写作本身，不是写下用什么实践手段才能让哲学家获得权力，而仅仅是写下为什么让哲学家获得权力是好的。

在评价柏拉图的意图时，重要的是理解苏格拉底在戏剧场景中的动机与写作那个场景的柏拉图作为作者的动机发挥着不同的作用。[1]我不认为苏格拉底是柏拉图的替身，不认为苏格拉底作为著作中的人物，可以像柏拉图这个作者那样在场景背后对行动保持同样程度的控制。不管怎样，这种立场在《理想国》的苏格拉底那里显得格外困难，因为在《理想国》中，苏格拉底总是被出乎意料的情况打断，这些打断将讨论引向苏格拉底没有预料的方向，而我们这些读者，如果回头去看，就会发现这些打断决定了这部大规模组品的整体结构。[2]

我不是将苏格拉底当作柏拉图的替身，而是尽可能严肃地对待他说的话。苏格拉底讨论美丽城如何能够实现的理由是他公开谈到的：他这样做是为了格劳孔，因为格劳孔坚持要他这样做。而苏格拉底不情愿讨论这个主题，以及他之前极力搪塞的原因也是他公开承认的：他的论证"遮掩住了颜面"（503a），他没有泄露，他所说的护卫者都是羽翼丰满的哲学家，因为他怕激起不必要的争论，他毕竟是在克法洛斯家参加一个聚会，并且原计划要在晚饭后和朋友们外出。在讨论第三个浪潮时，苏格拉底把大多数时间都花在了确证哲学家应该统治上，只是到了最后才加上了相对薄弱的说法，一个拥有哲学本质的统治者至少不是不可能带领人民走向美丽城的未来，这是因为他不得不首先对付格劳孔，之后对付阿德曼图斯充满义愤的抗议，他们抗议的都是哲学家应

---

1 Burnyeat 1992和Vegetti 2000都没有认识到这一点。虽然在其他方面我对柏拉图作家式的乌托邦主义的理解遵从布恩耶特，将《理想国》看作"说服技艺的演练"，意在驱散关于哲学家以及哲学统治好处的误解（比较Vegetti 2000，pp. 138—140），但是我不同意他们两个人的观点：既然苏格拉底反复坚持美丽城是可以实现的，那么这就是柏拉图的观点（Burnyeat 1992，p. 178n.11；Vegetti 2000，pp. 117—119）。与他们不同，我的起点是这样一个令人困惑的事实：虽然苏格拉底反复坚持，但是柏拉图却让他反复回避证明美丽城是可以实现的。在我看来，只有迈出这额外的一步，第五和第六卷中的整个论证才有了恰当的位置。

2 参见Ferrari 2010中进一步的讨论。

该拥有权力，而不管他们是否可能拥有权力；也因为假如只是局限于描绘一个具有典范意义的美好城邦，完全抛开可行性的问题，就像画家描绘具有典范意义的美丽之人那样，那么苏格拉底就会认为他的论证在任何情况下都同样好。

但是对柏拉图来说却并非如此。阐释上的同情要求我们假设柏拉图写了他想写的作品，而不是笔下作品内在发展的囚徒。**柏拉图**在为哲学的统治这个有争议的观点进行辩护时没有一点不情愿，因为他很清楚这个辩护是这部著作的核心内容。**柏拉图**也不像笔下的苏格拉底那样，对于描绘典范城邦的价值而不去考虑其可行性那么乐观。柏拉图当然可以同意，关于美丽城的论述**作为对具有典范意义的城邦的论述**，不会因此失去任何价值。但是他不会认为这个论述与同时还讨论了可行性问题的论述，具有相同的价值。在书中他确实涉及了可行性的问题就清楚地表明了这一点。我相信自己已经充分地解释了，让苏格拉底带着明显的模糊性谈论可行性的问题，恰恰表明**柏拉图**自己是带着充分的投入（commitment）谈论它的。

《理想国》中的苏格拉底

苏格拉底不仅是《理想国》中虚构的人物（fictional characters）之一，而且还是《理想国》虚构的声音（fictional voice），苏格拉底说出了这部作品的每一个字，重述了前一天发生在克法洛斯家里的讨论，在这个讨论中苏格拉底发挥着引领者的作用。对现代的叙事学家来说，苏格拉底是《理想国》的"内在叙事者"（internal narrator）。[1] 而与之相对，"外在叙事者"（external narrator）本身不是他们讲述的故事中的人物，即便他们有时候用第一人称指称自己。从这个超脱的视角，外在叙事者自由地记录书中角色的思想和感情。而内在叙事者，至少是以非常现实的方式呈现的那些，则没有这样的特权。在他们私下的思想和计划与故事中其他角色的思想、计划和反应之间存在差别。内在叙事者，如果想要的话，可以直接描述他自己私下的想法，而其他人的思想他只能（或者只应该）去猜测。如果他确实想

---

1 De Jong 2004, pp. 1—2; Morgan 2004, pp. 361—364.

要让听众——也就是“叙事对象”（narratee）——暗中参与私下的想法，他可以在自己与听众之间建立起某种外在叙事者不可能达到的亲密程度，或者是这种亲密的表象。

《理想国》中的苏格拉底就在好几个地方抓住机会去达到这种亲密。任何对苏格拉底在《理想国》中角色的讨论都应该考虑他对自己私下想法的描述，我的讨论就从这些描述开始。

还有三部柏拉图对话整个是由苏格拉底从内部叙述的，它们是《吕西斯》、《卡米德斯》和《情敌》（*Lovers*，虽然《情敌》实际上是由柏拉图的一个模仿者写作的，但是作为与《理想国》进行对比的文本，它的价值并没有降低）。[1]在这些对话中苏格拉底所描述的自己私下的想法很多都与我们在《理想国》中看到的非常相似：当论证进行到死胡同时承认困难[2]；表达仰慕或快乐[3]；有时候他会对叙事对象揭示当时没有明确说出的动机，比如承认说一些话是为刺激讨论[4]；有时候他会表明自己默默关注周围的环境，比如他提到在特拉叙马库斯杀入讨论之前就注意到他的举止[5]；他经常记录对话者的脸红[6]；他还经常提到对话者的浮夸、虚伪、回避、顽皮，等等[7]。

更值得注意的是，在其他几部对话中有些类型的私下想法并没有

---

1 参见Pangle 1987，pp. 1—20。

2 《卡米德斯》169c；《情敌》125a；《理想国》375d。

3 比如《卡米德斯》158c；《吕西斯》213d；《理想国》329d，367e。

4 《吕西斯》223a；《情敌》135a；《理想国》329d。关于普遍的情况，参见《情敌》132d；《理想国》336d。

5 《理想国》336b，336d；比较《卡米德斯》162c；《吕西斯》207a。

6 《卡米德斯》158c；《吕西斯》204b—c，213d，222b；《情敌》134b；《理想国》350d。

7 《卡米德斯》163c，169d；《吕西斯》207b，211a；《情敌》132b；《理想国》336b，338a，343a，344d。

出现在《理想国》里，反之亦然。在《理想国》里，苏格拉底没有私下和自觉地承认自己犯了错误，像在《吕西斯》218c和《情敌》133c中那样；他也没有对他的叙事对象表达私下的自我约束的（成功）努力，像在《卡米德斯》155c—e著名的例子中那样（他因为看到了年轻人袍子里面而兴奋起来），或者像《吕西斯》210e没那么生动地描写的那样［他克制自己不去责备希波塔勒斯（Hippothales）］。《理想国》中的苏格拉底也没有承认说了一些其实没必要的话，而只是为了防止讨论流产，像他在《卡米德斯》169d和《情敌》135a中那样。他也没有提到自己利用了其他人出乎意料的插话，让它与更大的计划相适应，像在《吕西斯》213d和《情敌》132d中那样。这样的插话，我们可以对比《理想国》中格劳孔抱怨苏格拉底和阿德曼图斯刚刚讨论的是"猪的城邦"（371c—d）。理想城邦需要护卫者这一点就来自这次插话。它标志着对话的一个主要的转折点，但是苏格拉底完全没有对叙事对象提及自己抓住这个机会推进讨论。在这个地方他完全没有提到自己私下的想法，而只是接受了格劳孔的这个要求，开始讨论更加奢侈的城邦（372e）。

事实上，在《理想国》里这种出乎意料的插入非常多，有的时候与苏格拉底私下的想法联系在一起，这种联系是在其他三部他作为内在叙事者的对话中没有的。这种联系是在苏格拉底向他的叙事对象表明，自己的计划被某个出乎意料的反对妨碍的时候表现出来的。最重要的两个例子是第二卷的开头和第五卷的开头。

第一卷对付完了特拉叙马库斯之后，苏格拉底说他本以为讨论可以就此结束，但是却发现之前的只不过是一个"序曲"（prooimion，357a），这个词是表达音乐的前奏、短篇颂诗，以及修辞演讲的导言的专门术语。这个适合复杂的艺术作品的词汇，让苏格拉底成为作者的媒介，宣布作品的其余部分，也就是《理想国》的第二至十卷，都是因为受到了格劳孔在这里提出的大胆抗议的刺激。在第五卷开头，苏格拉底再次告诉叙事对象自己的想法，这次不是想要退出讨论，而是要推进到他承诺下一步要处理的主题。但是因为谈话者的反对，他没有实现这个意图，他们要求苏格拉底对于一个他们感到太快跳过的主题多说几句。这次的离题又极其巨大，标志着柏拉图这部著作中一个结构性的关键点：在第八卷返回这个被打断的主题之前，苏格拉底要讨论整个第五至七卷的内容。

我们可以对比一下让《吕西斯》画上句号的那个干扰。苏格拉底告诉叙事对象，他想让摔跤学校里一个年纪大点的人说几句，但是孩子们的几个教师闯入人群，驱散了他们（223a—b）。苏格拉底在这里不仅进了死胡同，不可能再继续讨论，而且这个干扰结束了讨论，而不是像《理想国》那样用引入一个或一组新的主题让讨论继续进行，那些干扰者也不是试图控制讨论的主导权。[1]

对苏格拉底这个人物的刻画中有一个模式，可以统一在《理想国》与其他几部对话中这些看来分散的对比。在那些对话中，苏格拉底表露私下想法的地方都表明，他想要让对话保持正常进行，而且要控制对话的进行。这个任务可能也包括了努力控制他自己。其他人的插话提供了一些情景，让他可以发挥娴熟的控制技巧和即兴控制论证走向的能力；而他自己的错误，则是进一步讨论的动力。但是《理想国》中的苏格拉底却是被对话者的要求推来搡去，他让叙事对象意识到，自己要面对一些意想不到的时刻，我们这些读者可以回过头去看到，但是苏格

1　最后这点也适用于《吕西斯》207d打发走梅内克塞努斯（Menexenus）的情节。在《卡米德斯》和《情敌》中苏格拉底都没有提到有什么破坏他计划的干扰。

拉底身处其中却看不到，这些时刻从结构的角度对于《理想国》不断扩大的论证来说至关重要。

作为叙事者的苏格拉底所揭示的这些东西，与他在自己的叙事而非评论中的一个特征相吻合，那就是他其实非常不情愿讲话，这变成了《理想国》中的一个重要主题。伴随着对话伙伴出乎意料的反对，这种不情愿反复出现在《理想国》的关键点上，包括刚才考虑到的第二和第五卷的开头。

当格劳孔在第二卷开始提出挑战时，苏格拉底非常踌躇是否要接受挑战，担心自己没有办法令人满意地捍卫正义带来的好处。他的踌躇非常明显，以至于这群人感到有必要跟格劳孔一起请求苏格拉底（368b—c）。第五卷开头的插话带来了更加显著的踌躇。苏格拉底要求对话者在他开始讨论护卫者之中女性和孩子抚养的问题之前，就对他可能犯下的错误给出完全的谅解（450a—451b）。他说如果之前大家接受下来的那个更加概要的讨论能够不受搅扰，他会非常高兴（450b）。（比较457e，他告诉格劳孔，自己本想逃过证明女性和孩子的公有不仅可行而且是最好的。）《理想国》中第三个结构上的关键点是苏格拉底提出要让哲学家做王，这来自某个对话者出乎意料的提问，而苏格拉底像前两次一样表现出不情愿，只是这次苏格拉底没有对叙事对象评论自己的惊讶（471c—473b）。

不情愿讲话对于我们在其他对话中熟悉的苏格拉底来说非常不同寻常。在那些对话中，他总是不知疲倦的提问者和讨论者，只要有机会做理智上的交流，他愿意随时放下手中的任何事情（《斐德罗》227b）；他可以一直讨论到夜里很晚，熬到对话伙伴都睡着（《会饮》223d）；他会迫使自己询问的对象开溜，而他依然兴致勃勃［《游叙弗伦》（*Euthyphro*）15e］；即便是面对带有敌意的插话他也会非常高兴，只要对话者愿意继续讨论下去(《高尔吉亚》486d)。

我们不能用苏格拉底在《理想国》中提出的计划争议巨大,来解释苏格拉底的踌躇。因为苏格拉底在《高尔吉亚》中提出的一些说法也是反直觉的(比如,不义者如果受到了惩罚,会比不受惩罚更加幸福),但是他毫不犹豫,甚至是有滋有味地捍卫这些主张(《高尔吉亚》474a—c)。这个对比的部分解释在于,《理想国》中的苏格拉底比典型的"苏格拉底对话"(在其中我们看到了思想史上那个著名的充满反讽的苏格拉底,那个检审年轻人或权威人士的苏格拉底)中的苏格拉底更加不确定,也更少控制着谈话的进行。

即便如此,《理想国》的阐释者还是经常认为苏格拉底这个角色在思想上严格控制着论证的进程。至少在传统阐释里是这样认为的。

在这方面有三个传统格外明显。那些认为包括《理想国》在内的对话是为了表达柏拉图的理念论的学者(这一点与"苏格拉底对话"形成了对比,不管这个对比是创作时间上的、主题上的,还是二者兼而有之),总是会强调《理想国》积极和建设性的特点。在这里他们终于感到苏格拉底给出了能够经受考验的定义,不再是提出问题,而是给出答案,并且得出了正面的结论。如果他们关注作为虚构人物的苏格拉底,而非仅仅作为柏拉图的代言人,他们很可能会强调他的权威性。[1]

那些身处利奥·施特劳斯开创的传统中的作者不会认为苏格拉底建设性的主张是为了表达柏拉图的学说,但是他们也用自己的方式将

1　比如参见Cooper 1997, p. xvi; Blondell 2002, p. 209(在第210页的注释150提到了关于这个主题更早的学术成果)。

《理想国》中的苏格拉底看作一个支配性的和权威性的人物。他们关注的是他作为教师的任务。他们的苏格拉底是一个审慎的对话策略大师，他的对话可能进行得非常曲折，但是他总是想着对话者的利益，尤其是格劳孔。他们的苏格拉底是下对话这盘棋的大师。[1]

有些奇怪的是，图宾根学派的苏格拉底也与此相似，虽然出于不同的原因。在他们看来，苏格拉底只给对话者提供他认为他们能够接受的哲学，而没有将"未成文学说"（Unwritten Doctrine）悉数传授。与施特劳斯式的苏格拉底不同，图宾根学派的苏格拉底在对付善意的对话者，比如格劳孔和阿德曼图斯时，不使用花招和反讽；但是总考虑到他们的局限性（在这一点上与施特劳斯式的苏格拉底相似），对于他们能够接受的东西有着绝对的控制。施莱扎克（Thomas Szlezák）说："当苏格拉底处理一个问题时，这个问题会达到一个确定的结果，讨论不会有错误的转折，不会走向漆黑的小径。"根据这种阐释，苏格拉底偶然自贬不过是故作姿态而已。[2]

我们无须否认，这部对话中的苏格拉底已经对讨论的主题思考良多，并且在讨论的进展中带有前瞻性。苏格拉底自己也承认了这一点，在他跟对话者回顾讨论的进程时，他说他关于护卫者中女性和孩子抚养的论述，以及护卫者必须是哲学家的论述的细节，在一开始"遮掩住了颜面"（503a），他还解释这样做是因为预见到，并且试图避免纠缠于一个漫长且极富争议的论证。[3]

但是即便如此，当我们看到苏格拉底承认自己并不确信，对于对话

---

1 Strauss 1964, ch. 2；比较Bloom 1968, Brann 1989—1990, Benardete 1989和Rosen 2005。

2 Szlezák 1985, p. 302.

3 关于这些纠缠的其他例子，参见450b, 453c, 543d—544a。

进展的方向带有尝试性，以及表达惊讶的时候（不管是对他讨论的同伴还是对叙事对象），都不该怀疑苏格拉底的真诚。

比如说当苏格拉底接受格劳孔的挑战，在询问个人的正义是什么之前先考虑城邦中的正义时，他用回顾的方式对叙事对象描述了自己的构想，说他在其中说了“他认为最好的”。这个说法似乎重复了他对谈话伙伴说过的话，在那里他谈到了他们集体认知的局限性，他说，“我认为最好是”首先来看看大字的、城邦中的字母，而非个人那里的小字（368c）。[1]

从道德转向政治，苏格拉底在这里走了一条至关重要的弯路。正是因为这个决定，我们今天看到《理想国》出现在了图书馆政治科学的书架上。但是苏格拉底能够在多大程度上预见这个命运呢？让我们假设这一步是策略性的，不仅仅是因为他明确说出的策略（也就是面对一个困难的问题他要采取间接的进路），而且，鉴于他在后面承认他的论述曾经“遮掩住了颜面”，因为他不想在面对这些对话伙伴时，过于迅速地推进到正义问题可能导致的最富争议的问题上，这些问题虽然是他之前考虑过的，但是此时他更愿意放过它们。我们可以假设这样的策略，或者读者可能想出的其他策略，确实出现在苏格拉底这个人物的头脑之中，即便如此，他也不可能合理地预期格劳孔会插入讨论，抱怨“猪的城邦”，也不会预见到波勒马库斯和阿德曼图斯会在女性和孩子抚养的问题上提出异议。也就是说他不可能预见到那些最终会决定我们面前这本《理想国》全书整体结构的事件。而柏拉图通过加在苏格拉底这个人物身上的种种意外来建构全书，则是向读者说明，我们对这部作品的阐释不该建立在苏格拉底是一个完全精于计算，有特异的策

1　eipon oun hoper emoi edoxen…dokei moi, ēn d’egō…

划能力的人物这样的假设之上。在这里真正目光敏锐的并不是苏格拉底,而是他的作者。

假设苏格拉底总是确切知道他的论证将如何进展的读者可能会认为(用另一个非常有说服力的例子来看),第四卷中苏格拉底发起的带有隐喻性的寻找正义定义的狩猎(432c—433a),完全是在戏弄他的同伴。苏格拉底邀请格劳孔加入在密林之中寻找正义的狩猎,当他发现正义的踪迹时高声呼喊,最后又责备自己没有早点看到它。有些读者可能认为这些恶作剧一般的把戏可能是为了增加格劳孔对于结果的兴趣,或者是苏格拉底式的反讽。但是这样的读者又要如何解释苏格拉底对他的叙事对象评论他发现正义踪迹时的感受呢?“之后我看到了它。‘啊,到这儿来,格劳孔。’我喊道。”

在叙述与特拉叙马库斯的交锋时,苏格拉底毫不犹豫地告诉叙事对象,他私下关于特拉叙马库斯的看法(这些看法假如公然说出,就会损害他们讨论中的和平气氛)。在这里,假如苏格拉底只是想要训练格劳孔,他也可以这样做(或者可以不表达自己的真实想法)。相反,他努力向叙事对象确认,自己第一次找到了城邦正义的答案,与他跟格劳孔说话的方式相同。[1]

如果我们按照字面意思理解苏格拉底,就能读出这些玩笑的另一种解释,这个解释指向了柏拉图这个作者,而非苏格拉底这个对话中的人物。并不是说苏格拉底从来没有想到正义是“做自己的事情”;事实上他指出,自己经常听到人们这样说,并且自己也这样说(433a)。但是在这里他第一次看到,如何将这个想法与他在这里为了满足格劳孔

1 Szlezák 1985, p. 302 和注释 81,他认为这整段话是苏格拉底以自己为代价在使用反讽,他没有考虑苏格拉底对叙事对象所做的评论。

和阿德曼图斯的要求，花了很大篇幅发展起来的关于正义城邦的论述联系起来。在这里柏拉图让读者第一次看到，他在之前的第二卷里如何仔细地搭建计划，如何埋下了这个定义的种子，它刚开始只是一个非常简单的社会效率原则——“一人一事”。苏格拉底说，现在的这个定义“一开始就在我们脚下”，并且带着懊恼的语气（“我们之前太迟钝了”）。但是柏拉图对于讨论的缓慢和迂回毫无懊恼，他带着玩笑的口吻写下了这些话。因为对于初读《理想国》的读者来说，我们很难想象他们会意识到这个定义已经临近。正义出人意料地出现在其中的那个昏暗和难以辨清方向的丛林，就是对理想城邦的详细论述，这些论述占据了《理想国》三卷中的主要篇幅。而这个华丽的狩猎类比则是柏拉图对这个作家式的精巧策略的自我庆祝。

有人可能会反对用字面的方式对待苏格拉底的话，并提出反驳：如果苏格拉底能够谨慎对待他的讨论伙伴，不在他们面前表现他全部的想法，这种谨慎为什么在面对一个新的听众——叙事对象——时不起作用了呢？也许苏格拉底对于发展这样一个关于理想城邦及其哲人王的大规模论述一点都没有感到勉为其难呢？也许他正是要抓住一切机会放大这个论述呢？也许他自始至终都知道前进的方向，而只是对他的叙事对象使用了他前一天用在格劳孔和阿德曼图斯身上的手法呢？

我可以给出两个论证，表明这个看法并不可信。首先，在所有苏格拉底作为内在叙事者的对话中，叙事对象都没有作为一个人物出现。不仅是说这些叙事对象是外在的而非内在的，也就是说他们在所叙述的内容里面没有发挥任何作用；而且是说柏拉图没有给他们名字或性质。间接的论证可能给出一些关于叙事对象的推论，比如，《卡米德斯》的叙事对象应该知道凯瑞丰（Chaerephon）是谁（153b），而且当苏格拉底提到自己往卡米德斯的袍子里面看的时候，他应该是带着熟悉或嘲讽的味道在跟叙事对象讲话（155c—d）。但是这种刻画最多也就是模糊的（刚才给出的例子事实上已经是最好的了）。这些以内在方式叙述的对话，完全没有像展示对话者的性格特征那样展示叙事对象的特征。而没有了这种叙事对象的个体性，苏格拉底的教学也就失去了意义。既然不能构建起合理的场景，让苏格拉底可以对叙事对象复制他所叙述的教学方法，那么我们就只能给苏格拉底这个叙事者赋于柏拉图这个作者的全知（omniscience）了，但是这样的重叠看起来是任意的，而且我们也很难理解这样做意义何在。

第二个论证来自与《欧绪德谟》（*Euthydemus*）的比较。这个对话表明，柏拉图如果愿意的话，可以调动哪些资源来表明苏格拉底是一个不可靠的叙事者。在由苏格拉底和克里同（Crito）组成的框架对话之内，包括了一个苏格拉底作为内在叙事者的对话，克里同在对话中完全是有血有肉的，而且是柏拉图经常提到的苏格拉底的伙伴。似乎是为了防止我们忘记他作为叙事对象的存在，在对话过半的时候，他打断了叙述，质疑苏格拉底叙述的可靠性（290e）。在《欧绪德谟》中，苏格拉底直接告诉克里同的自己关于欧绪德谟和狄奥尼索多罗斯（Dionysodorus）这两个江湖骗子惊人智慧的看法，和他在叙述中对他们的赞美完全不同，这颇具反讽意味。[1]在这部对话中，苏格拉底一直没有从暗中走出来。通过精心刻画苏格拉底的叙事对象，柏拉图将这一点表现得非常清楚。这个技巧和他在《理想国》的叙事中采用的大不相同。

我们可以看到，在《理想国》中，柏拉图努力将他对叙事的控制区

1 比如，比较《欧绪德谟》303a—c 和 304b—c。

别于苏格拉底这个内在叙事者的控制。柏拉图是一部史诗规模的虚构故事的作者，他必须要时刻考虑整体的复杂结构，他不仅可以在这张网里编织进宏大的主题，而且也可以编织进可能要间隔很长时间才会重新出现的微小动机，因为他知道自己在为一些可以进行研究和再研究的读者写作。（即便柏拉图在古代的"读者"大多数是"听众"，这一点也依然成立，因为他们可以重听，就像《斐德罗》263e—264a提到的那样。）

而另一方面，苏格拉底这个人物，既不是在讲虚构的故事，甚至也不是在进行艺术性的演讲。他只是在给一个或一些我们不知道名字的人讲述他在前一天进行的一场哲学谈话，就像我们可能对一个熟人讲述一场新近谈话的主干，我们可能会直接复述原话，用很多"之后我说"、"之后他说"之类的词汇。（苏格拉底这个复述的规模在现实生活中会显得非常荒谬，我很快会回到这个问题。）他的情况非常不同于他的弟子们有意识地重演苏格拉底过去的谈话，从而让它们可以保存下来，比如《会饮》中的阿波罗德罗斯（Apollodorus）、《巴门尼德》（*Parmenides*）中的安提丰、《泰阿泰德》（*Theaetetus*）中的欧几里得（Eucleides）。这一点在《理想国》的第一句话里就已经给读者交代清楚了。苏格拉底提到自己叙述的谈话就发生在"昨天"。（《卡米德斯》和《欧绪德谟》的第一句话也提到了如此短暂的时间间隔。）苏格拉底的情况也不同于，比如说《斐德罗》中的斐德罗，他在那里要求得到允许，就他所能记住的程度，背诵早上听到的吕西阿斯关于爱欲的演讲（《斐德罗》228d）；因为这里是一个技艺高超的谈话者试图对抗另一个。而在《理想国》的苏格拉底那里，不管是原来虚构的谈话，还是之后虚构的叙述，都不是一个艺术事件。

虽然它本身不是艺术性的，但是苏格拉底的叙事确实包括了希腊思想中现存最早的关于叙事艺术的理论，这个理论以一种惊人的方式与他作为内在叙事者的情境相关。它出现在第三卷中，对护卫者教育的讨论转向了叙述的形式。柏拉图让阿德曼图斯对苏格拉底开始做出的区分表示不解，以此标志了这个问题的新颖性（392c—d）。

苏格拉底说，诗人可以用三种不同的叙述手段来讲自己的故事：简单叙述、模仿，以及这两者的结合。阿德曼图斯的不解迫使苏格拉底给出例子来解释自己的意思。他说，以《伊利亚特》的开篇为例，荷马首先说到了作为诗人的自己；他没有努力让我们认为听到的声音来自其他人。之后他将先知克吕塞斯（Chryses）引入故事，并且给出了先知恳求希腊人时说的话，荷马尽其所能让我们相信，我们听到的声音不再是荷马的，而是他笔下的人物克吕塞斯的。这就是结合了简单叙述（荷马作为他本人讲话）和通过模仿的叙述（荷马模仿克吕塞斯）。为了让自己的意思更加清楚，苏格拉底进而将《伊利亚特》的整个开场都说成是简单叙述（也就是我们所说的间接叙述）（393a—394a）。这段话结束于提到通篇只用一种叙述形式的例子，或者是完全通过模仿，比如悲剧和喜剧；或者完全是简单叙述，比如某些种类的抒情诗（394b—c）。

苏格拉底的分析看起来既严格又全面，但是他对于荷马例子的使用——他承认自己以偏概全（392d）——确实带有致命的局限性。他的分类漏掉了一种叙述形式：那就是他本人（也就是作为虚构故事中的人物的苏格拉底，讲话时的叙述形式）。《理想国》是由一个内在的叙事者讲述的，而荷马史诗是由一个外在的叙事者讲述的（作为叙事者他本人并没有参与他所叙述的事件）。假如我们要反对说，《理想国》至少作为一个混合的叙述与荷马史诗相似（同时运用了简单叙述和模仿），我们就会发现，如果不改变苏格拉底在理论中使用的概念，就无法实现这个比较。

苏格拉底将混合叙述中简单叙述的要素定义为，诗人作为自己，用自己的声音讲话（或者作家作为自己，用自己的声音写作）；而他将其中模仿的要素定义为，诗人讲话时好像是另外一个人。而作为剧中人物的苏格拉底似乎与荷马一样，通过混合简单叙述和模仿来讲述自己的故事，但是他虽然运用了他人的声音，却同时还模仿了自己的声音，引用了自己在讨论中说过的话，而这违背了他关于模仿的定义，而且是荷马这个外在的叙事者从来没有做过的。除此之外，苏格拉底是一个虚构故事中的人物，他不像荷马那样是创作了这部用他自己的声音叙述的作品的诗人。因此我们也不能说苏格拉底运用了简单叙述[苏格拉底对《伊利亚特》的开篇给出了他散文体的版本（393d），这应该是在说他并非诗人，这一点看起来非常重要]。

如果我们想要挽救苏格拉底的理论，是不是可以说《理想国》整体而言就是一个通过模仿的叙述呢？不管怎样，整体而言，它可以被看作是苏格拉底这个人物说出的一篇单一而巨大的讲辞，他的声音代表了作者柏拉图的声音。[1]但是这种思路并不符合苏格拉底自己划定的范畴。他将纯粹模仿的叙述说成是抽走了作者的声音，而只留下人物直接的对话。因此阿德曼图斯立即得出结论，悲剧应该是这样的例子（394b）。这样看来，苏格拉底对于这几种范畴的表达就没有预见到《理想国》中模仿性的叙述，在其中作者的声音不是从对话之间被抽掉了，而是从这单一的独白周围被抽掉了。用苏格拉底的话说，它似乎是一个混合的叙述，大部分是模仿。[2]但是严格说来，它并非如此，而是某种

1 参见Clay 1994，p. 47；比较Morgan 2004，n.7和Blondell 2002，pp. 238—239。

2 在这个问题上，当普罗克洛斯（Proclus）说《理想国》是一个混合的叙述时，他将苏格拉底作为作者，暂时忘记了苏格拉底本人是这部作品中的一个人物（Proclus，*In Platonis Rem Publicam*，ed. Kroll，14.26—15.11），这一点很有启发性。

不同的东西。

事实上，它是希腊文学史上相当新颖的东西。不仅是像荷马、赫西俄德这样的史诗作家，而且是像萨福（Sappho）、品达之类的抒情和合唱诗人，在他们提到“我”的时候，都是指他们自己。（如果愿意，你可以称之为诗人的“面具”，这并不影响我们将它与柏拉图进行对比。）同样的情况也适用于柏拉图的同时代人，色诺芬和伊索克拉底创作的虚构散文作品。用不同于作者的第一人称写作的虚构散文作品在柏拉图之前也有先例，但都是一些归于神话人物或者假想人物的独白，比如高尔吉亚的《帕拉墨德斯》（*Palamedes*），或者安提斯梯尼（Antisthenes）的《埃阿斯》（*Ajax*）和《奥德修斯》，或者安提丰的《四联演说》（*Tetralogies*），或者被归到吕西阿斯名下的《论爱欲》（*Eroticus*，因为柏拉图在《斐德罗》中提到了它）。[1]最后一个例子清楚地表明，这些虚构作品都完全不同于由作品中的一个虚构的参与者用第一人称叙述的对话。这样看来，用内在方式叙述的对话，尤其是为了“苏格拉底对话”，这个新的文体才被创造出来的。[2]

这样，苏格拉底没有将内在叙事的对话包括进他对叙述的分类学就没有什么奇怪了：在他提出这个理论的对话中的戏剧时间，内在叙事的对话这种文体根本还不存在！柏拉图当然很容易就可以让

1 亚里士多德在《修辞学》3.17（1418b28）告诉我们，阿基罗库斯（Archilochus）用某个人物的名义写了两首诗，但这还是某个人物的独白。柏拉图在《大希庇阿斯》（*Hippias Major*）286a中提到的希庇阿斯的《特洛伊对话》（*Trojan Dialogue*）已经遗失；但是从柏拉图的描述来看，它不大可能是用内在叙事的方式写就得。

2 我们不能确定是柏拉图本人开创了这种形式。斯菲托斯的艾斯奇尼（Aeschines of Sphettos），一个柏拉图的同时代人，也用了这种形式来写作他的苏格拉底对话《阿尔西比亚德》（*Alcibiades*），我们并不清楚它准确的创作时间。关于艾斯奇尼，参见Kahn 1996，p. 19。Halperin 1992，p. 95指出（但是没有发展）在有内在叙事的柏拉图对话与荷马和史家使用的外在叙事之间的对比。

苏格拉底预见到它，就好像在第七卷他让苏格拉底看向未来，预见到由泰阿泰德和其他人在柏拉图学园中发展起来的立体几何方面的新成就（528a—b）。在讨论叙述形式的时候，柏拉图选择不这样做，其实是宣告了一种柏拉图的诗学，指导读者如何理解《理想国》这个叙述。柏拉图好像在说："你们看到，我笔下的人物苏格拉底，对于我让他成为叙事者的这个作品中的叙述形式完全无知。他的理论是不完全的。如果你们想要完整理解我提出的叙述分类学，就应该不仅考虑我让苏格拉底说的，而且还要考虑我在让他和其他人说他们所说的话时想要做什么。你们不要只阅读这个关于叙述分类学的讨论，还要阅读整个作品。永远不要忘了，苏格拉底只看到了那些我让他看到的东西。"

与其他有内在叙事的对话相比，《理想国》的篇幅超乎寻常。在柏拉图之前的希腊文学中，只有一个内在叙事的长度和它有一点可比性，那就是荷马《奥德赛》的第九至十二卷。[1]在这几卷中，奥德修斯用第一人称在阿尔西努斯（Alcinous）国王的宫廷上讲述了他在从特洛伊回家路上的历险。但是《奥德赛》整体的叙述形式完全不同于《理想国》，奥德修斯的内在叙事是一个故事中的故事，而这个外面的故事立足于荷马更大的外在叙事。但是不管怎样，柏拉图似乎一再让读者注意到在苏格拉底和奥德修斯的叙述之间的平行关系。因为正像很多人注意到的，《理想国》中充满了《奥德赛》的主题，从一开始"下到"比雷埃夫斯港（就像奥德修斯下到冥府），到苏格拉底在最后坚持他要讲述的神话（也就是厄尔的神话），"不是阿尔西努斯的故事"（614b），这恰恰是人们称呼

1 Blondell 2002，p. 17 n.46 也注意到了这个平行关系。

《奥德赛》第九至十二卷的名称。[1]苏格拉底在不经意间坚持这一点是正确的，因为不是当他从外在的角度讲述一个关于来世的神话，而是当他从内在的角度讲述前一天发生在比雷埃夫斯港的经历时，才是他在讲述自己的“阿尔西努斯的故事”。苏格拉底并不是诗人，就像奥德修斯不是诗人；苏格拉底像奥德修斯一样，是一个讲故事的英雄；像奥德修斯一样，苏格拉底也因为自己言辞方面的技巧而闻名。诗人是荷马，是柏拉图。

柏拉图通过这个与奥德修斯的平行（也就是通过苏格拉底对此的毫不知情），实现的一件事，就是宣告他在叙事上对苏格拉底这个人物的控制。另一件事则是《理想国》史诗般的规模。奥德修斯用《奥德赛》的整整四卷来面对听众。虽然他本人并不是诗人，但是他讲话的时间和地点都与游吟诗人取悦阿尔西努斯宫廷的时间和地点相同，并且事实上因为阿尔西努斯的邀请，他代替了游吟诗人。从那么远处牵动这样一条令人着迷的线索是一个冒险的举动，但是对于那个讲述者和他所处的情景而言都非常合适。因此荷马可以在第十一卷中打断奥德修斯，让我们暂时回到阿尔西努斯的宫廷，回到构成叙事框架的那种现实主义之中。与此对比，苏格拉底更要消耗读者的精力，他用一条连续的记忆链条，制造了这样一个长达十卷的讨论，这不仅考验读者的品性，而且考验他们的信念。

这样我们就不会惊讶于柏拉图在《理想国》的前几卷里关注苏格拉底如何讲述自己的私下想法和反应（第一卷所包含的这类说法比其余九卷加起来都多），因为只有这些说法能够让读者意识到叙事对象

1　关于《理想国》中奥德修斯主题的详细论述，参见Howland 1993，Brann 1989—1990和O’Connor 2007。

的存在。他让读者在第五卷开头暂时停下，在那里苏格拉底讲述了波勒马库斯和阿德曼图斯的反对，从而干扰了他按照计划的顺序推进讨论。[1]从那往后，苏格拉底叙事的声音就没有再出现。除了言辞上的标记之外，他三次简短地描述了格劳孔的反应，但是没有再提到他对当时情景的私下想法和反应。[2]

柏拉图选择让这种叙事之声消失的时机并不是偶然的。我们看到，在第五卷开头，讨论的进程决定性地脱离了苏格拉底的控制，《理想国》呈现出结构上的复杂性，这种复杂性只能是作者而非叙事者的创造。苏格拉底的声音退却了，而柏拉图强有力地让我们感到了他的出现。[3]

我之前说到，剧中人物苏格拉底在叙述前一天发生在克法洛斯家的讨论时，并没有使用艺术性的言辞。对此，有人可能会提出反对，指出苏格拉底并不是单纯汇报了那场讨论，而是对它进行了编辑加工，使它更加流畅。我们可以用开场作为例子。苏格拉底说，当波勒马库斯"从远处"看到他和格劳孔，就让他的奴隶跑过来抓住他们，命令他们等会儿（327b）。很显然，苏格拉底不可能听到波勒马库斯给他的奴隶下

1 在第五卷之前苏格拉底提到自己私下想法的全部地方如下：第一卷327a—c，328b，329d，336b，338a，342c，342d，342e，343a，344d，350d；第二卷357a，362d，367e，369c，375d；第三卷没有；第四卷432d。

2 柏拉图在451b，508c（我认为这里更多是在描述格劳孔的爆发所带有的幽默性质，而非苏格拉底的回应）和608d描述了格劳孔的反应。苏格拉底在487d的说法，"当我听到这个，我说……"标志了这个时刻的重要性，但是没有揭示任何私下的想法。

3 这个时机的另一个结果也值得注意：柏拉图在《理想国》四卷之后，结束了苏格拉底私下的想法，这与《奥德赛》中奥德修斯进行内在叙事的卷数是一样的。[这首先确保了传统的《奥德赛》各卷的划分发生在庇西斯特拉图斯（Pisistratus）时代；第二，《理想国》的十卷是柏拉图自己的划分。我们可以对这两个说法给出论证，但依然存在争议。]

命令。(当苏格拉底转身观看时,甚至看不到波勒马库斯在哪里。)他是在回顾性地推论这个行动。但是他并没有说:"波勒马库斯一定是告诉他的奴隶追上我们,因为……"他省去了这个推论,只叙述了结果,在这个意义上,他确实像一个全知的叙事者。[1]

但是苏格拉底回溯性的编辑加工的主要部分,是指向特拉叙马库斯的。其中一点是,特拉叙马库斯是《理想国》里唯一一个柏拉图用间接引用的方式记录了一些回答的对话者(比如"他勉强地同意了",342e)。更重要的是,苏格拉底两次指出,他对讨论的叙述比实际发生的更加流畅。当特拉叙马库斯在336b闯入苏格拉底与波勒马库斯的对话时,苏格拉底提到他已经数次想要闯入讨论,但是被其他人阻止了,他们想要听完苏格拉底对波勒马库斯的提问。在350d,苏格拉底提到了特拉叙马库斯的脸红,并提醒叙事对象,特拉叙马库斯在之前整个论证中表现出来的顽抗态度,他如何没有"用我这里所说的简单方式"表示同意。

苏格拉底的编辑加工在《理想国》的第一卷确实很能引起我们的注意,这一点毋庸置疑。但是也有那些注意到编辑加工痕迹的学者[2]没有看到的东西。只有在第一卷才有这种引人注目的提示,而后面几卷就再也没有出现过。当然,苏格拉底会继续提到他私下的想法,但是这些说法并不意味着叙述性的全知,它们也不意味着在"实际"事件的时间顺序与它们被叙述出来的顺序之间有所区别。此外,苏格拉底在第一卷中的编辑加工也几乎完全集中在他和特拉叙马库斯的谈话上,同时特拉叙马库斯也是唯一一个行为举止在苏格拉底私下的评价中受

1 Benardete 1989, pp. 9—10也指出了这个叙事手法。

2 除了Benardete 1989之外,也参见Blondell 2002, p. 43; Morgan 2004, p. 363。

到非难的对话者。[1]特拉叙马库斯指控苏格拉底以反讽的态度对待他（337a）；而苏格拉底对叙事对象所说的私下想法表明，特拉叙马库斯说的不无道理。[2]

在第一卷中苏格拉底的这两个特点——一个是他热衷于编辑加工，另一个是他的反讽——彼此联系在一起。而这个联系将我们带到一个阐释《理想国》时经常会讨论到的主题，这个主题直接与这篇文章开头提到的在“苏格拉底对话”中那个审慎的、掌控局面的和反讽的苏格拉底，与《理想国》之中不那么具有控制性的苏格拉底之间的对比。这个主题就是在《理想国》第一卷与后面几卷之间的对比。当然，即便我们认为《理想国》中的苏格拉底整体而言不那么具有控制性，也还是必须承认，《理想国》呈现了在一个自信、反讽的苏格拉底和一个不那么具有控制性的苏格拉底之间的对比。

第一卷中的苏格拉底是我们在“苏格拉底对话”中熟悉的那个苏格拉底，他检验对话者，发现他们缺少知识。和那些对话一样，第一卷以难题告终，问题没有得到解决。同时，与那些对话一样，苏格拉底对谈话表现出了一种反讽的姿态。[3]所有这些在接下来的几卷里发生了变化。在第二卷的开始，苏格拉底认为自己在对话中要做的事情似乎已经结束了。而事实上，是那个控制谈话的苏格拉底在对话中要做的事情结束了。因此，那个喜欢编辑加工的苏格拉底，也就是叙述中明显的控制者，要做的事情结束了。

有一些柏拉图学者在《理想国》第一卷和其余各卷的对比之中，发现了学说上的重要暗示。我们再来回顾一下之前提到的三种立场，他

1 Williams 1973, p. 204.

2 参见Blondell 2002，p. 184。

3 关于问题性对话中苏格拉底反讽的理解，Ferrari 2008做了完整的讨论。

们都认为苏格拉底用严格的理智能力牢牢控制着《理想国》的整个论证。在那些强调柏拉图的理念论带来了巨大差别的学者中，有些人认为第一卷是向那个爱提问的苏格拉底告别，从而转向第二至十卷中建设性的理论，因此为柏拉图哲学思想中一个更加教条化和系统化的阶段（或者进路）做出了贡献。[1]另两种立场（图宾根学派和施特劳斯传统），没有从第一卷和其他各卷的对比中直接得出学说上的结果。他们都强调不同的对话者之间的对比，从而间接地强化他们对柏拉图的看法。施莱扎克关注第一卷中特拉叙马库斯的敌意，与其余几卷中格劳孔和阿德曼图斯的善意，由此指出苏格拉底虽然对那些善意的对话者没有以反讽相待，但也并未知无不言，由此支持他关于柏拉图给"未成文学说"的传播施加限制的整体论题。[2]施特劳斯也认为苏格拉底对待格劳孔和阿德曼图斯这样的雅典绅士，与对待第一卷中出现的外邦人方式不同。但是施特劳斯强调，这只是一个策略，它让我们怀疑苏格拉底提出的关于理想城邦的很多建议，如果按照字面意思理解，是否反映了他真诚的看法。[3]

我的读者或许已经做好准备接受与这三种立场不同的理解第一卷与后面几卷差别的进路，我的进路关注柏拉图作为这部作品作者的任务，尤其是他创作一部史诗规模的苏格拉底对话时作家的任务。与上面三种立场中的第一种不同，我不认为在这个对比里面有学说上的暗示；与第二和第三种不同，我的关注点不是苏格拉底这个人物的策略，而是柏拉图——苏格拉底这个人物的作者——的策略。

---

1 Vlastos 1991，尤其是第4章，是这种广为流传的立场的最佳代表。对此更为完整的讨论和文献，参见Blondell 2002，pp. 209—210。

2 Szlezák 1985，p. 301以及注释74。

3 Strauss 1964，尤其是p. 85。

要理解柏拉图的策略，我们最好是从苏格拉底在第一卷中使用的辩证法与后面几卷中的辩证法的差别入手。我这里说的“辩证法”是指通过问答构建论证的技巧，这是学园哲学训练的一个组成部分，亚里士多德之后在《论题篇》(*Topics*)中将这些规则形式化。在亚里士多德描写的正式竞赛中，提问者从回答者之前接受的论题出发构建反驳，而回答者则要为这个论题进行辩护。为了保证回答者做出必要的让步，提问者要隐藏论证的进展，选择一系列间接和曲折的道路达到结论(《论题篇》155b29—157a7)。[1]

这种质询式的(inquisitorial)辩证法与“苏格拉底对话”中苏格拉底的普遍做法一致，也和《理想国》第一卷中的做法一致。[2]比如苏格拉底对波勒马库斯的询问。苏格拉底的第一步是将波勒马库斯引用的诗人西蒙尼德的道德命令转换成正义的形式定义，从而给波勒马库斯这个回答者一个恰当的论题进行辩护。当达到了“正义是给每个人应得的”这个中间定义之后，苏格拉底改变了立场：

> “天啊”，我说，“设想一个人问他：‘西蒙尼德，给予谁又给予什么应得的东西，可以让某种技艺被称为医学呢？’你认为他会如何回答？”(332c)

在提问正义之前，他还对厨艺问了相同的问题。

注疏者们注意到，苏格拉底在这个假想的问题中悄然引入了正义是某种技艺的预设，这个预设争议很大，正是它成为苏格拉底最终驳倒

1 进一步参见Smith 1997，pp. xiii—xxi。关于辩证法的系统描述，参见Moraux 1968。

2 关于柏拉图对话中苏格拉底的做法与亚里士多德辩证法的比较，参见Thionville 1983(1855)，pp. 77—85；Frede 1992；Ostenfeld 1996。

波勒马库斯的关键。但是注疏者们没有注意到，这个策略恰恰是亚里士多德向辩证法的操练者推荐的那种间接性的很好例子。

这个悄然的引入是“诱使对手接受某个说法，而关于它我们有充分的资源去加以攻击”，亚里士多德称之为“智者的策略”（《论题篇》111b32—33）。在苏格拉底诱使波勒马库斯将正义定义为某种技艺之后，就给他的反驳敞开了大门，因为他非常熟悉在技艺领域会产生什么样的困难。[1]他用来掩盖正义是某种技艺的那些例子是“通过相似性得到答案”的很好例证。亚里士多德基于两个理由推荐这种技巧：它容易让人相信，同时使得“普遍结论更容易被接受”（《论题篇》156b10—11）。当正义在一系列类比的第三位出现时，波勒马库斯就更难反对将正义看作某种技艺了，肯定比苏格拉底一开始就直接问出这个问题要难得多。至于那个普遍结论，即所有的技艺都要给对象应得的东西，苏格拉底根本无须明确说出。

限于篇幅，我们不再列举发生在苏格拉底与波勒马库斯论辩过程中亚里士多德式的技巧。但是这种考察告诉我们，苏格拉底就是为了赢得论辩。他想要让波勒马库斯坚决主张伤害敌人是帮助朋友自然而然的对立物，这一点看起来是这个年轻人走向失败前最后的骄傲（比较332a—b与334b，335e—336a）。苏格拉底毫不犹豫地运用辩证法的技巧，从而保证波勒马库斯会失败，因为要想教育波勒马库斯，就首先要磨炼他。[2]

当然，在苏格拉底与波勒马库斯之间这种质询式的辩证法，不管

---

1 比如可参见《卡米德斯》165c—166b；《拉凯斯》194e—195c；《伊翁》（*Ion*）539d—541a。

2 比较《智者》（*Sophist*，230b—d）中提到的以净化为目的的“高贵的智术”，并且注意在《斐德罗》257b中提到的波勒马库斯转向哲学。

与亚里士多德的辩证法有多少共同之处，毕竟不是《论题篇》第八卷讲的那种在裁判面前按照严格规则进行的正式竞赛。在质询式的辩证法中，苏格拉底给波勒马库斯以及其他对话者提出了比亚里士多德的规则允许的更多的开放性问题。但这只是说明柏拉图认为正式的辩证法"辩论会"［moot，这是赖尔（Ryle）用的词］读起来会非常无聊。[1]这里的不一致也并不能够说明我们不能与亚里士多德的辩证法进行比较。[2]苏格拉底是一个超级提问者，他不需要时间准备，就能给回答者提供最终会吊死他们的绳索，用他高超的即兴能力去对付任何回答。他与学校教授的辩证法之间的关系，就像福尔摩斯与刚入行的侦探之间的关系，并且出于同样的原因：因为听众不想在虚构的故事中听到乏味的现实。

在第二至十卷的格劳孔和阿德曼图斯面前，苏格拉底也没有突然失去他在惊讶和反对面前即兴讲话的能力；但他不再是为了胜过谈话对手而即兴讲话。[3]这里再次比较亚里士多德的辩证法会对我们有所启发。

在正式的辩证法演练中，回答者并不是用自己的论证捍卫他的论题（虽然他也可以从一些角度质疑提问者），他要努力不去同意他认为提问者试图让他同意的东西。而格劳孔和阿德曼图斯所处的情况则相当不同。虽然他们选择去捍卫一个苏格拉底想要驳倒的论题（也就是正义没有好处），但是他们做出的全部捍卫就是以魔鬼代言人的身份发

1 我从赖尔那里借用了这个词，目的是要反对他。因为他认为那些苏格拉底在其中发挥重要作用的质询式的对话，是从实际的"辩论会"中挑选出来的（Ryle 1966, ch. 6）。

2 我在这里反对Stemmer 1992，p. 136。

3 关于第二至十卷中即兴的要素，参见Blössner 1997，pp. 32—37。

表长篇讲话，同时明确将他们自己与这个立场脱离关系。事实上，他们说，他们捍卫这个论题仅仅是因为他们热切地想要看到苏格拉底驳倒它（358c—d，367a—b）。从那一刻开始，同意苏格拉底试图让他们同意的东西恰恰是他们所希望的。

为了回应他们的这个希望，第二至十卷中的苏格拉底变得比第一卷更加循循善诱，也更公开地进行探究。[1]虽然他依然在提出问题，虽然在任何时候，即便是在直接陈述自己观点的时候，他也要等待对话者的同意才继续前进，但是格劳孔和阿德曼图斯是苏格拉底的跟随者，加入他的探究，而不再是一个想要坚持己见的回答者。他们会说，“我们跟着呢，继续说下去”（当苏格拉底请他们跟着自己前进到下一个主题时，445c），或者问“下一步干什么”（484b）；他们甚至戏谑地模仿问答法：“当然，我和你想的一样”（500a）；“你知道僭主的生活比君王的生活要少多少快乐吗？”“你只要告诉我，我就知道了”（587b）；“那么听着，或者回答”，“请问吧”（595c）。[2]

另一方面，我们看到，他们也能够提出激烈的反对，甚至让讨论严重偏离之前的道路。至于为什么会发生这样的离题，那是因为苏格拉底不再需要牢牢地控制他的回答者，这种控制只有在一个人总是试图反对他们的共识时才有必要。

虽然看起来有些悖论的意味，但是当苏格拉底从第一卷质询式的辩证法转换到第二至十卷教育探究式的辩证法之后，他不是变得更加权威，而是变得更少权威性了。这与他明确声称的不确定性无关，而只

1 亚里士多德提到了辩证法可以实现的教育和探究目的，但是都说得非常少，我们没有办法非常确切地判断在第二至十卷中苏格拉底的做法是否与之相似。

2 比较Blondell 2002，p. 201。

是延续了我们从质询式的对话中早已熟悉的苏格拉底的无知。[1]大段的论证和解释,在其中苏格拉底似乎完全清楚自己要走向何处(比如他阐明太阳、线段、洞穴的类比,或者面对第五卷提出的“三个浪潮”,或者在第九卷论证“三个失败”),但这些都不会影响到这一点。苏格拉底变得不那么具有权威性,这表现在他不再对对话者隐藏自己的论证步骤。当然,他在一些地方也并没有知无不言,他让对话者学到的东西在很大程度上取决于他们的反对能够从他那里抽取出多少东西;但是他并没有在暗中控制他们。

在暗中控制这部对话的参与者毋宁说是苏格拉底的作者要努力实现的。是柏拉图而非苏格拉底,用严格的理智能力控制着讨论的进展;他的控制是暗中进行的,因为只有当读者在戏剧场景背后问,柏拉图让他笔下的人物说特定的话是要干什么时,这种控制才有所显现。(我们在考虑第三卷中苏格拉底的叙述分类学时看到了这一点。)他笔下的苏格拉底到底是第一卷中那个掌控局面的质询者,还是之后几卷中被抗议的风浪推来搡去的英雄,对于柏拉图这个作者来讲并没有差别,对我们读者来讲也应该没有差别。在这两种情况下,都是相同的暗中使用的手段将柏拉图作品的意义展示给我们。

但是,柏拉图构造一部像《理想国》这样规模巨大的对话时能否成功,则在很大程度上取决于在描述理想城邦及其哲人王的时候,他是否能够使用不同于质询式辩证法的方法,以及是否能够使用不同类型的对话者。《高尔吉亚》或许代表了柏拉图创作一部采用质询式辩证法结构,又能产生正面效果的对话的极限。他用来构建它的那种错综复杂的,既有建设性的讲辞又有破坏性的质询的技法,在我们看来可能比

1 参见354c,368b,450e—451a,506c,517b,533a。

《理想国》要零碎很多。放松苏格拉底作为剧中人物的控制力，是一种方式，而且是一种很好的方式，可以增加柏拉图这个作者所能控制的材料的范围。[1]在《理想国》中，柏拉图没有让苏格拉底采用亚里士多德推荐给充满渴望的辩证法家的那种采取间接、迂回的方式达到一个事先确定的目的地的方法，而是让自己抽身出来，沿着枝节丛生的、迂回的大规模叙事结构走了下去。

---

1 我们可能会奇怪，柏拉图为什么要在第一卷的写作中自找麻烦地加入质询式辩证法。一个答案可能是：因为他想要标识出写作如此大规模对话的第一次冒险，以及这一次他背离了更早的（或者如果你愿意的话，可以说是一种替代性的）信念模式——质询式对话。此外，很多学者都指出了，他在第一卷里引入和推动了很多在下面几卷中发挥重要作用的主题（比如参见Blössner 1997，p. 40和注释89；Stauffer 2001；Barney 2006）。辩证法上的对比帮助我们单独看待这个引言性的第一卷。

格劳孔的奖赏,哲学家的债务:厄尔神话

在《理想国》中,厄尔神话附属于关于正义因其自身之故值得选择的长篇论证。它表面上的目的是描述正义和不义的灵魂在来生接受的奖赏和惩罚(612b—c,614a),苏格拉底在之前为正义辩护时故意回避了奖赏和惩罚的问题。从整部作品的架构看,我们有理由将厄尔神话仅仅看作有德性者在来生的"凯旋游行",就像《理想国》的最后一句话所说的那样(621d);如果我们换一个比喻,也可以说它给正义者锦上添花。还有一种观点认为,我们可以将厄尔神话与《理想国》的论证更紧密地联系起来,它表明正义者可以在来生期待奖赏,就像他为了正义自身之故追求正义一样合情合理,它补充而非损害了对正义追求的纯粹性。[1]

在本文中,我要提出一种不同的关于厄尔神话的观点,我会考虑两

1 这是威廉·施瓦布(Wilhelm Schwabe)在布达佩斯召开的讨论这本文集的会议上,评论我的论文时提出的观点。他将柏拉图的末世论神话与康德的"实践理性公设"进行比较。

个关键性特征(上面提到的两种进路都没有考虑):首先,与其说厄尔神话叙述了正义的奖赏,不如说它叙述了正义奖赏的逻辑或系统;第二,这个神话不仅是对格劳孔说的,而且特别适合他的品格和心智状况。它向我们表明,在正义的奖赏问题上,他的品格和心智状况存在局限,同时表明《理想国》的大部分论证,必须要在那些局限划定的范围内发挥作用。因此,在我转向厄尔神话本身之前,大部分讨论都会集中于神话的前言,讨论格劳孔对它的态度。

在《理想国》第二卷,正是格劳孔迫使苏格拉底在为正义的价值辩护时不考虑它的社会奖赏。但事实上,格劳孔虽然鄙视那些仅仅为了奖赏追求正义的人,却绝非不关心这个奖赏。事实上,在厄尔神话前言的开始,苏格拉底再次提到了他的这个特点。苏格拉底完成了对诗歌的批判,并且宣告了对诗歌造成恶劣影响的最终判决:"亲爱的格劳孔,成为好人或坏人是一场重大的竞赛,比看上去更加重大。我们不要被成功、金钱、权力,甚至是诗歌误导,忽视正义和其他德性"(608b)。格劳孔承认确实如此,就像一个人承认有说服力的论证那样,很客观、很公正,但是却没有什么热情:"根据我们今天说的,我同意。而且我想任何人都会同意。"作为诗歌和音乐的热爱者和行家(398e,548e,601b),格劳孔在同意将悲剧和喜剧逐出理想城邦时做出了牺牲,苏格拉底将这种情形比作一场浪漫的爱情故事因为其中一方而被迫中断,因为那一方认识到这对他有害(607e),这个比较还应该让我们想起《理想国》中提到的格劳孔在爱情方面的瓜葛和他充满爱欲的本性(368a,402d—e,458d,468b—c,474c—475a)。只有诉诸他内在的高贵,也就是他对内在价值的感觉(608b),才能克服他对驱逐他所热爱的诗人自然而然的不情愿。

但诗歌并非苏格拉底提到的追求内在正义的唯一障碍。他还提到了成功、金钱和权力,这些都是过习俗中的好生活所需要的社会奖赏,但是如果它们中的任何一个被当作目的本身来追求,都会具有腐蚀作用。提到这些习俗中的奖赏,让苏格拉底过渡到来生中正义的回报:"我们甚至还没有提到德性的最大奖赏和奖励"(608c)。格劳孔回答说:"你的意思肯定是比我们能想象的更大,如果有比刚刚提到的那些更大的奖赏的话。"格劳孔在这里特别关注的是诗歌,即便如此,柏拉图还是提醒我们注意,他是一个贵族,完全理解社会中最显赫的阶层的生活中充满诱惑。[1]

我们不该惊讶于格劳孔如此钟情于社会奖赏。早在第二卷中,他就曾打断苏格拉底对健康城邦的描述——在那个阶段还是一个简单的乡村共同体,抱怨说那里缺少一切文明的舒适便利,只适合猪(372d—e)。他的介入促使苏格拉底另外考虑一个更精致和奢侈的城邦,在那些奢侈品中尤其包括了剧院和艺术(373b)。但是接下来当苏格拉底将一些奢侈品从这个城邦中清除出去,特别是给诗歌和音乐加上了严苛的限制时,格劳孔却非常热切地赞成他的提议(399e,404d—e)。这表明他开始的抱怨并非因为他需要舒适的生活。恰恰相反,乡村共同体缺少而格劳孔要求的是某种艰辛,是虽然困难但宏大而荣耀的事业能够得以实现的舞台。[2]格劳孔不止想要让正义的生活得到肯定,他还想听到它被赞美和获得荣耀(358d)。他宁可成为赞颂的对象,而不愿

1 因此奈特西普错误地反对这个过渡的突然性,他的理由是:"正如它们暗示的,柏拉图并没有讨论正义在地上的奖赏"(Nettleship 1901, p. 355)。不幸的是,我在本文较早的版本中也犯了同样的错误(法译本收于Dixsaut ed. 2005)。我感谢威廉·施瓦布使我得以避免这个错误。此外,他对我之前关于格劳孔对正义奖赏看法的论述提出的批评,使我在这里提出了大不相同的论述。

2 Craig 1994, p.117谈到了格劳孔的这一点:"他完全乐意成为一个禁欲的勇士—统治者,而不愿意成为一个禁欲的农民或店主。"

意成为颂词的作者(599b),因此他愿意接受的对艺术的限制超出了任何诗人或音乐家可以容许的范围。事实上,他**曾经确实是**赞颂的对象,苏格拉底引用了一句由他的追求者写的诗(368a)。赞美的是格劳孔在战场上的英勇气概,这也提醒我们,除了剧院之外,乡村生活中缺少的另一个重要元素——军事元素。猪的城邦没有给战争中的英勇气概提供机会。在这种情况下,格劳孔毫不畏惧艰辛的工作和奋斗。他喜爱节制(当苏格拉底在430d试图避开这个主题时,他表示反对);他鄙视那些因为懒惰或心灵的衰弱而苟且的人(504c)。他兄弟说他争强好胜(548d),这出现在讨论热爱荣誉的语境之中,胜利被看作是更加积极和费力的目标。

格劳孔鄙视的显然不是正义的奖赏,而是习俗中追求这些奖赏时的虚伪。他非常乐意看到正义得到认可和荣誉,但那必须是真正的正义,而不仅仅是正义的外表。得到认可和公开展现的必须是高贵灵魂的美。这也是他为什么将诗歌看作正义的奖赏,并强调颂词的重要意义;这也解释了为了劝说苏格拉底给正义应得的颂词,他为什么甚至愿意为了论证之故暂时牺牲美丽灵魂的可见性(visibility)。他想要苏格拉底赞美完全正义者的生活,即便他的正义完全没有得到认可,他反而被当作十足的恶棍。在格劳孔看来,只有这样我们才能确定这个人在追求正义的时候不是出于大多数人的虚伪,那些人认为正义虽难,但却可以因社会奖赏的甜蜜而变得合意;即便没有甜蜜的奖赏,至少也可以因为没有社会制裁之虞的安全平淡而变得合意,在此他们的虚伪还混合了懦弱(359b,360d)。这样的人会愿意(如果他们敢的话)用带有欺骗性的正义外表获得那些奖赏或安全(361c,358a)。大多数人与格劳孔的不同在于,他们不能接受追求正义和德性的艰苦本身(而不仅仅是其外表)是美的。这是一种值得认可和赞赏的美。这样看来,因为否认了正义应得的认可,即便他的目的是为了用别的方式保全它,格劳孔也已经在某种意义上对正义犯下了不义。

在第二卷中格劳孔愿意放弃德性之美的可见性,可以与他后面关于陷入爱情的生动评论进行比较。当苏格拉底在第三卷402d中说,一个懂音乐的人(在398e他刚刚说格劳孔是这样的人)不会爱那些灵魂之美没有与身体之美和谐地结合在一起的人,格劳孔反对说这样的人只是不爱那些灵魂有缺陷的人,“如果有一些身体上的缺陷,他还是会容忍,并且愿意去爱他们”。格劳孔的插入让苏格拉底猜测格劳孔本人是不是有过或者正在经历这样的爱情。我们再次看到格劳孔愿意放弃内在美的外在表现,但前提是一定要有一些他迫切想要的东西使这种牺牲变得值得。苏格拉底的猜测表明,他不认为格劳孔在谈论抽象的问题,也不会随意放弃身体之美。除非格劳孔有其他的目的,否则他不会“容忍”这个缺陷。在第三卷中,格劳孔不顾一切想要的是某个男孩;而在第二卷中,格劳孔不顾一切想要的是听到对灵魂内在之美的赞赏,为此他有时可以让自己充满爱欲的本性做出妥协。他需要被说服,这样的牺牲是值得的。因此他也要迫使苏格拉底做出类似的妥协:他要求苏格拉底仅仅因为灵魂之故赞赏正义之人,而不管正义外在的和社会性的表现,虽然这种可见性本身足以给他赢得那些服从习俗者的认可,就像男孩身体的美足以赢得那些不像格劳孔那么独特的追求者的认可。

格劳孔在情事中其实想要二者兼顾——男孩的身体之美与灵魂之美相和谐,以此让灵魂之美变得可见。这一点我们可以从第五卷的讨论中清楚地看到,在那里格劳孔热情和富有想象力地参与到苏格拉底引入的一个主题之中,就是要奖赏那些(像格劳孔一样)在战斗中表现杰出的人。奖赏是年轻同伴们的吻(468b—c),格劳孔不由自主地补充说这个胜利者还应该被允许亲吻任何他选中的男孩或女孩，不用害怕遭到拒绝。除了正义者灵魂的内在之美以外，格劳孔有多么想要得到正义外在的可见性，以及伴随可见性的奖赏，这一点我们可以在向厄尔神话的过渡中清楚地看到。

我说过，因为在第二卷中剥夺了对正义的认可，格劳孔对正义犯下了不义。将应有的可见性重新赋予正义的时刻来临时，他似乎还对那个不义念念不忘。

我们首先来考虑苏格拉底如何重新引入正义的奖赏问题。既然他已经满足了格劳孔的要求，证明了正义因为对灵魂产生的效果而优于不义，而无须考虑它带来的奖赏或评价，那么如果他进而重新将那些奖赏赋予正义，也就没有什么好反对的了，或者像他说的"没有什么好嫉妒的了"(612b—c)。这样说非常令人惊讶。在这场讨论中有人嫉妒过正义者获得正义的奖赏吗？[苏格拉底这里用的词anepiphthonos(嫉妒)并不常见，在柏拉图的作品中只在另一个地方出现过——《智者》243a。]格劳孔在第二卷中的思想实验非常接近某种嫉妒，这种态度引起苏格拉底带着警惕打断了他的话。格劳孔在那里宣称，让这个人的正义"在火中得到试炼"，让他忍受最坏的不义带来的污名而不会"变得软弱"，他虽然正义之极，但是却让他整个一生都经历那样的生活，致死没有出头之日。这样再将他与相反的极端(也就是一个恶棍成功地隐藏了恶行)并置，之后"做出判断，看谁更幸福"(361c—d)。

在格劳孔的说法中有挑衅的成分，他在刺激苏格拉底坚持某种看起来不可能坚持的观点，即正义者可以在如此困境中依然幸福。他可能坚定不移，可能坚持到最后，但是他可能幸福吗？格劳孔看不出这怎么可能，虽然他希望如此(358c—d)。因此在他提出的挑战中有某种几乎带着嘲讽的怀疑论味道，好像把所谓的正义者钉在了桩子上等着被折磨（参见361e），然后说："我们倒要看看谁更幸福！"让我们称奇的是，苏格拉底在格劳孔宣泄一番之后惊呼："救命啊（babai）！你干了一件强有力的工作，亲爱的格劳孔，洗净了我们的两个竞争者，让他们准备好接受裁判，就像洗净雕塑那样。"

苏格拉底显然认为格劳孔过于严厉；而格劳孔本人，即便在用生动和富有想象力的细节描绘他的思想实验时，也显出某种内疚的迹象，不是一次而是两次对此表示歉意，第一次是在他讲话的开始（358c），第二次是将正义者交到折磨者的手上时（361e）。但是苏格拉底并没有完全接受格劳孔将自己与想象完全脱离的努力。苏格拉底说，假如不是考虑到格劳孔在公共生活中的德性和良好表现，假如仅仅从格劳孔的讲话判断，他会怀疑格劳孔是否真像他公开宣称的那样相信正义优于不义（368a—b）。苏格拉底从格劳孔的讲话中听到了什么呢？难道不是格劳孔虽然感觉自己应该可以，但是不确定仅靠对自己德性的意识（也就是没有得到公共的承认）是否能够维持个人的幸福吗？［在强调自己不相信不义的生活优于正义的生活之后，格劳孔紧接着承认自己有所怀疑（aporō），358c。］如果不是因为怀疑，他为什么要对正义者如此嫉妒，为什么要那么极端地怀疑如果正义者被给予了任何社会奖赏他们的动机就必然受到指摘呢？一个不能用恰当的方式看待那些奖赏的人才会这样想。而那种正确的看待方式属于哲学家的领域，他能够用泰然自若来处理正义的社会奖赏。

哲学家不需要远离正义的社会奖赏就能让自己的道德动机清晰显现。他生活的动力，不管是道德的还是其他的，都是他对知识的激情（485d），这种激情本身会带来奖赏和好处，与习俗中德性的奖赏大不相同（521b）。我们无须怀疑他会因为哲学生活带来的社会奖赏去从事哲学生活，因为那种生活根本不会给他带来任何社会奖赏；如果说能带来什么，那也是社会惩罚（473e，489a，487d）。但是没有必要通过剥夺哲学家的社会奖赏来推论他动机的纯洁性，这似乎与格劳孔洗刷正义者的雕像非常接近，让人很不舒服。因为除此之外，哲学家在任何情况下都对财富和政治声望之类的奖赏没有兴趣，他们有更宏大和高远的理想要去追求（485e—486d，521b）。此外，他可靠地坚持习俗中的正义，是因为他确定无疑的哲学激情，这种激情使他自然（他坚信自己的自然得到了恰当的培养，491b—492b）就抗拒那些将他人引向歧途的诱惑（486b）。

格劳孔显然明白哲学家不喜欢习俗中的成功或政治上的显赫；事实上他主动提出在美丽城中哲学家承担起政治权力是因为那是某种“必要”的东西（520e），出于某种义务感，而非热情。格劳孔虽然明白这一点，但是当苏格拉底提出这样的人不仅将权力看作某种“必要”的东西，而且不会认为它“美”（kalon）时（540b），他还是在这种前景中看到了某种美的东西。苏格拉底说，当哲学家体面地结束了自己君王的义务，他会得到应得的荣誉，并且在死后被人铭记，被当作半神，至少被当作“幸福的、像神一般”的人（540c）。对此格劳孔高呼：“苏格拉底，你塑造了多么美丽的（pankalous）统治者啊！就像雕塑家一般。”哲学家会将他们的义务当作某种不可避免的东西予以接受，而格劳孔也带着类似的精神，将它当作推理不可避免的结论予以接受（他说像他们那样的正义者“不可能”拒绝，520e）。但是真正点燃他热情的是，正义者不仅享受美丽的灵魂，而且享受因他们的灵魂之美而得到的公共认可之美。作为哲学家，他们（至少在私下）不在乎这种认可，但是格劳孔绝非不在乎。这是他最愿意亲手雕刻的雕塑。苏格拉底似乎非常完美地完成了他的雕塑，却没有用格劳孔之前的那种严厉，因此他安抚了格劳孔满怀内疚的良知。

即便如此，这种良知还是非常敏感，当重新将奖赏归还给正义的时刻来临时，苏格拉底有意再次刺痛它。苏格拉底并不满足于指出，现在没有理由反对给正义适当的公共可见性，而是直接挑战格劳孔的记忆力。他问格劳孔是否还记得如何迫使自己做出让步，让正义者被诸神和众人当作不义者，尽管这个让步极端不可能，苏格拉底还是为了论证之故接受了（612c—d）？格劳孔回答说："如果忘了，我就是做了不义（adikoiēn）。"正义者会做正义要求他做的事，就像格劳孔说的哲学家那样（520e）。但是他的语气听起来更像是希望人们忘记这种令人难堪的回忆。[1]随着对话从他认可的正义转向好人与坏人正义的报应，格劳孔也变得不那么讳莫如深，而是更加积极起来。当苏格拉底提议除去之前做出的让步，格劳孔回答说："这个要求是正义的（dikaia）"（612e）。当苏格拉底问，如果他们之前谈话的情形被完全倒转，格劳孔是否可以"容忍"或"忍受"（anexēi，613c；在613e再次出现），也就是他之前给不义者的奖赏现在都归正义者，而之前正义者所遭受的惩罚现在都加给不义者，格劳孔愉快地接受了："我当然可以忍受，因为你这样说是正义的"（613e）。考虑到结果，这是一个他很愿意忍受的"惩罚"。当苏格拉底说还要在来世倒转奖赏和惩罚，格劳孔就更加高兴了（他在614b说，"几乎不会有什么比听到这个更让我快乐了"），因为在他自己的讲话中没有提到正义者的来世，因此他也就更没有什么要自责的了。

事实上当他使用正义与不义的语言去描述在第二卷中与苏格拉

1　他对苏格拉底"你难道不记得"的回答不是"我当然记得"，就像我们在第八卷开头看到的，对话者非常热切地凭记忆重述第四卷结尾处的大段讨论（543b—544b）。关于格劳孔良好记忆力的更多例子可参见441d—e，480a，537a；而失误非常少见：474c—d，519e—520a。

底关于那个让步的讨论，以及现在将可见性重新归还正义者时，格劳孔都跟随着苏格拉底隐喻式的引领。在612c苏格拉底将这两件事说成是需要偿还的债务。在要求把奖赏“归还”给正义时（这里的动词是apodounai），苏格拉底让格劳孔“归还”（同一个动词apodōsete）之前从苏格拉底那里“借走”的让步。苏格拉底进而将自己说成是为正义讨债（612d—e）。在这部分的结尾，被重新提及的隐喻有了一个新的形式，那些在来世等着正义者和不义者的奖赏被说成是“论证亏欠（opheilomena）他们的”（614a）。

用关于正义的语言描述偿还应该偿还的东西非常自然，“偿还或归还一个人亏欠的东西”恰恰是《理想国》中第一个正义的定义。[1]苏格拉底从克法洛斯那里，也就是商人的直觉中，得出了这个想法的某个版本，而克法洛斯的儿子波勒马库斯很快将它变成了正式的定义（331e）。但是《理想国》的论证超越了债务中的正义，也就是将履行的义务或服务加总，计算亏欠了什么，要求偿还和应得的奖赏。取代它的正义是灵魂的美丽和健康（444d—e），这个概念使得格劳孔大为振奋，以至于在第四卷中叫停了讨论，因为他已经听到了他需要听到的一切（445a—b）。如果格劳孔依然关心美丽的灵魂应该拥有它应得的可见性（我们知道他确实关心这个），这个奖赏应该是某种成就的圆满，而这个成就的价值本身独立于是否得到奖赏。看不到的美丽灵魂依然是美丽的，因此它超越了债务意义上的正义。

那么《理想国》的论证为什么没有在格劳孔认为可以结束的地方（也就是第四卷结尾）结束呢？他还有什么要学的呢？债务正义的概念

---

1 凯瑟琳·摩根（Kathryn Morgan）朝着不同的方向发展了债务和偿还的意象（参见Morgan 2000，pp. 206—207）。她将这个与太阳喻中提到的本金与利息的意象联系起来，由此认为第十卷的意思是“这个神话是亏欠论证的，而不是多余的”。

为何又回来，潜入《理想国》的结尾，并且成了这部作品最终神话的主旨呢？[1]对这些问题的回答是彼此联系的。要理解为何如此，我们需要再次考虑格劳孔没有全心全意地认同美丽城中的哲学家对统治任务的看法。他虽然理解他们将统治看作义务而非美的东西，但他还是禁不住在他们作为正义君王的显赫和可见性中找到了某种美的前景。我们需要注意的是，这个主题是债务正义的另一个关键例证。当苏格拉底在第七卷520a—d中设想自己命令美丽城中的哲学家回到政治生活的洞穴之中时，他要求他们偿还因为良好教育所"亏欠"的债务（参见520d）。那么格劳孔在这里承认的正义就是债务正义。

债务是这样的东西，一个人可以承认它是正义的，但是却希望自己从一开始就没有欠下债务。格劳孔也理解这一点：他不仅为将正义者的灵魂之美隐藏在不义的面具之下所欠的债感到愧疚，并且因为能够摆脱它而感到如释重负，而且还理解哲学家希望从来没有欠下迫使他们回到洞穴中的债务（519d）。他虽然可以用这种方式设想哲学家与城邦政治的关系，但是他不可能用同样的方式设想哲学家与他自己灵魂中政治的关系，也就是统治自己的内在城邦，在构成他人性的各部分之间建立秩序。对哲学家来说，除了将自己人类灵魂的各个部分变得健康和美丽之外，还有更好的事情可做，他还要追求神性的智慧。在哲学家眼里，灵魂之美并没有完全超越债务正义，因为那是一种要求奖赏的成就，而不管它是否确实接受了那个奖赏。在这个意义上，让自己的灵魂达到美丽的人就让这个世界对他负债。这正是在格劳孔看来非常美丽的图景。但是哲学家却希望免除这个世界的债务，从而完全不必参与

1 有人甚至认为债务正义在《理想国》结尾的回归破坏了这部作品的整体性，并且毫无必要地降低了这部作品的道德论调。这是Annas 1981提出的反对，但是她之后（Annas 1982）修正了自己的看法。

这个付出努力和取得回报的系统。哲学家希望从来就没有化身为人。

在格劳孔看来，治理良好的灵魂确实非常美，虽然（在某种意义上也正是因为）他理解想要实现它必须要付出艰苦的努力。这就是他为什么在这里——《理想国》的结尾——如此热切地想要看到那种美得到奖赏。但是苏格拉底在《理想国》结尾给格劳孔的却是通过哲学家的眼睛观看美丽的人类灵魂的机会。哲学家虽然也欣赏美丽的人类灵魂，但是从另一个与神相似的角度看，它却是丑陋的。（格劳孔是否把握住了这个机会我们不得而知。在这个神话开始之后，我们就没有听到他说话，尽管苏格拉底在故事结束的时候确实希望格劳孔相信它，621b—c。）因此用同样的方式，苏格拉底将还债的隐喻既应用到奖赏真正的正义行动上（格劳孔认为这是美丽的），也应用到去除真正正义的局限性上（格劳孔认为这种欠债是丑陋的），苏格拉底希望他从来无须承担起这项任务，并且感觉他因为人类状况的腐败而被迫承担起这项任务。我们可以推论，哲学家对于这两种偿还也有相同的感觉，而不仅仅是对第二种。

我们也可以在更大的范围内考虑第五至七卷中归于哲学家的那种超脱（unworldliness），以及第四和第八至九卷中灵魂三分学说的发展，由此得到同样的推论，在后者那里理性部分本身是一个哲学沉思者，而在前者之中它只不过是内在城邦的管理者。[1]但是在第十卷重新将奖赏和奖励赋予正义之前，它又再次出现，并得到了特别的强调，在这里苏格拉底将处在身体之中的灵魂比作有贝壳包裹的海神格劳库斯（Glaucus），并且宣称他们的整个讨论——因此也就包括了灵魂的内在

1 在Ferrari 2003第一章中，我考虑了哲学家的二元视角（神性的和人性的）及其在《理想国》中的作用。关于《理想国》心理学的发展，参见本书第一部分第四章，以及我的论文《三分的灵魂》（Ferrari ed. 2007）。

正义——都是从这个方面来考察灵魂,而不是以纯粹的方式看待它,看到它最本质的样子(611c—d)。为了实现那种观看,一个人必须要看到灵魂的哲学活动,它将灵魂从身体的海洋中提升起来,并且敲掉了它表面的贝壳,从而揭示出它真正的本质或自然(611e—612a)。从这种视角看来,即便是正义者美丽、健康的灵魂,即便过着有序的人类生活,也依然是畸形的,就像与格劳孔有着相似名字的海神那样。参与自己灵魂的政治(即便是哲学家也不得不如此),毕竟可能以某种方式让灵魂最真正的美隐而不见。格劳孔认为,如果将目光转向内在,他就能将外在的渣滓从灵魂中清除出去,但事实上他却给灵魂附上了贝壳。只有哲学家,他的视域甚至超越了自己灵魂的最佳秩序,才能带着清晰的目光参与灵魂的政治,虽然他也不可能看到灵魂真正的本质。

哲学家超脱的视角在《理想国》这部相对更关注此世的著作中只处于相对边缘的位置,而没有占据它的中心。(这也是为什么关于格劳库斯神的那段寓意高远并且明显旨在形成高潮的篇章,读起来好像是柏拉图突然把我们从自己沉浸其中的《理想国》的大海中拉了出来,并且抖掉了我们对这部作品理解上的贝壳。)但是《理想国》的最后几页很恰当地延续着那种朝向边缘位置的姿态。厄尔神话中的奖赏也没有让我们看到纯粹的灵魂,但是它确实允许我们看到,即便是正义的灵魂也处于不纯粹的状态之中。现在我们就看看这是怎么回事。[1]

在回溯《理想国》的讨论时,苏格拉底说:"现在,我想我们已经充分描述了在人生中灵魂可以经受什么,以及它的形式"(612a)。之后他立刻转向了灵魂可以期望获得的奖赏,不仅是在此世,而且是在来世。

1 与我这里的观点形成对照的是Annas 1982,p. 137和Reeve 1988,pp. 263—264,他们都认为厄尔神话恰好反映了格劳孔要求的价值体系,即正义应该在不诉诸任何外在奖赏的意义上得到辩护。

因此他要关注的看起来就并非灵魂在人类和身体中的生活。但事实上这并不是他所做的。在柏拉图所有的末世神话中，厄尔的神话最深地植根于有朽生活的问题。苏格拉底的故事很难说是在处理来世中正义的奖赏；相反，这个故事的道德和叙事重量都集中在论述每个灵魂都要经历重生的循环，以及要选择下一个与身体结合的生活。

苏格拉底花在描述对不义的惩罚上的时间确实超过了对正义的奖赏，但他是用一种格外间接的方式处理这两个主题的。尽管做了预告，但是这个神话并没有描述在来世接受的奖赏和惩罚，而是描述了对它们的描述（describes describing of them）。灵魂们通过上面和下面的洞口消失不见，而当它们回到草地上时，告诉彼此（这里的动词是可以被用作讲述故事的diēgēsthai）它们在地府和天国的经历（614e—615a）。（我在前面说过对灵魂中政治学的关注可能会让灵魂最真的美——也就是它的哲学活动——变得不可见：厄尔神话中的叙述关注这个问题，因此也就让最纯净的灵魂沉思最纯净的美在严格意义上变得不可见了。它将那一幕隐藏在了天空的洞中，只给了它两句回溯性的描述，这个描述与那些被送到地府中的灵魂给出的描述不同，几乎没有对那种经历的性质给出任何说明。）

正是在这个语境下，厄尔以及读者偶然听到一个对话，关于僭主阿迪埃乌斯（Ardiaeus）的灵魂所受到的折磨（615c—616a）。那个对话不过是很多对话中的一个，每个灵魂在草地上肯定都会听到很多这样的故事。但是当灵魂要选择下一次转世的时刻到来时，队伍中的第一个还是猛扑向它能找到的最高和最放纵的僭主，只是很晚之后才为自己仓促的选择而哀痛，因为发现这种生活注定要充满恐惧（619b—c）。或许令我们惊奇的是，这个选择了僭主生活的灵魂在它前一次的轮回中生活在一个有序的共同体中，遵循守法的习惯，并且刚从它在天国的奖赏中归来。对痛苦和挣扎缺乏经验使它自鸣得意、不加小心（619c—d）。

这个神话作为一个叙述，并没有直截了当地说按照习俗过一种体面的生活，将在人们之中的好名声和神圣裁决的遥远前景当作生活的指南，在道德上是不够的；相反，它描述了一系列事件，一个实际上享受奖赏的灵魂因为只有道听途说的关于在遥远的地府遭受惩罚的经验，从而认为那些经验不足以阻止它对生活做出灾难性的选择。而另一方面，对惩罚的直接经验作为一种威慑则非常有效，鼓励了更加明智的选择。结果就是位置的互换：坏的灵魂倾向于选择好生活，而好的灵魂则倾向于选择坏的生活（619d）。

所有这些都与格劳孔对事情的判断相符，他鄙视那些因为渴望奖励、害怕惩罚而被诱向正义的人。位置的互换也反映了格劳孔引入《理想国》论证之中的一个问题：在他关于古格斯指环的思想实验中，习俗中的正义和不义在道德上是等价的，因为那个思想实验将守法之人看作潜在的罪犯，而没有最终变成罪犯只是因为缺少犯罪的骨气。因此在这个神话中，守法者和犯罪者的灵魂在同一个莫比乌斯带（Möbius strip）上经历着无尽的循环。

前面这两段并不是暗示，整体而言柏拉图的神话是为了用叙事的方式表现在其他地方更直接的说法，可能是为了生动、紧凑、易于记忆等。这种表现确实有，比如在厄尔神话的进程中。但即便在这里，那种对无尽的生活变化的悲观态度还是比《理想国》之前的任何部分直接表达出来的内容更具有破坏性。在本文中我不想就“柏拉图神话的作用”做出整体性的说明。但我还是要指出在柏拉图对神话的使用和智者对神话的使用之间的差别，尤其因为学者们通常都将柏拉图的神话与那些诗人而非智者写作的神话联系起来看待。这个差别在于：智者们发明清晰的寓言，比如普罗迪科（Prodicus）关于赫拉克勒斯面临选择的故事，或者柏拉图在《普罗塔哥拉》320c让普罗塔哥拉引入的那个政治神话。但是柏拉图关于末世和宇宙论的神话给人某种宗教性的感觉；它们除了其他功能之外，还表达了哲学性的虔诚。苏格拉底坚持它们的真实性以及与传统的联系，并不仅仅是某种策略。[1]

我们看到，在厄尔神话之前出现的给予此世奖励和惩罚的内容，功能在于提醒读者，格劳孔对正义的外在好处怀有复杂的态度：他非常鄙视按照传统方式追求那些奖赏的虚伪，即便当他欢迎将那些奖励授予真正追求正义、拥有灵魂内在之美的人时，他的感情依然相当复杂。[2]尽管如此，苏格拉底在厄尔神话前言的另一部分坚持认为，《理想国》中的讨论毕竟没有看到灵魂的真正本质，他们的讨论察觉到灵魂在某种意义上是丑陋而非美丽的（611d—e）。这并不是说格劳孔鄙视为了外在奖赏追求正义是错误的，正如我们刚刚看到的，厄尔神话描述来世奖赏和惩罚的方式认可了这一点。但是格劳孔太过乐观地设想了给予奖赏的画面，认为接受奖赏的是灵魂而不是整个人。随着神话叙述完奖赏和惩罚的故事，也就是对生活的选择，苏格拉底给出了更加真实的视角。

这部分叙述的一个惊人特征是，没有灵魂选择哲学生活，哲学生活甚至没有被当作一种可能的选择被提到，虽然各种生活的标志都被呈现在灵魂面前（618a），虽然在《理想国》中哲学被说成是一种生活方式

1 斯蒂芬·哈利维尔（Stephen Halliwell）在他的论文《灵魂的生死之旅：阐释厄尔神话》（Halliwel 2007）中也强调（比我这里更加极端，也更详细）。柏拉图的神话不应该被还原为，用不同的文学形式传达在哲学性对话中更直接地传达的信息。

2 因此它在《理想国》中的功能就不是表达对正义者在此生的可能命运的乐观看法，而是通过这种乐观看法引出格劳孔的回应。因此我们无须像哈利维尔那样（Halliwell 1988，p. 68关于613c5—6的注释），因为苏格拉底反常地表现出对正义者机会的乐观估计而感到困惑。

(521b)。(与之形成对照的是,《高尔吉亚》最后关于来世的神话毫不犹豫地将哲学性的灵魂置于舞台当中,表明它接受了应得的东西：526c。)哲学生活的主题当然有所提及,但是苏格拉底将它当作自己做出的推论,这个推论基于厄尔的叙述允许我们看到的东西,他说"根据厄尔的叙述判断",一个每次在地上过哲学生活的人很有机会发现去往来世和回来的旅程非常顺畅(619e)。但是没有哪个灵魂像第一个灵魂选择僭主的生活,或者像阿伽门农的灵魂选择鹰的生活那样,选择哲学的生活。哲学生活当然意在被当作一种可以选择的生活,否则苏格拉底也不会做出关于那些过哲学生活的人在每次转世中都有顺畅旅程的推论。但是厄尔神话并没有将这个选择明确展示出来。而我想要解释柏拉图为什么做了这个作者的选择(writerly choice),让这个遗漏被明确展示出来——也就是让读者注意到对哲学生活的选择没有被展示出来。

苏格拉底关于哲学家机会的推论与《斐多》(81a, 114c)和《斐德罗》(248e—249a)神话中的末世论非常接近：经过恰当净化的哲学灵魂最终可以完全脱离转世的循环。[1]但是苏格拉底从厄尔神话中推论出的脱离并没有那么极端,哲学性的灵魂能够逃避好坏生活的交替,从而每次都过好的生活。[2]这是619d的说法给出的清楚暗示：如果一个人**总是**过哲学生活,那么**每当**他转世的时候,在此生和来生都会幸福,他的旅程会沿着顺畅的、天国的路线行进。这一点还通过一个细节得以暗示：那个选择了僭主的生活,从而代表了好与坏的转换的灵魂,明显**不**

1 奈特西普大胆地将这个选择从《斐德罗》加到厄尔的神话上,好像柏拉图事实上只写了一个关于末世的"超级神话"(Nettleship 1901, p. 361)。而Annas 1982认识到每个神话都适应它所在的那部对话的语境,这是正确的。

2 我不理解安纳斯为何坚持"大多数刚从天堂来的灵魂(**不只是**非哲学的那些,像人们通常认为的那样)都会做出坏的选择"(Annas 1982, p. 135)。

是哲学家的灵魂，而是一个好公民的灵魂，他“通过习惯”达到了某种程度的德性，却“没有哲学”（619c）。

苏格拉底在谈论哲学家获得幸福的“机会”时使用了kinduneuei（大概会是），我们不该认为这个词意在怀疑哲学生活和它带来的幸福之间的联系，这种怀疑在柏拉图的其他末世神话中都没有出现。这里要告诫我们的是，在接受**任何**关于来世的讯息时，都要保持一定程度的小心，也包括厄尔的神话。我们不应该将某种新的悲观论调读进这里的保留（即一个要脱离生活变化的人不该在重新选择的抽签中排在最后）。苏格拉底不是在设想几乎最后进行选择的灵魂还能够选到哲学生活；如果是这样，我们就必须假设这种生活不会给他带来幸福。他设想的是，一个灵魂可以反复过哲学的生活恰恰是因为当它选择生活的时刻到来时，每次都还有哲学生活可供选择，而它就适时地选择了一个。[1]假如轮到他的时候太晚，可能就没剩下这样的签了；命运之签虽然范围很广，但并非无限多样（618a）。可能还会剩下一些“好的”生活，就像祭司拉凯西斯在619b说的那样，也就是说，会有一些通常的、在公民意义上的、得体的生活，但并非哲学生活。这个灵魂之所以自信可以避免地府之路，能够在天国之路上旅行，是因为它之前过了哲学生活；他最终走上哪条道路不是直接而是间接地受到它在抽签中位置的影响，因为这可以决定它是否能过上哲学生活。

因此哲学生活依然是天国中幸福和奖赏的保证。但是一个之前过了哲学生活，却因为在抽签中的位置靠后没能再次选择在第二次转世中过哲学生活的灵魂，就只能接受习俗中得体的生活，这样的灵魂就会

1 我将619d8—e1的“kai”理解为带有“也就是说”的精微含义（hugiōs philosophoi kai ho klēros autōi mē en teleutaiois piptoi，健康地热爱智慧的人，也就是说他的签不会落到最后）。

陷入生活的变化之中,在第三次转世时做出不好的选择。哲学生活保证此生的幸福和来生的奖赏,但是似乎并不能保证在未来生活中的幸福。面对转世就是面对真正的风险;正是这一点,而非哲学家的幸福,才是苏格拉底在厄尔神话中予以强调的。

哲学表明了事物的真正价值,从而使灵魂可以做出明智的选择(619a)。哲学有利于清除灵魂道路上的障碍(619e),保持船身的平衡,因为哲学家不仅是城邦之船最好的舵手(488d—489a),也是自己内在城邦的最好舵手(591e)。结果就是,当处理到哲学问题时,厄尔神话所关注的重点和《理想国》整体一样,并非哲学的至福状态——它与神圣的亲缘关系,以及它有能力破坏与身体的结合——而是它的有用性,既对自己也对他人有用。明智地选择来生就像哲学家面对回到政治生活的洞穴。这意味着要去明智、和谐地混合影响人生的各种哲学的和其他的要素,要从有限的可能性中选择最好的,并且为了正义之故这样做(617e—619a)。哲学家将下降到洞穴看作必要而非美好的事情(540b);与此类似,做出理智选择的灵魂,准备好了下降到与身体结合的海洋之中,并且准备好让这个海洋中的水草和贝壳损毁它,在这样做的时候,它面对的是某种必然的东西——服从必然性女神的女儿拉凯西斯的命令(617d—e),面对被苏格拉底描述为"对一个人来讲乃是全部危险所在"(618b)的挑战。[1]

哲学家如果遵照苏格拉底的样板明智地选择生活,就会将自己的

1 将神话中频繁提及的必然性理解成决定论或预定论(比如Annas 1982, p. 133和Halliwell 1988, p. 22)是错误的。我们的选择当然决定了我们灵魂的状况和我们最终幸福与否(618b),但这同时也正是在表达我们的自由和对自己负责(617e)。首要的必然性,也就是我们都臣服于它的命运,乃是我们必须要承担起责任的负担,而那确实是一个**负担**。

全部选择指向内在的正义而非哲学(618d),甚至为了那个目的收敛自己对知识的激情(591c)。但是他会这样做乃是因为他听到了必然性女神女儿的命令,并且比其他灵魂更好地记住了它(621a)。但这并不意味着他追求内在正义的方式与格劳孔鄙视的那种习俗中的正义者相同,后者将遵守法律看作赢得好名声的必要步骤。健康的灵魂并不仅仅是哲学活动的前提,它还是我们的人类之善。但是哲学家不仅仅将他的灵魂看作人的灵魂,因此他追求哲学的动机也就不同于规范和美化自己灵魂的动机。是爱,对真理和智慧的爱,将他引向哲学(485d,490a—b,501d)。然而,如果这种激情要将其他一切抛开,就会扰乱灵魂的秩序,使它受困于人生的无常,就像那个一门心思跃向僭主生活的灵魂会给自己带来不可预见的恐怖一样。

这样看来,我们之前考虑过的第六卷开头(485a—487a)关于哲学家对正义的社会奖赏泰然自若的文本,似乎反对神话中的这个思想。在第六卷中,哲学家对智慧的爱似乎自动给他品格的其他方面带来良好的效果,完全没有苏格拉底在神话中描述的那种在各种要素之间进行的耐心权衡。但是我们需要再次强调一个重要的限定:这段文本(485a—487a)分析的仅仅是哲学家的**本性**,这个本性要面对很多能够将它引向歧途的危险和成长过程中的偶然因素,而这些是第六卷的下一个主题(487b—497a)。这些都是神话中灵魂进行选择时要考虑的因素。[1]

因此没有灵魂能够轻而易举地获得和谐,"灵魂的秩序"(phychēs

1 我的阐释可以与布鲁姆过分乐观的看法进行对比,他认为厄尔神话描绘了哲学家有可能在地上而非在天堂实现自足的幸福,这种幸福独立于公民德性("除了无知之外别无他罪")。布鲁姆的结论是,只有哲学家"不需要神话"(参见Bloom 1968, pp. 435—436)。而我认为正是哲学家不可避免地要与公民德性发生关系,才是这则神话所要描绘的。

taxis, 618b)只能通过积累较小的选择构成。明智的灵魂必须懂得暂时停下脚步,而不仅仅是追随它对智慧的激情,而这种激情却是哲学家的标志,是他感到"与神相似"的原因。选择人类的生活本身已经给对智慧的爱加上了限制,那就是为什么在厄尔神话中没有灵魂选择哲学生活。明智地选择来生对哲学家来说并不是奖赏,而是一种挑战。[1]因此灵魂们选择来生的场景,也就是厄尔神话的主要场景,就不是奖赏或惩罚,而是危险和行动。

苏格拉底同意格劳孔的观点,人类必须要将内在正义,也就是灵魂中的秩序,当作整个一生选择的目标(618d—e,比较591c—592b)。作为哲学家,他会接受正义就是它自己的奖赏,因为除此之外没有其他方式可以真正追求正义了。但是作为哲学家,他还可以希望完全抛开对正义的追求,转而追求哲学,只不过那时他不再是人;但成为人是他的命运所在。与格劳孔不同,哲学家可以将对正义的追求看作我们被迫承担起来的负担,而不是某个美妙的事情。带有英雄气概和自我牺牲精神的格劳孔可能会认为苏格拉底描述的"对一个人来讲的全部危险所在"鼓舞人心、非常高贵,在这种情况下,超越一个人内在城邦的机会就只是对读者而言,而非对格劳孔而言。但是苏格拉底只谈论了这个时刻的危险,而没有提到它可能具有的任何美。灵魂选择生活的场景,也就是神话的最终场景、《理想国》几乎最终的音符,结束在明智的奥德修斯这个人物身上,这个荷马笔下的英雄太过幸福,从而厌倦了英雄气概,转而选择了安静和私人的生活。[2]

1 怀特称正义的奖赏不过是被给予选择来生的责任(White 1979, p. 265; White 1984,注释16),我反对这种看法。

2 对厄尔神话中奥德修斯这个人物更详细的讨论,参见O'Connor 2007。

第三部分

反思施特劳斯式的《理想国》研究

施特劳斯的柏拉图

> 我想借此机会将我与已逝的施特劳斯和他的追随者所采取的柏拉图解读进路区分开来，他们已经产生了非常巨大的影响，尤其是在美国。我只读过一部施特劳斯的书（《城邦与人》），还没有能够读完他任何追随者的书。

这个声明让人吃惊之处并不是它所表达的厌恶有多么强烈，并不是一个自认为适合写作有关柏拉图作品的学者对施特劳斯著作的无视，甚至也不是作者仅仅将一本书从头读到尾就足以断言施特劳斯和施特劳斯主义者的意图，从而抛开他们所有人［其实只要比较伯纳德特（Benardete）、克莱格（Craig）、郝兰德（Howland）等人近来撰写的有关《理想国》的著作就能让这种整体印象烟消云散］。[1]拉瑟福德（Rutherford）拒绝公正地对待施特劳斯的著作，这一点非常令人遗憾。

1 Benardete 1989; Craig 1994; Howland 1993.

但是真正让人吃惊的是，在一本其他方面都很清醒地讨论柏拉图写作艺术的著作的前言里，他会如此煞费苦心地公开夸耀自己的不公正。[1]

关于利奥·施特劳斯的哪些东西引发了通情达理之士如此幼稚地爆发呢？施特劳斯认为道德即便是必需的，也是人类价值一个不现实的源泉，他认为只有少数精英才能负责任地应付这一思想，他在柏拉图那里也发现了同样的想法。我们可以想象这样的立场会引发尖锐的反对，但是人们为什么不能带着尊重倾听它们呢？问题并不完全在于听众们对施特劳斯充耳不闻，好像他从来不曾试图将自己的信念传达给他们。并不是施特劳斯思想的内容让学者们恼怒，而是他拒绝按照学术规则进行游戏。施特劳斯的写作目的确实是要让人理解他，但是他故意在理解的道路上设置了很多障碍。通过这样的策略，他认为自己是在促进他那个等级的利益，他乐意将这个等级描述成“热爱思考”的人。为了追求最基本的等级利益，也就是这个等级的长存，施特劳斯在他的作品中力图唤醒那些可以通过测试，从而理解他的人：他是在引诱哲学家上钩（fishing for philosophers）。

我们可能会认为一个想要钓到那些热爱思考者的渔人会把自己思想中最激动人心的部分放在显眼的地方摇来晃去，但这并不是施特劳斯的方式。不是说他从来都不会明确说出重要的东西，问题在于他关于重要问题的明确说法会彼此抵消。（比如他既说柏拉图的理想城邦是依据自然的，又说它是反自然的。）他提出了很多问题，但是没有回答它们，或者过了很多页之后才给出回答，而且还要读者首先辨认出语言上的回响；没有解释和令人困惑的过渡可能会暗示重要的观点；关键性的洞见被抛到一旁（他会说“不管怎样……”），或者轻描淡写（“因为

1 Rutherford 1995.

有人很可能会说哲学家没有理由出于对自己东西的爱投身爱国主义的政治活动”)；放在括号里的对文本出处的引证可能会代替一个论证；一长串参考文献中恰恰没有包括最重要的一条。总之，施特劳斯的写作风格需要读者仔细考察并在阐释上花费很大气力，大多数读者乐意这样关注文学作品，但是却认为在学术作品中这样做是多余的。一个人很容易在施特劳斯那里认出与自己相近的东西，而不是从他那里学到什么。事实上，如果不是首先领会到，至少是怀疑某些类似的东西，我们就很难看清他的意思。施特劳斯把你钓上来的钓钩可能是一些你根本无须费力捕捉的想法。

对于不愿意或者不能够咬住诱饵的柏拉图读者来说，还有一个原因可以解释他们的恼怒和警惕：施特劳斯相信他那种写作方式并不是什么创新，而是在追随某个由柏拉图本人开创的由来已久的写作传统。假如确实如此，对某些学者来说，这无异于将柏拉图对话从哲学正典中剔除。对施特劳斯的古怪影响可能会广泛扩散的恐惧就可能会胜过对他所使用的方法的厌恶，并刺激一些人试图摧毁他的观点。但是如果施特劳斯的那些观点没有首先固化为一种对柏拉图的阐释，一个按照战争规则行事的学者又怎么能给他的撞锤找到支点呢？这样一来，即便有些人认为施特劳斯没有依据通常的学术写作规范，他们也只能将施特劳斯关于柏拉图《理想国》的作品置于某种非常传统的批判之下，布恩耶特在给《纽约书评》写的那篇很出名的论战檄文就是这方面很好的例子。[1]

要想理解这样的进路为什么不能用来反对施特劳斯，我们要考虑施特劳斯经常在他著作中提到的一个原则：我们应该努力像一个历史

1　Burnyeat 1985（他对批评者的回应刊登在同年10月10日的一期上）。

上的哲学家理解自己那样去理解他的思想。施特劳斯将这一原则等同于实现历史准确性的抱负，这看起来似乎是一个非常传统的抱负。但是像另一个人自己一样理解他的思想这个说法本身就包含着对“像”(as)这个词某种有趣的含糊理解。是要完全和那个人理解的一样，还是用与他理解自己的思想相同的方式去理解他？答案显然是后者，因为施特劳斯认为坚持历史主义的学者违反了历史的准确性，他们用历史主义的方式去研究非历史主义的古代人，这些学者认为不管一个哲学家希望什么，他都最多只能发现他那个时代的真理，而非无条件的真理，因此这些学者所研究的思想就被当作受到历史局限的真理，但是那些思想本身却意在成为无条件的真理。[1]

这是一个让人疑窦丛生的原则。一个研究者是不是必须要成为与他的研究对象相同类型的哲学家，之后才能宣称理解了其思想呢？施特劳斯会不会因为他本人不是历史主义者就没有理解马克斯·韦伯呢？但是现在让我们考虑研究某个特定类型的哲学家，这个哲学家相信(不是作为某种题材或表达方式，而是作为他对人类理解的核心)，严肃的哲学家迫切需要奉行审慎。一个不够审慎的哲学家会给社会和自己造成危险，因为公共意见必然会用不宽容对待哲学思想的挑战，但是如果没有了哲学家社会也就没有什么价值了。这些想法构成了哲学家无法逃避的困境，而他必须以审慎应对。设想我们要阅读一个哲学家，他坚持这些想法，并且按照与这些想法一致的方式写作——非常慎重、充满暗示，因此只有那些注意倾听的人才能理解他。仅仅是理解这些看法本身就需要将耳朵调整得适应这种音乐，这是一种共谋行为(act of complicity)。要想理解审慎的写作，就必须要变成一个审慎的读者。有

1 Strauss 1959, p. 68.

些人被他们所读的东西说服从而更进一步，成了他们所阅读的审慎作品的审慎作者，于是将学者式的注疏完全抛在了脑后。施特劳斯关于柏拉图的作品就是这种情况。

但是布恩耶特坚持将这些作品当作注疏看待。事实上，施特劳斯所能给出的相信柏拉图的学说为真的全部理由就是柏拉图本人给出的理由，这让布恩耶特认为施特劳斯深陷注疏之中，以至于在多数学者认为需要独立论证的地方依然使用注疏。这项指控的根据很奇怪，我们可能会说理由就是理由，是谁的理由并不重要。为什么一个论证因为是**柏拉图的**论证，就不再是一个论证了呢？柏拉图自己的理由为什么就不能是我们相信其学说的充分理由呢？只有假设不存在跨越文化和时间依然有效的理由，才能支持这样的指控。但这个假设本身并非不言自明，也不是施特劳斯的假设。假如他写作了柏拉图思想的注疏，那个注疏本身可能就为柏拉图结论的正确性提供了论证。但是他选择不去写作柏拉图思想的注疏，而是写作在他看来柏拉图作品的精神；他这样做是因为他认为柏拉图的理由对于他的写作来讲就是足够的理由。

布恩耶特不愿想象施特劳斯是多么严肃地选择以漫不经心的方式对待学术注疏的传统做法，这一点最明显的表现就是他选择了施特劳斯《城邦与人》中一个句子中的一部分作为代表去批评施特劳斯对《理想国》的偏颇解读，这里讨论的是哲学家不愿为王的问题。他引用的片段是这样的："……哲学家不可能被说服，他们只能被强迫去统治城邦"（p. 124，本章中此类页码均引自《城邦与人》）。布恩耶特将第一个分句，以及第二个分句中的"只能"说成是"施特劳斯自己的纯粹发明"。布恩耶特指出，苏格拉底加给哲学家的强迫，乃是有说服力的论证。

但是在他将这个片段当作"施特劳斯关于《理想国》的论述"处理时，布恩耶特严重曲解了这段话的意图。布恩耶特适时地指出，这段话后面跟着一长串对希腊文本的引证。施特劳斯有时会非常引人注目地给出一串引文，他在阐释那些他所偏爱的哲学家时相信，只有很少人能够或愿意非常仔细地阅读，因此他的典型做法并不是仅仅给出此前那个说法的文本依据，而是给细心的读者一个机会去思考在他所阐释的作品中大量文本之间的联系，之后再去考虑这个联系与施特劳斯自己的话之间的关系。在这个地方施特劳斯列出了五段文本，有一段长达一页，其他的仅仅是一两行，它们有一个非常重要的共同点：都描述了哲学家被迫（而非以其他方式）进行统治的过程。这里使用的词是名词anankē或动词anankazein（"强迫"）的不同形式。即便是在布恩耶特正确地找到苏格拉底运用有说服力的论证来对待理想城邦中的哲学家的地方，在苏格拉底说出这些论证的时候，用来描述他所作所为的唯一词汇，也就是施特劳斯给出的文本界限（520a—d）之内出现的唯一这类词汇，就是prosanankazontes［"强迫"（他们），520a8］。这些正是施特劳斯要让读者注意的事实，他写道（下面是他的完整句子）："虽然听起来很奇怪，但是在这部分的讨论中，说服大众接受哲学家的统治看起来比说服哲学家去统治大众更容易：哲学家不可能被说服，他们只能被强迫去统治城邦（499b—c，500d4—5，520a—d，521b7，532e2—3）。"我们要注意这里的表象（appearance），它是一个对读者来说有些奇怪的声音：一组重复的词都由词根anank-构成。这就造成了一个表面的效果（表象总是如此），苏格拉底一方面将有说服力的论证用在他设想的哲学家身上，另一方面又将这描述为强迫，这两者哪个更重要呢？对施特劳斯来说，描述为强迫更重要，因为正是在重复性的奇怪回响中，他听到了柏拉图的声音。通过关注重复的词语，他让读者提出这样的问题：如果柏拉图的意思是加在哲学家之上，使他们进行统治的强迫，就是强有力的论证，那么他为什么不直说呢？他为什么不说“必须要给哲学家强有力的理由”，“如果施加某些强有力的理由”，“我们会跟他们谈话，而他们除了赞成之外别无选择”之类的话呢？为什么反而要重复公然的强迫呢？这正是施特劳斯要提出的问题，一个文学性的问题。当施特劳斯说“哲学家不能被说服，而只能被强迫去统治城邦”时，他并不是在对文本进行注疏，也不是对《理想国》做出某种陈述；施特劳斯不过是对一个有能力提出同样问题的读者所做的反应给出了建议，这个读者会对自己说：“真是奇怪，所有这些关于‘强迫’的说法似乎是在说哲学家根本不可能被说服！”但是对施特劳斯而言，如果直截了当地说自己在描述读者的反应时，不过是在提出建议，那么就会破坏他的意图。如果要成功地引诱有能力的读者上钩，他就必须要长篇大论地模仿一个对《理想国》做出可疑陈述的注疏者；而那些没有被欺骗的读者也就证明了自己的价值。施特劳斯确实是在进行“纯粹的发明”：他是在写作文学作品。

但是如果施特劳斯的句子是文学性的，随后的引证文献就值得我们进一步细查，既要考察它排除掉的，也要考察它包括了的。施特劳斯从520a而非519e开始，这样在520a—d中苏格拉底对哲学家所说的话就少了将强迫与说服并置的一两行，在那里苏格拉底向格劳孔描述法律（既有基本原则也有所加的惩罚）如何在理想城邦中带来公民之间的和谐。而施特劳斯的引证结束于520d，这样就少了一两行格劳孔的评论，在其中他描述了哲学家如何将苏格拉底赋予他们进行统治的正义任务当作某种带有必要性和强制性的事情。施特劳斯完全没有提到，在第七卷的结尾苏格拉底重新提到了这一描述，而且还补充说：哲学家们会把统治看作某种带有必要性和强制性的事情，而非某种高贵的事情（540b4）。考虑到这一连串引证意在处理的主题，这些都是非常引人注目的遗漏。（如果这些遗漏在随后又被加以运用，那就加倍有趣了。）这些引证里也包括了一个引人注目的段落。在引证强迫进行统治的过程中，苏格拉底提到如果要实现理想城邦，在现实的城邦中就必须有某种偶然性加到少数未被腐蚀的哲学家身上，施特劳斯的引证始于499b而非499b5，这样就包括了苏格拉底为什么能够克服恐惧，大胆地宣称哲学家要成为君王——因为他“受到了真理的强迫”。这些对法律的运作，高贵、正义和强迫、必要性之间的关系，以及各种不同类型的强迫的说明，每一个都在施特劳斯接下来的几页中占有各自的位置，这几页文本值得我们认真考察，不仅仅因为这是在练习阅读施特劳斯，也是因为它们处于施特劳斯的柏拉图的核心位置。

想要理解这段话的完整思想，需要首先记住几点。首先，它的结论“正义的城邦是不可能的，因为哲学家不愿意统治”（p. 124），故意显得让人难以接受。我们都知道《理想国》通过哲学家不愿意统治所要证明的并不是正义城邦的不可能性，而是可能性，因为这些哲学家缺少政治野心。像布恩耶特那样的反应，即认为施特劳斯在这里颠倒了《理想国》的意思，假如不是最终的判断，也就是说假如不是为了反对施特劳斯而是希望给出解释，那么就非常恰当。第二，施特劳斯说“在谈话的这个部分”哲学家显得无法被说服，那么是否还有谈话的其他部分，在那里哲学家既不是屈从于说服，也不是屈从于强迫，而是二者的混合？在《理想国》开篇的场景中，苏格拉底由于一些热切的年轻人而同意去克法洛斯家。施特劳斯自己给出了对这个场景的分析，并对此给予了特别的强调（pp. 63—64），甚至称强迫与说服的混合就是“正义本身”。哲学与政治权力的结合只能通过偶然性或神圣的干预才能实现（499b—c），而在讨论这一问题时，施特劳斯有意让读者听到一个与之对应的偶然事件，正是这个偶然事件使苏格拉底支配了在克法洛斯家的谈话。

施特劳斯的这段话全文如下：

> 只有非哲学家可以强迫哲学家关心城邦。但是，由于人们的偏见反对哲学家，如果哲学家不首先说服非哲学家去强迫哲学家统治他们，那么这种强迫就不会发生，但是由于哲学家不愿意统治，这种说服也就不会发生。这样我们就得出结论：正义的城邦是不可能的，因为哲学家不愿意统治。

这段引人注目的论证是对前一句话所暗示的文学性事实的展开：柏拉图大大抑制了将哲学家变成君王的论证，甚至将说服描述成强迫。现在让我们想象哲学家像柏拉图所选择的词汇（而非他描述的内容）表明的那样不可说服，那么他们就不得不被其他人——也就是非哲学家——强迫。但是至此的讨论已经再三强调非哲学家如果不经过说服就不会接受哲学家的权威。那么哲学家是不是会去说服非哲学家来强迫他们呢？但是假如哲学家乐意去实施最终目的是让他们进行统治的说服，他们也就不需要被强迫进行统治了。因此他们不可能乐意去说服，这样一来，在哲学统治之下的正义城邦也就不可能实现。但是在《理想国》的这几页中，苏格拉底的首要任务难道不是去论证，不管可能性多小，这个正义的城邦确实可能实现吗？这到底是怎么回事呢？

施特劳斯提出了一个关于人类本性的结论，它看上去像是关于正义城邦出现的现实可能性。与此同时，他认为自己不仅揭示了柏拉图选择特定词汇时暗含的意思，而且模仿了柏拉图在写作《理想国》时的行动。“由于哲学家不愿意统治”，施特劳斯写道，那么可能导致他们进行统治的那个说服就不会从他们那里发生。但是在施特劳斯的论证中，是什么使不愿意统治成为前提呢？大概是除了强迫之外没有什么能让他们进行统治。但是，虽然一个必须要被强迫做某事的人肯定不愿意做这件事，但是反之却未必如此：一个不愿意做某事的人并不一定要被强迫做这件事，他也可能屈从于说服，而非强迫。因此，一个人屈从于说服而非强迫，并不能表明他愿意做这件他因为被说服而去做的事，情况恰恰相反。如果他们仅仅是不情愿地屈从于说服，我们还是可以说他们依然不愿意做。通过将哲学家不愿意统治说成他们需要被强迫进行统治，通过将这两个不能等同的东西说成等同的，施特劳斯暗示了一种甚至在理想城邦中都会继续出现的状况。虽然是有说服力的论证而非赤裸裸的强迫，说服了理想城邦中的哲学新人承担起君王统治的责任，虽然他们像蜂巢中的蜂王一样被培养起来，整个一生都在为这一刻做准备，但是他们总还是需要被说服，这一事实本身就揭示了他们对这项任务有着多么深的反感，揭示了哲学可以动摇在长年的爱国教育中培养起来的对城邦的认同，甚至是对最佳城邦的认同。这就是柏拉图为什么让他笔下的苏格拉底将说服描述成强迫，为什么苏格拉底不允许格劳孔给出模棱两可、潜在地带有中立性的描述，即哲学家将他们的君王地位看作是必要的、不可避免的或强迫性的（这个词是anankaion），而是要明确指出他们不会将君王的位置看作什么高贵的东西。

施特劳斯有些古怪地反复使用这样的说法："这种强迫不会发生……这种说服不会发生"，这会让人们误以为他是在笨拙地尝试给句子赋予某种严格的逻辑，但实际上却是他精心挑选的双关语。如果必要的强迫和说服不会发生，那么正义的城邦就不会发生，也就是说它不会成为现实。但是施特劳斯选择不写出这个关于未来的预测，而是将读者直接带到有永恒普遍性的目的地:“这样我们就得出结论:正义的城邦是不可能的,因为哲学家不愿意统治。”这个双关语帮助他转换了视角:即便正义的城邦(也就是谈话中那个想象的城邦)可以发生、可以实现,说正义的城邦不可能依然是正确的,因为在那里哲人王依然不愿意进行统治。在这样的情况下,说正义的城邦不可能就是说它不自然(unnatural)。而这又意味着,不是这个城邦本身必然不可能,而是它里面的“正义”在这个词的日常意义上是不可能的。柏拉图对哲学家不愿意统治城邦的强调就是它不自然的标志,也是在这个城邦中不可能实现正义的标志。

所有这些才是施特劳斯的意图所在,这一点在他接下来的一段里得到了清晰的展示。这一段明显不是在处理前一段提出的如何实现正义城邦的问题,而是将哲学家不愿统治所带有的暗示发展成哲学家如何与城邦(即便是最佳城邦)疏离的论述。他将城邦看作洞穴,与有阳光照射的哲学之域进行比较。这一段的结论是:“哲学与政治权力的偶然结合之所以可能性极低,是因为哲学与城邦在相反的方向上远离彼此”(p. 125)。施特劳斯在这里并没有说哲学家不可能得到权力,他重复了苏格拉底在《理想国》中的看法——“可能性极低”。这是因为施特劳斯的兴趣并不在于证明柏拉图隐匿的意图乃是揭示理想城邦在现实中不可能,虽然学界的神话(scholarly myth)认为这就是施特劳斯笔下的柏拉图所执着于心的焦点。施特劳斯真正的兴趣在于唤起读者对政治强烈的反感,而这正是柏拉图写给他的哲学家的。讨论的焦点在于如何解释理想城邦成为现实的可能性极低,而不是可能性低本身。只要一直读到施特劳斯下一段的开头,就可以证实那种不可能性与这种可能性低有关,而且虽然有种种表象,但那种不可能性其实一直伴随着他的讨论:“克服在城邦与哲学家之间的自然张力促使苏格拉底从正义的城邦是否在适合人类本性的意义上‘可能’的问题，转向了正义的城邦能否通过转化一个现有城邦实现的意义上‘可能’的问题”（p. 125）。如果读者问，在《理想国》的文本中苏格拉底到底在何处做了这一转向，那么他恐怕会失望于无法得到答案。这并不是一个《理想国》之中的转向，而是一个塑造了《理想国》的转向。苏格拉底在决定下到比雷埃夫斯港的时候就做出了这一转向。

这样，施特劳斯和施特劳斯的柏拉图都利用了正义城邦是否可能实现的论题，后者表面上认为可能，而前者表面上认为不可能，他们以此掩盖了一个关于人类生活中的永恒主题。但是那个主题并不像表面看来那么简单，哲学与政治并不是永远和无可挽回地处于不和状态。要理解这个问题的复杂性，我们要重温施特劳斯得出正义城邦不可能的论证，这一次要注意聆听与这一论证对应的苏格拉底的行动，从在比雷埃夫斯港的偶遇开始。我们尤其应该考虑这个有趣的说法："……如果哲学家不首先说服非哲学家去强迫哲学家统治他们……"（p. 124）这样的行动怎么可能呢？一个人怎么可能去说服另一个人强迫自己去做某件事呢？如果我看到你努力说服我应该强迫你，我就有理由怀疑，结果到底是不是我在强迫你。对于这一行动更准确的描述是你在进行某种形式的自我强迫，而将我当作中介。如果要让我确实认为自己是在强迫你，那么你必须说服我，同时不让我知道你是在说服我强迫你。你的说服必须是隐蔽的。但是当说服变得隐蔽时，它不就不再是真正意义上的说服，而逐渐变成强迫了吗？

将说服与强迫交织起来的说法最终可以应用到苏格拉底的行动之上，而非那些苏格拉底想象出来的哲人王的行动之上；也就是说，可以应用到柏拉图想象中的哲学家的行动之上，而不能应用到想象中的哲学家所想象的哲学家的行动之上。而正是考虑到这个应用，施特劳斯在得出结论的过程中使用了上面提到的那个有趣的说法，而结论则依赖于哲学家不愿意进行统治。在苏格拉底那里读者想到的并不是一个不愿意统治的哲学家，至少不是绝对不愿意。施特劳斯写道，“关于正义的谈话并不是完全自愿的”（p. 63），这句话带有非常有趣的模糊性。他没有说“关于正义的谈话是由一个并不完全自愿的行动引发的”，虽然他接下来要描述的是引发这个谈话的混合了强迫与说服的过程。他好像是在说《理想国》的整个谈话都可以被看作是不完全自愿的。事实上也正是如此，因为它发生的方式为构成整个谈话的那个强迫与说服的混合做好了准备。

苏格拉底与波勒马库斯及其同伴不期而遇，这次相遇以苏格拉底被邀请到波勒马库斯家告终，在那里因为与苏格拉底的谈话进行得热火朝天，晚饭和外出的计划很快就被抛在脑后。一个哲学家因为偶然性得以控制一个很小的社会群体，但是与谈话中设想的哲学家不同，苏格拉底并非不愿意抓住这样的机会。但是他并非君王：谈话中的这个社会被表现为民主制，这很有象征意义。施特劳斯特别强调了这一点以引起读者的注意：“投票几乎一致同意让苏格拉底和格劳孔留在比雷埃夫斯港：苏格拉底除了遵守大多数人的决定之外别无选择”（p. 64）。（象征性的暗示是指苏格拉底在328b3所说的话，当我们比较450a3—6时，这个象征就获得了实质性的意义。）如果一个人要控制民主政体，他的统治必然是隐蔽的，否则他的王国就不再显得是民主制了。苏格拉底隐蔽的行动始于，同时也包括了他屈从于多数人压倒性的力量。他并未因此就接受人们的意愿，他接受的仅仅是身处一个民主性团体的偶然事件，还有这个偶然事件所提供的机会。我们需要注意，这个机会正是说服他们强迫他去统治他们。在《理想国》的行动中最明显地表现出这一点的是苏格拉底故意逗引他的听众，从而让他们追问出理想城邦最具争议的几个方面——第五卷开始提到的在护卫者中抛弃家庭，以及在这一卷后面（471c以下）讲到的让哲学家为王。（在499b苏格拉底回忆说他被“真理强迫”承认了那个要求，这一点非常引人注目地包含在施特劳斯很长的引证之中。但是苏格拉底的回忆似乎太过美好了，因为当时是格劳孔在强迫苏格拉底，参见472a。）但是施特劳斯意在将这个模式应用到更有普遍意义的苏格拉底的行动上。苏格拉底的统治在某个意义上是公开的：其他人想从他那里得到答案；隐藏的是他用什么样的策略吸引他们（“苏格拉底在特拉叙马库斯那部分所做的是可以原谅的，假如他没有这样做，也就不会激发格劳孔充满激情的反应，而他却表现得完全没有预料到这样的反应”，p. 85），以及通过犹豫不决引领他们一步步走向由哲学家统治的城邦这个顶峰（“苏格拉底宣称自己不能在面对两兄弟的攻击时捍卫正义……但是毫无疑问他用了非常大的篇幅去回应这个攻击”，p. 91）。正是通过在他们心中建立起那个城邦，苏格拉底获得了支配他们的权力。或者像施特劳斯说的，正义的城邦：

> 对任何人都没有吸引力，除了那些热爱正义的人，他们愿意将家庭当作某种本质上属于习俗的东西予以毁灭，愿意为了得到正义而拥有一个这样的社会，在其中没有人认识习俗意义上的父母、孩子、兄弟、姐妹。假如这种热爱正义的人在正义几乎最重要的意义上不是最杰出的那种人，《理想国》也就不是我们看到的这部作品了。（p. 127）

在这段引文之后的一段里，施特劳斯说明了正义几乎最重要的意义就是服务（service），服务自己的同胞和城邦。当苏格拉底同意到克法洛斯家去的时候，他并不是要证明这个意义上的正义。关于那个行动，施特劳斯写道：

> 由于强迫和说服的混合，我们有了关于正义的谈话。屈从于这样一个混合（such a mixture），或者某种类型的这样一个混合（a kind of such a mixture），就是正义的行为。正义本身、义务、责任，就是强迫与说服、强制与理性的混合。（p. 64）

施特劳斯并没有将波勒马库斯与他的同伴要求苏格拉底去他家时所采用的强制与说服的结合描述成正义的行为，但是却将那个赞美留给了苏格拉底屈从于他们的行动。但是他紧接着就宣称正义本身、义务、责任（这些等同究竟从何而来？）不外乎某种强迫与说服的混合。不是屈从于这种混合，而是混合本身，或者某种类型的这样一个混合。这显然不是波勒马库斯那群人所表现出来的那种类型。事实上，或许不是因为屈从于那个特定的表现，而是因为屈从于某个其他类型的强迫与说服的结合，苏格拉底才正义地行动；否则施特劳斯为什么要采用他所偏爱的笨拙的修饰语，特别提到“屈从于这样一个混合，**或者某种类型的这样一个混合**”呢？

只有在与施特劳斯论述的高潮中所讨论的哲人王对应的情境中，所有这些精致的表达才变得富有目的性。对哲人王来说正义的行为是成为他们城邦的统治者，这被施特劳斯描述成在强迫之下采取的行动，因而与苏格拉底在对话开场中的行动不同。施特劳斯没有提到说服，但是他补充道：“本来不应该必要，但是却有必要补充（it should not be necessary but it is necessary to add），强迫并不因为是自我强迫就不再是强迫。”在这句话之后,他加上了一个似乎漫不经心的脚注:“康德:《道德形而上学》,德性论导言I和II”。(这个脚注是一系列提到现代思想家的脚注的中心,而中心正是施特劳斯偏爱的标示强调的地方。在这一章中这些思想家出现的顺序是霍布斯、卢梭、康德、马克思、尼采。)如果我们按照施特劳斯的指示翻开康德《道德形而上学》的相关章节,我们会看到其中总结了作者对义务与德性关系的看法。服从义务就是服从某种除自己之外谁也不能强加的限制:只有这样,在义务中包含的必然性的力量才能与人类作为道德存在必不可少的选择的自由协调一致。身处道德义务的直言律令之下的理性存在者将道德法则强加给自己,并由此证明了他的自由。德性就是一种坚毅,让他能够抵挡违反道德法则的诱惑。他服从法则并不是因为意愿——事实上恰恰是反意愿的——而仅仅因为他是一个理性的存在者。

但是如果想当然地认为施特劳斯将康德加入脚注是为了说明让哲人王服务城邦的那种强迫就是康德意义上的义务的强迫,我们就错了。下面是他对那种强迫的解释:

> 但是第二种意义上的正义[即服务和服从法律]并非内在地具有吸引力或因其本身值得选择,它是好的仅仅因为其后果。或者说它不是高贵的,而是必要的:哲学家服务城邦,即便是好的城邦,并不像他追求真理那样出于自然倾向、出于爱欲,而是出于强迫(519e—520b,540b4—5,540e1—2)。(p. 128)

但是在康德的道德系统中,能够定义道德行动的特征是,它因自身之故而被选择。如果哲人王在选择服务城邦的时候考虑的是后果,那么他的行动可能是考虑周到的,但绝不是康德意义上的道德主体的行动。

考虑哲学家第一个意义上的正义，施特劳斯将之与对城邦的服务对比，更确认了他的正义所具有的非康德性质。因为哲学家投身于最快乐的工作，不管后果如何它都具有内在的吸引力，这样的工作使他自足和自由，也使他正义，这个意义上的正义与自足的城邦的正义相同（p. 127）。对康德的道德主体来说，除非他的道德选择不掺杂任何意愿的成分，否则他就不可能是自由的；而哲学家在某种意义上通过选择他最愿意做的行动变得正义。

如果康德关于道德是自我强迫的理论不能应用到哲人王的动机之上，那么施特劳斯为什么会在分析哲人王所经历的那种强迫时提到它呢？他这样做是因为，他期待细心的读者会注意到这样一个看来和前后文都没有什么关系，而且非常多余的句子，“本来不应该必要，但是却有必要补充，强迫并不因为是自我强迫就不是强迫”，它可能完全不是指对哲人王的强迫，而是指其他人的自我强迫。他这样做是因为期待耐心的读者会记得在分析对话开篇时插入的那两个与正义并列的奇怪词汇——“正义本身、义务、责任，就是某种强迫与说服、强制与理性的混合”（p. 64）。义务和责任是康德道德理论中的关键术语，在这里却被用来描述某种相当非康德式的自我强迫方式，也就是苏格拉底自我强迫的方式。虽然自我强迫还是强迫，但它除了强迫之外还有可能变成其他东西，比如说服。当苏格拉底说服对话中的同伴强迫他去统治他们，由此间接地强迫自己时，这种自我强迫就可能变成苏格拉底所展现出来的那种特殊种类的强迫与说服的混合。在阅读施特劳斯的时候，我们必须接受一个脚注可能是行为的一部分；它可能比学术内容更能够将读者带回到一个第64页之前的说法。

施特劳斯向沿着这条道路回溯的读者展示了柏拉图如何理解苏格拉底的义务，以及这样的看法如何与康德相似和相异。与康德的相似之处在于它也是一种自我强迫。但苏格拉底似乎是屈从于波勒马库斯那帮人所采取的强迫和说服，对此施特劳斯非常小心地指出（他的策略是笨拙地重复一些话，这也是他最喜欢使用的让读者不快的方式），向波勒马库斯等人让步最开始完全是格劳孔的主意："不是苏格拉底而是格劳孔回答那个奴隶说他们会等着……随后格劳孔而非苏格拉底屈从于强力……随后格劳孔而非苏格拉底做了决定，他的第三个决定"（pp. 63—64）。而苏格拉底更像是屈从于自己。他所屈从的那种强迫与说服的混合是哲学家的自我强迫，他说服非哲学家强迫他统治他们。说到自我强迫，苏格拉底既是推动者，又是对这个推动做出让步的人：这就是为什么施特劳斯首先说，正是由于屈从于混合了说服的强迫，苏格拉底做了正义的行动，随后说正义本身（这当然也包括苏格拉底的正义行动）是混合了说服的强迫行动（p. 64）。

但是比这种单纯结构上的对应更重要的是与康德的观念进行对比。康德的义务是在一种严格的自我关系中强加给行动者的，不掺杂任何意愿的成分；苏格拉底的义务是通过中介——也就是非哲学家被说服——强加给行动者的，哲学家愿意为了他们的利益着想。苏格拉底的行动，也就是塑造了整部《理想国》的行动，是有利益伴随其中的，而利益的焦点就是格劳孔。格劳孔不仅是这部对话关键篇章中苏格拉底的对话者，还是苏格拉底下到比雷埃夫斯港的同伴，对此施特劳斯说，"我们不能排除这样的可能性，即他（苏格拉底）下到比雷埃夫斯港是为了格劳孔，也是因为格劳孔的请求。毕竟，在对话之前我们所能观察到的所有决定都是格劳孔做出的"（p. 65）。这样看来，施特劳斯反复强调格劳孔在开场情景中的主动，就还有第二个功能。

有些人可能会反对说这并不是苏格拉底在《理想国》第一句话中明确描述的下到比雷埃夫斯港的动机："我昨天和阿里斯通之子格劳孔

下到比雷埃夫斯港，为了向女神至祷，我还想要看看这个节日……”提出这个反驳的人没有注意到施特劳斯对这一场景中行动的限定——“我们所能观察到的”——更不用说柏拉图在“昨天”一词中暗含的东西了。因为如果不知疲倦的苏格拉底第二天向一群新的听众讲述这次谈话，那么这些听众以及读者除了苏格拉底自己想要提到，或者说他选择解释的东西之外就没有任何其他方式了解对话者的行动和动机，而且读者因为不知道第二批听众是谁，就无法判断他们给了苏格拉底多大的自由进行选择。但是关于格劳孔这个前一天听众中的关键一员，至少有一个事实尽人皆知：他的政治抱负。我们也知道苏格拉底曾对此加以干预，试图使他摆脱这种抱负。施特劳斯因此补充道：“柏拉图的苏格拉底可能与非常想要下去的格劳孔一起下到了比雷埃夫斯港，为的是找到一个不那么唐突的机会治愈他极端的政治抱负。《理想国》为各种形式的政治抱负提供了最好的治疗”（p. 65）。

《理想国》为各种政治抱负提供的治疗就是表明理想的城邦，也就是由哲学家统治的城邦，在与人类本性不一致的意义上是不可能的；但是苏格拉底治疗格劳孔政治抱负的方法却是表明哲学家的统治可能性极低——这样就既满足了格劳孔的理想主义，又没有确定时间地延缓了其实现。但是施特劳斯说苏格拉底将这看作是一个义务（虽然不是严格意义上的康德式的义务）又是什么意思呢？他的意思是哲学家意识到了道德是一种并不安全的人类价值，也发现这一知识本身给知道它的人提出了要求，一个必需的要求，即他如何适应他的同胞；这也是一个人最接近正义之处。让我们再转回到施特劳斯论文的高潮部分，解释他为什么这样认为，同时揭示对施特劳斯的柏拉图来说，为什么宣称哲学与政治无可挽回地处于不合状态是一种过分简化的说法。

在我们返回那个高潮的时候需要注意的第一件事就是，在“哲学家服务于城邦,即便是好的城邦,不像他追求真理那样来自自然的意愿、来自爱欲,而是出于强迫”(p. 128)后面的引证中,施特劳斯补充了之前说“哲学家不可能被说服,他们只能被强迫统治城邦”(p. 124)时明显缺失的引证。这些现在补充上的引证所具有的共同特征是给格劳孔补充了某些他忘记或错过的东西。格劳孔曾抗议,不允许哲学家生活在洞外对他们来讲是不义的,苏格拉底在519e回应这个抗议时说,你忘了法律关乎所有人的福祉,而不是城邦中的某一个等级,而且法律会利用说服和强迫实现这一点。这里补充的540b4—5直接指向了苏格拉底关于哲人王不会将统治的任务看作某种高贵的东西,而仅仅看作必要的或强迫的东西的说法,这个说法用一个重要的对照补充了格劳孔此前说的他们仅仅会将统治看作必要的或强迫的(520e2)。

施特劳斯意在让读者理解柏拉图有理由让格劳孔成为这些评论共同针对的目标。当格劳孔面对回到洞穴的前景,不自觉地为哲人王的利益提出抗议时,他不仅忘记了这个理想城邦得以建立的原则,也忘记了自己。格劳孔开始要求苏格拉底表明,一个为了正义牺牲一切的人(不仅牺牲了名声和酬劳,而且最终牺牲了生命),比一个没有被别人发现并获得极大成功的诡计多端的无赖更幸福(360e—362c),而现在,这个需要别人提醒他正义可能要求个人牺牲他喜爱的生活的格劳孔,与之前那个坚持要求苏格拉底捍卫自我牺牲的正义的价值,并由此引发了整个讨论的格劳孔还是不是同一个人呢?关于《理想国》中的这个初始时刻,施特劳斯这样写道:

> 关于格劳孔含蓄地反对特拉叙马库斯的观点,这让我们不能不想到康德的观点——康德对一个除了好意(good will)这唯一有绝对价值之物以外别无其他的单纯之人的动人描述。《道德形而上

> 学莫基》开篇的话说得很清楚，根据他的理解，道德最接近正义，而非其他德性。根据康德的理解，道德与技艺和自然分离的程度就像格劳孔所理解的正义：道德法则既不是自然规律也不是技术规则。在《理想国》中格劳孔这种观点的命运预示了康德道德哲学的命运。但是格劳孔所意欲的东西最好用“荣誉”而非“好意”来说明。(p. 89)

施特劳斯相信康德道德哲学的命运是它对自由的梦想没有根据并且不能维持，不管是摆脱了自然限制和偶然性的自由，还是摆脱了实现幸福的技术——也就是技艺——加给我们的限制的自由。(马克思和尼采是施特劳斯脚注中康德的后继者，他们既将这一命运变成了现实，又引入了填补继之而起的政治真空的东西。)格劳孔对自由的梦想也遭受了相似的命运，最终随着他接受哲人王的理想而彻底消散。格劳孔梦想的正义，也是他希望听到苏格拉底捍卫的正义，有这种无视后果的气魄，也就是自由。如果说这种正义很像康德道德主体的好意，那么对格劳孔来说，当正义之外的一切都被清除之后，剩下的并不是纯粹的好意，而依然是一个人，事实上是一个拥有完全的自足和尊严，拥有“荣誉”的真实的人，就像一座雕像被洗净了污渍(361d)。格劳孔、苏格拉底、哲人王，施特劳斯让康德道德哲学之光划过这三个人物，但是光束最终都因为不当的比较而转向他处。他用康德作为线索将这三个人物串在一起，因为康德道德理论的核心是义务的概念，而《理想国》的核心是苏格拉底通过诉诸哲人王的义务提示格劳孔自己的义务，通过这样的行动苏格拉底也履行了自己的义务。施特劳斯并不是说《理想国》包含了对康德带有先见之明的批评。对施特劳斯来说，康德道德哲学在这里是一个普遍化的象征，代表了仅仅在道德领域追求终极善的尝试。

康德不能实现这一论证也就象征了苏格拉底所填补的类似真空，虽然在具体问题上相当不同。

苏格拉底虽然将尊严留给了格劳孔，但是却没有假装给他想要的论证，也就是表明不管后果如何这个尊严本身就值得拥有的论证。通过补充之前略去的引证（始于对法律乃是说服与强迫的结合），施特劳斯隐含地承认，当苏格拉底作为立法者和立国者讲话，当他对想象中的哲学家论证回到洞穴的正义时，还是运用了强迫和有说服力的理性的命令。但这并不是格劳孔想听到的论证。哲学家被迫回到政治，因为他们认识到政治活动虽然并不高贵，但确实是必要的；也就是说他们接受了苏格拉底的论证，回到洞穴对他们所属的城邦来说是最理想的结果（520c—d）。正如施特劳斯说的："……第二种意义上的正义（即服务城邦和服从法律）并非内在地具有吸引力或因其本身值得选择，它是好的仅仅因为其后果。或者说它不是高贵的，而是必要的……"（p. 128）这一论证的本质帮助我们看清了施特劳斯如何解决anankaion一词的模糊性（必要的、不可避免的、强迫性的），他更赞成将其理解为"必要的"。哲人王并不是被苏格拉底或者法律强迫，从而接受他们的君王地位，而是因为他们认识到了城邦的需要。但是格劳孔并不想听到正义因为结果而被赞美，而是因为它本身。他得偿所愿，但并非以他预料到的方式：

> 但是哲学家最关心的是内在地有吸引力而且事实上最快乐的工作，不管它带来何种结果（583a）。因此只有在哲学之中正义和幸福才是一致的。换句话说，在城邦所能实现的正义的意义上，只有哲学家才是正义的个体：他自足和真正自由，或者说他的生活最少服务于他人，就像正义城邦的生活最少服务于其他城邦。（p. 127）

在第一个意义上，正义是服务于他者的反面，而服务于他者构成了第二个意义上的正义。第一个并不是通常意义上的正义，而是一种自足，它仅仅通过类比在非常弱的意义上与自足的城邦所代表的更为清晰的公民正义观相联系。

不管怎样，格劳孔是被第一个意义上的正义吸引了，这一点只要看看为了第二个意义上的正义而牺牲第一种正义时他的抗议就会知道，因为正是用这个观念，苏格拉底似乎满足了格劳孔对一种仅凭自身就有价值的正义的梦想。格劳孔没有注意到他的野心如何被彻底颠覆了，这是因为苏格拉底给他保留了尊严。但是施特劳斯希望他的读者注意到这一点，并因此重新描述了这两个意义上的正义："第一个意义上的正义可以被说成是强者的利益，即最强大者的利益；第二个意义上的正义是弱者的利益，即那些较差者的利益"（p. 128）。这个描述当然来自特拉叙马库斯：强者的利益是特拉叙马库斯心目中真正的正义，而弱者的利益是格劳孔在作为魔鬼代言人发展特拉叙马库斯的理论时认为的传统意义上的正义（参见p. 87）。这样格劳孔所反对的特拉叙马库斯的观点就预示了康德道德哲学的命运；也因此帮助我们理解了施特劳斯两个更令人困惑的说法：其一是苏格拉底与特拉叙马库斯的讨论构成了整部《理想国》的核心（p. 73），其二是即便特拉叙马库斯的理性能力很差，但他的原则依然获得了胜利（p. 84）。格劳孔想让正义与自然，与技艺分离：但是他得到的却是一种在这两者之间进行了区分，同时包含了两者的正义。作为强者利益的正义是自然正义——哲学家"出于自然倾向、出于爱欲"追求真理；作为弱者利益的正义是人工的正义——哲学家为了城邦整体计算他的统治带来什么后果。

格劳孔为什么接受这个他梦想的替代品呢？因为苏格拉底一直非常审慎。他对格劳孔梦想的否定披着那个梦想得以实现的伪装。格劳孔不可能得到为一种与后果脱离,因其自身之故而值得选择的正义的辩护。但是他可以得到这种正义的一个扭曲的形象:一种因对社会的后果而得到辩护的正义,这种正义要求更高等级的工作要为了公益服务,这个公益其实是哲学家渴望真理的自然倾向与人们渴望同类的自然倾向之间的妥协。这已经足够满足格劳孔了,因为“当其他东西为了荣誉之故而被牺牲时,荣誉最清楚地闪耀光彩”(p. 89)。但是苏格拉底给出的辩护仅仅是对正义的政治性辩护。唯一因自身之故值得选择的东西是哲学,而哲学家是唯一自由的个人。但是在理想的城邦中,那个选择和那个自由都必须做出妥协。因此格劳孔作为魔鬼代言人替特拉叙马库斯宣扬,但实际希望被击败的观点,事实上取得了胜利:“在私利和公益之间存在不可解决的冲突。”(p. 88)我们不可能完全获得正义。

在格劳孔的坚持下,为了回应他的抗议,苏格拉底颠覆了格劳孔的计划,并给了他一个新的理想,一个苏格拉底自己设计出来的理想,施特劳斯正是选择了在这个地方插入这样的话:“本来不应该必要,但是却有必要补充,强迫并不因为是自我强迫就不再是强迫”,同时加上了那个关于康德的脚注。因为这个结合提醒读者注意苏格拉底自我强迫的独特性——他说服听众强迫他去统治他们。而且施特劳斯刚刚以最强有力的方式唤起读者注意苏格拉底与格劳孔之间扩大了的交易——苏格拉底诱使格劳孔得出了一个不同于他之前希望的理想。现在是时候去关注这个引人注目的句子开始的部分了——“本来不应该必要,但是却有必要补充……”施特劳斯知道对于那些缺少同情的读者来说,这个表述看起来不过是充满学者气的傲慢。但正是因为存在缺少同情的读者,这样的表述才是必要的。“本来不应该必要”是说在一个应然的世界,在一个理想化的正义世界,没有这个必要;“但是有必要”,什么是有必要的？像施特劳斯那样补充一个带有暗示性的关于自我强迫的分句，以及关于康德的脚注是有必要的，也就是说用审慎的方式写作是有必要的。我们可能会想，施特劳斯不可能获得他想要的那种正义，因此必须要屈从于必要性——就像哲人王一样。但是施特劳斯的世界并不是一个哲学家被当作蜂王一样抚养的蜂巢(520b)；他并没有生活在一个自然与技艺合二为一，蜂群被严格划分为不同等级的世界；在他所处的世界里，哲学家自愿同其他哲学家讲话，并且必然要同非哲学家讲话。他生活在一个有着混杂听众的世界，在其中哲学家必须被引诱上钩，那是柏拉图而非哲人王的世界。

虽然《理想国》里有很多定义正义的尝试，但是却从未定义柏拉图和施特劳斯世界中的正义。这正是施特劳斯下一句话的论题："根据一种比苏格拉底的定义更为通常的正义概念，正义在于不危害他人；这样理解的正义即便在最高的意义上也不过被证明是哲学家灵魂之伟大的附属物。"这个证明从何而来，施特劳斯从哪个幽暗之处挖掘出这样一个与他这段讨论没有任何联系的定义呢？它来自丛林最幽暗之处，因为没有什么比紧贴着眼睛，必须绕过或透过它才能看到其他对象的东西更难以看到了。《理想国》从来没有讨论过不危害他人的正义，但是它的最高形式却反复通过对话中的行动得到表现，施特劳斯刚刚通过关于自我强迫的句子将它概括性地呈献给读者，这个句子本身就表现了按照这种方式理解的正义。因为在施特劳斯看来，避免伤害他人的最高形式就是哲学家审慎地讲话——就像苏格拉底在《理想国》中所做的那样；以及审慎地写作——就像柏拉图写作《理想国》、施特劳斯本人写作《城邦与人》那样。

没有人能比哲学家造成更大的危害，因此避免伤害的最高形式就是哲学家的闪躲。哲学家知道如何用论证消解一切非哲学家在公民生活中最珍视的东西的基础。他是城邦安全最大的威胁。在《理想国》中苏格拉底通过安全地讲话消除这一威胁：他勾勒了一个理想的城邦，在其中哲学家不再是公民道德的颠覆者，而是管理者，是公民正义与虔诚的保障。苏格拉底对格劳孔最后说的话是一个关于来世奖赏的故事，而施特劳斯对此写下的内容在回溯的意义上具有相关性：

> 对于一个像苏格拉底这样的真正正义的人，迫使弱者对人类事务中秩序和得体的可能性感到绝望不可能是他的义务，尤其不能让那些因为性情、出身和能力可能承担某些公共责任的人感到绝望。苏格拉底为了格劳孔，在比雷埃夫斯港的这个值得怀念的夜晚，像魔术一般变出了很多宏大和令人困惑的景观，对格劳孔来说，在随后的日子里记住这些景观，或许还能将它们传播给他人，也就足够了。(p. 137)

苏格拉底这个审慎的讲话者，通过让格劳孔准备好承担公共义务而履行了他自己的义务。但是审慎的讲话与审慎的写作并不是一回事。审慎的讲话，至少是苏格拉底的审慎讲话，并不意在让它最初的谈话对象破解，而是意在使他安全。苏格拉底下到比雷埃夫斯港并不是去引诱哲学家上钩，这是柏拉图在设想审慎讲话的场景时想要做的。因为审慎的写作就是暗示性的写作。那些不能破解它的人就不是首要的写作对象，它要在公共市场中绕过他们。因此，柏拉图写了这样一部作品，在字里行间承认那些对哲学充满敌意的人总会怀疑哲学，而这充满暗示性的承认却能够激起哲学之友的兴趣。因为写作的是对话，柏拉图总是可以让他的著作充满有说服力和直截了当的论证，因为它们是另一个人而非柏拉图的论证。但施特劳斯写作的是独白。清晰的论证可能会被直接归到作者头上，而永无破解之日。因此他假装写作密集、晦涩、古怪、随意、生硬、迂腐的论证，同时还夹杂了很多不合逻辑的推论，这让教授们迷惑和鄙视，却引起有思想的读者关注。施特劳斯就是他自己剧中的人物。

通过写作城邦中哲学的处境，施特劳斯的柏拉图想要做的不仅是强调这两者之间永恒的不合，以及出于强迫的结合，而且想要说哲学与城邦成对出现乃是二者各自必须面对的。这就是为什么施特劳斯论述的高潮段落以提到哲学家对城邦的归属感告终："我们可以说，出于对自己东西的爱，也就是一种爱国主义，我们没有理由认为哲学家不应该参与政治活动"（p. 128）。施特劳斯在脚注里提到了《申辩》30a3—4，在那里苏格拉底称愿意将自己马虻般的叮咬给予他遇到的任何人，不管是年轻人还是老人，不管是外邦人还是公民，但是更愿意给予雅典公民，因为他们与他更亲近。只要考虑施特劳斯关于《申辩》的文章[1]，我们就会知道他并没有按照字面意思理解这个说法。在雅典苏格拉底并不完全舒服自在，但他也不完全是个局外人。将他置于这种位置的并不是哲学家所拥有的洞穴外的知识，以及与此相伴的对洞穴内生活的反感，而是他对自己无知的认识。《申辩》中的苏格拉底同时也是《理想国》中的苏格拉底。因为虽然《理想国》好像是要回答正义是什么的问题，但它并没有真正回答。一部回答那个问题的对话必然像柏拉图撰写的任何对话一样充满问题性（aporetic, p. 106）。《理想国》中提出的理想是关于城邦的理想，而不是关于正义的理想：城邦的合理需要得到了满足，但是公民们的合理需要却没有。与这个意义上的正义接近的是

1　Strauss 1983, ch. 2.

进行探索的、谦逊的、充满问题性和爱欲的哲学家的审慎举止,他至少避免给予任何人对他来说不自然的东西。他不像哲人王那样必须交替拥有哲学家和政治家的身份,而是可以同时拥有两者,因为对人类根本性问题的意识向他提出了进一步的问题:在人类中如何找到恰当的位置去安放那种意识。哲学家知道,道德并非它意在成为的那种价值的稳固来源,正是这种关于自己(以及他人)对善的无知之知,将某种社会性的要求加给了他。这是政治生活最高贵的形式,即便不是最必要和最紧迫的形式。因为如果肩负起那种意识所带来的政治重负是哲学家义不容辞的责任,那么将这一重负加给哲学家的就既不是道德法则的命令,也不是对不可避免的东西的计算,而是爱欲的力量。正是哲学家要认识根本性的人类问题的自然倾向,以及他不可避免地将这一认识当作最高贵的人类活动,使他同时肩负起了与之相伴的政治重负。即便他愿意承担,这个重负也依然是一个重负,因为根本性的人类问题确实是一些问题,哲学家的劳作,不管多么快乐,也依然是劳作。

施特劳斯和施特劳斯的柏拉图都是苏格拉底式的充满问题性的哲学家。虽然我们将他们的世系追溯到一个从不写作的哲学家,但是他们都首先是写作者而非讲话者。柏拉图并没有发明文学(在他之前诗人们已经知道如何使用暗示、写作某些语境而不仅仅是简单的句子、使之沉默或让某个场景讲话、使每个细节彼此呼应),但是他使文学天赋为他的需要服务,孕育了对人类根本性问题的探究,却并不假装对这些问题给出答案。每个教授都知道,在写作中避免给出答案要比面对某个人时容易。柏拉图没有任何一部作品是让苏格拉底与一个善意的,与他有相同理智能力的人进行公开的哲学对话。但这并不是因为写作这样的对话意味着柏拉图不得不提出对哲学问题的解答;而是因为柏拉图希望善意的读者意识到,与作者进行公开的哲学对话,同阐释那些并不公开的对话作品中的谈话相比，并不能使他在实质上更接近对这些问题的解答。我们不能期望柏拉图或施特劳斯在哲学对话中揭示任何他们在写作中隐藏的答案，因为他们并不是为了隐藏答案才用那种方式写作的。

我并不是说他们口头交流的内容在形式上不会与他们的写作有别，尤其是在柏拉图那里，因为他虽然写作对话，但是在口头交流中却不得不采取独白的形式。我们都知道，据说柏拉图做了一个关于至善的公共演讲，但是由于太过深奥难解大多数听众提前离席，对某些学者来说，这是柏拉图拥有一个从未在对话中揭示的哲学系统的关键证据，但这也可能无非是柏拉图口头进行的施特劳斯式的独白写作，其独特的形式和难解的风格都是出于相似的原因。施特劳斯与科耶夫的通信（发表在《论僭政》[1]的扩充版中）包含着一些非常有趣的信息，但是并没有直接的揭示。私下流传的施特劳斯的授课笔记似乎也是如此。但是在某种意义上，所有这些都与主题无关。斯坦利·罗森认为重要的乃是施特劳斯的表面[2]，他是正确的。施特劳斯本质上就是他的作品；而与施特劳斯的真正相遇就是读者仔细留意那些作品的表面。想要理解施特劳斯的人不该到作品背后去寻找施特劳斯（比如私下流传的讲稿或秘密录音），就像我们为了理解完成的文学作品不应该去寻找某个作家的日记或匆匆写下的笔记一样：这并不是因为作者没有神秘之处，也不是因为作者的意图不重要，而是因为那样做是无礼和不得体的。那无异于告诉那个作者，他失败了。假如施特劳斯是另外一种不同类型的哲学家，不那么充满问题

1　Strauss 1991.

2　Rosen 1987, p. 116.

性,这种无礼可能并不那么要紧,因为那样一来他的文学作品就变成了附属品。那些秘密录音或许可以揭示他实际上是不是一个不同类型的哲学家。但是既然他的作品表明他不是,这个问题也就该停止了。施特劳斯确实是一个没有秘密的斯芬克斯,而那恰恰是他的秘密所在。

这样的说法与我们听到的关于施特劳斯作为老师的诱惑力并不矛盾。但是如果施特劳斯不过是他的作品,如果他的作品承载了他所拥有的全部理智潜能,那么能够解释这种潜能的,就不是师徒关系或者与他亲身接触才能获得的秘法。不管施特劳斯在美国有人追随的原因何在,他关于柏拉图作品的优点以及他对一些柏拉图读者的影响都是显而易见的。其中最有价值的特征就是施特劳斯拒绝掩饰柏拉图的文学性,或者将这种文学性最小化。施特劳斯并没有方法,他有的只是一种决心,那就是不让苏格拉底(或者来自爱利亚或雅典的外邦人)的论证成为核心。让其他人去考察苏格拉底对话者的每一个回答、问题或讲话,如果他们愿意的话去考察对话行动和场景中的每一个方面,让这些考察都服务于澄清苏格拉底的论证;让他们努力使苏格拉底的论证显得正确,相信他们这样理解的就是柏拉图自己的论证。施特劳斯却在苏格拉底的论证遇到张力,甚至分崩离析的地方寻找柏拉图的论证;他给苏格拉底的对话者与苏格拉底同样的权利,也在这些对话者的贡献中找到直接或间接的途径进入柏拉图的论证;他考察人物的性格、行动和场景并不是为了支持和澄清苏格拉底的论证,而是为了它们所展现出来的柏拉图式的论证。

施特劳斯在这样做时并没有预设他想要证明的东西,并没有在证明柏拉图是一个审慎的作者之前就不正当地用审慎的方式阅读柏拉图。首先,证明柏拉图是一个审慎的作者并不是施特劳斯的抱负所在,他的抱负是要理解柏拉图，而他在发现柏拉图的过程中理解他。但是不管怎样，考虑到我们掌握的资料，除了提出有说服力的对柏拉图的审慎理解之外，没有别的办法可以证明柏拉图是一个审慎的作者。如果这一程序是循环的，它也是一个解释学的循环，而非恶性循环。那些认为柏拉图不是审慎作者的人也要面对同样的循环。

但是有人可能会反对说，难道没有外部证据可以打破这个循环，表明柏拉图并不是施特劳斯心目中的那种作者吗？我们难道不是还有亚里士多德的证言吗？但施特劳斯并没有因为柏拉图最著名的学生在《政治学》第二卷里将苏格拉底在《理想国》中的论证当作直截了当的论证进行处理而感到不安。事实上，施特劳斯不但没有贬低亚里士多德作为资料来源的价值，反而认为他很好地理解了柏拉图。在一封给科耶夫的信里，他做了一个很重要的评论：

> 亚里士多德的批评绝对是合理的，他完全理解柏拉图所做的，但是他拒绝将意在反讽的东西处理成反讽性的，因为他相信，有可能也有必要写作论文，而不仅仅是对话；因此，他将《理想国》对话中的主题处理成论文中的主题；毫无疑问这是因为他相信智慧而不仅仅是哲学乃是可能实现的。这在我看来是柏拉图与亚里士多德的差别所在……[1]

换句话说，亚里士多德很清楚地知道他对《理想国》中理想城邦的批评事实上是用明确的方式讨论柏拉图本人意在暗示的问题。因为亚里士多德要超越这些问题，并且解决在私利与公益之间的冲突，因为他相信

1　Strauss 1991, p. 277.

如果哲学提出的问题不能被回答,那么哲学也就成了一种没有意义的活动,他将柏拉图作品中最终的视域变成了自己的起点。

施特劳斯决心不将苏格拉底的论证置于核心地位,这就是他思考柏拉图时最显著的特征,而他在柏拉图作品中注意到的很多困难和前后不一致,也是很多拒斥施特劳斯进路的学者在阐释柏拉图时的共同养料。让我们再来看看哲人王不情愿回到洞穴的例子,在一些重要的关于《理想国》的著作中对这一论题的处理都符合上面的描述:茱莉亚·安纳斯事实上同意施特劳斯的观察,即苏格拉底给想象中的哲学家提出的返回洞穴的理由是有问题的,她也同样认为沉思生活是非人性的,实际上是一种不能过的生活方式。[1]他们的差别在于如何处理这些思想,安纳斯不去理会苏格拉底"糟糕的或明显不够充分的"理由,并且从文本的其他地方寻找更好的理由,认为沉思生活的非人性是一个重要的缺陷,它使柏拉图的论证失效,虽然柏拉图尽了自己最大的努力。安纳斯的论述试图使苏格拉底的论证看上去正确,但是她最终的结论是这无法实现。尼古拉斯·怀特和里夫也尝试做同样的事情,并认为他们可以更接近实现这个目标。怀特不得不借助一个没有文本依据的前提,就是无条件的好所具有的推动力量[2];里夫仅仅利用他在文本中找到的东西,从而表明哲学家应该进行统治,这对哲学家和城邦的利益都是最好的,但是却没有回答,如果确实如此,哲学家为什么还必须被说服[3]——这正是柏拉图带给我们的困惑。从施特劳斯的观点看,这两位学者都因为他们专注于苏格拉底的论证而被误导,他们想要熨平柏拉图为读者设计出来的皱褶。

---

1 Annas 1981, pp. 266—271.

2 White 1979, pp. 48—49, 190—196.

3 Reeve 1988, pp. 200—203.

这些例子也表明施特劳斯的独特之处并不在于仅仅将他在柏拉图那里发现的东西接受为合理的，因为里夫和怀特也这样做；他的独特之处也不在于倾向于相信古人正确地理解了哲学上优先的东西，而现代人错了，近来复兴的亚里士多德主义德性伦理学已经将这一态度变成了某种老生常谈。施特劳斯之所以是施特劳斯，重要的是他结合了对柏拉图合理性的信念和拒绝将苏格拉底的论证当作柏拉图合理性的支柱。因为这促使他在审慎地理解柏拉图的论证之外又向前走了一步，自己也成为了一个审慎的作者，他相信哲学与社会的根本关系自从柏拉图的时代以来就没有改变。但是如果有人认为我们不需要哪怕暂时相信柏拉图也能够理解并认真对待他，或者认为暂时的相信并不比同情的阐释所需要的怀疑更有利于理解柏拉图，又会怎样呢？如果这同一个人认为施特劳斯决心不将苏格拉底的论证至于核心位置也预设了一个理解柏拉图的前提，又会怎样呢？那么他可以从施特劳斯那里学到如何成为一个柏拉图的审慎读者，或者将施特劳斯看作一个与自己同类的读者，同时不接受施特劳斯理解的每个细节，更重要的是不需要成为一个审慎的作者。

这样看待施特劳斯的柏拉图会引发很多问题，比如施特劳斯是不是可以期待有人真正理解了他？像他心目中的英雄那样写作是否仅仅是种浪漫的想法？哲学所具有的危险性是不是过分的哲学想象力的虚构？施特劳斯是不是真的是一个充满问题性的哲学家，意识到了根本性和整体性的问题，还是他仅仅在玩弄成为一个充满问题性的哲学家这个问题本身？[1]这些都是合理的问题，但是我不想尝试回答它们。我这里所做的只是给自己赢得提出这些问题的权利。尝试回答它们会将

1　Strauss 1991, p. 196.

施特劳斯的柏拉图拉向施特劳斯,从而远离柏拉图。因为如果我关于施特劳斯的观察是正确的话,那么恐怕没有人可以非常确定地宣称他们理解的施特劳斯是正确的。我们最好是受到施特劳斯的启发,用他阅读柏拉图的那双眼睛去研究柏拉图,而不是去研究施特劳斯。当然,如果施特劳斯对柏拉图的理解是正确的,那么对一些人来说理解柏拉图的冒险也就失去了吸引力。而对另一些人来说,那将成为一项非常值得的冒险。

爱欲与城邦：评鲁奇尼克《美丽城：柏拉图〈理想国〉的辩证特征》

我相当同情这本书，但是并不同意其中很多最引人注目的说法。这其中包括《理想国》说到底不是一部关于政治哲学或道德哲学的著作，而是一部心理学著作，因为它关于美丽城的思考目的在于让读者可以洞悉哲学家的灵魂，而不是勾勒完美社会的蓝图；读者要理解美丽城的体制事实上会窒息哲学家灵魂的渴望，如果全面地加以考虑，对哲学家而言最好的社会类型，也就是能够让那些渴望尽情翱翔的社会，乃是民主制。这些在我看来都是错误的。那么我为什么要表达对本书的同情呢？因为它抓住了《理想国》的心脏跳动之处，也就是哲学家与城邦之间的张力，也因为它对这个主题的处理非常雄辩。鲁奇尼克还坚持认为，将《理想国》最终达到的结论当作柏拉图最终的看法是不够的，采取整体的视野将各卷中的立场结合成一个单一的理论也是不够的，在这一点上他也很有道理。《理想国》的展开方式是后面的内容修正前面的内容，同时没有忽视前面内容中包含的真理。理解这部作品唯一充分的进路是问柏拉图为什么选择呈现一些最初看似令人满意的材料，而后又将它们当作不令人满意的，并且从这之中推论出他的意思。将前后的材料融贯起来的不是一个理论，而是一个叙事。这就是鲁奇尼克所说的《理想国》的“辩证特征”。

在学术界，出版小书并非不寻常之事，与鲁奇尼克相似，我也在2003年出版了一本关于《理想国》的小书，也希望以短小精悍的篇幅讨论某些对《理想国》来讲带有核心意义和值得我们牢记的问题。[1]与鲁奇尼克的著作相似，我的著作也利用《理想国》提出的心理学作为指导去实现所要达到的目的。我对《理想国》心脏跳动之处的感觉也与鲁奇尼克相似，在阅读《理想国》时我也关注情节提供的论证。但是在我看来柏拉图所设想的美丽城是一个真正“美丽的城邦”，而不像鲁奇尼克认为的那样仅仅是辩证发展中的一个阶段，一个要被超越的阶段，我们最终要认识到美丽城事实上并不是政治理想。在我对鲁奇尼克的批评背后是我在自己书中提出的观点。但是因为这两本书是堂兄弟（或许是很远房的堂兄弟，但毕竟还是堂兄弟），它们之间的交锋才显得格外有益。

首先我想说，有不止一种方式关注来自情节的论证。鲁奇尼克认为“柏拉图不是在对话的某一部分，而是在整个对话中阐明自己的观点”（p. 146，本章中此类页码均引自《美丽城：柏拉图〈理想国〉的辩证特征》），这让他激烈地反对那些将柏拉图笔下人物的论证与他们所处的语境分离的学者。此外，鲁奇尼克非常严肃地看待和阐释《理想国》中那些结构性的标记——离题、打断、讨论方向的突然转变。这些都非常可敬。但是让柏拉图对话的结构约束对话传递的信息是一回事，

1 Ferrari 2003.

而像鲁奇尼克那样直接从对话的结构中读出某些信息则完全是另一回事。

正是当“爱欲”(Eros)出现在《理想国》之中,成为一个主题的地方,鲁奇尼克从结构中做出了最显著也最可疑的推论。他的主导观念是:苏格拉底的听众带有反叛色彩的不满在第五卷开头将对话的关注焦点突然转向了与性有关的主题,这是一个象征,象征美丽城不能处理被它压制的爱欲的能量,这预示了美丽城整个计划的崩溃,并且由哲学的自由取而代之。关于那个崩溃,他这样写道:

> 随着在第八卷中婚姻数的失败,爱欲最终压倒了美丽城,紧密结合在一起的政体在接缝处分崩离析。爱欲僭主式的和形态多样的表现在第八至十卷中完全展开。因此就需要某种非常不同于美丽城的政体来适应它。这样看来美丽城没有体现柏拉图的政治或理论理想,而只是《理想国》整体辩证发展中的一个阶段。(p. 69)

鲁奇尼克将第八至十卷中的内容描绘为庆祝美丽城之死和爱欲的得胜。

但是这些材料的连接事实上并非如此。在第八卷开头,苏格拉底预言即便像美丽城这么稳固、统治得那么好的政体也不会长存;最终错误会潜入优生系统赖以维系的数学计算,整个一代护卫者都会变得不如从前。在他们的指引下,城邦会转向坏的方向,开始一系列堕落的政治变化,最终结束在一场将僭主送上权力巅峰的革命之中。与此平行的是对一系列个人的描述,每个人的品格都类比于一种堕落的政体。比如僭主式个人的灵魂就被放纵的欲望施加了暴政,因此他的品格就和被僭主奴役的城邦类似。

因此，当优生学的计算失败之后，并非“爱欲压倒了美丽城”；美丽城是被一代不称职的护卫者压倒的，是他们，而非爱欲，使美丽城“在接缝处分崩离析”。并不是因为压制了爱欲导致这个城邦最终崩溃，那个“紧密结合在一起的政体”并没有像打了太多气的球一样爆炸，而是因为没有严格遵守关于性爱的规范。僭主式个人“僭主式的和形态多样的”爱欲受到了严厉的谴责，它并没有像某种美丽的花朵一样“完全开放”。因为只有为数很少的僭主式的个人能够成为真正的僭主，因此“需要某种非常不同于美丽城的政体来适应他们的爱欲”这句话能够成立的唯一方式就是，僭主制是僭主式个人的终极抱负。并不是美丽城本身试图达到完整的爱欲，却未能实现。但这正是鲁奇尼克说“美丽城没有体现柏拉图的政治或理论理想”时似乎要得出的结论。

鲁奇尼克推论的基础何在呢？《理想国》的叙事结构在他看来具有象征意义。他像所有人一样清楚柏拉图的文本包括了我刚才列举的要素，以及我所描述的联系，但是他做出了如下推理：如果关于护卫者之间性爱的主题是通过带有反叛性的插话引入的，那么柏拉图的意思肯定是美丽城不可能顺利和平地包容爱欲。如果对爱欲得胜的描述被推迟到美丽城之后，如果那个描述始于承认美丽城必然失败，而且如果那个失败与护卫者之间的性爱有关，那么柏拉图的意思必然是美丽城的失败咎由自取，让爱欲的得胜取而代之就理所应当，因为美丽城从来没有给爱欲应得的东西。

关注《理想国》的结构，关注其中人物所行和所言之间的关系，当然非常重要，但是我们应该在阐释整部作品时将它们当作一些要素予以关注，它们本身不应该凌驾于所有其他的考量之上，单独决定这部作品的含义。鲁奇尼克感谢利奥·施特劳斯帮助他理解了《理想国》的整体结构（p. 7）。施特劳斯在《城邦与人》中写道：“‘本质’的含义依赖于‘形式’”[1]，这句话或许成了鲁奇尼克采取这种进路的座右铭。但是我们应该来看看施特劳斯的这整句话：“不管怎样，在开始时，一个人甚至必须对‘形式’比对‘本质’给予更多的关注，因为‘本质’的含义依赖于‘形式’。”鲁奇尼克不仅以关注《理想国》的论述结构多于它实际所说开始，也以此作结。结构本身变成了论述，从而僭越了它意在塑造的论述。

当然，鲁奇尼克对《理想国》的论述在很多地方真正继承了施特劳斯的遗产——通过他的老师斯坦利·罗森。但是在鲁奇尼克阅读柏拉图的方法中缺少的是施特劳斯对柏拉图写作之审慎的警觉，施特劳斯将这种审慎与苏格拉底的反讽联系在一起。反讽家只对那些有能力理解他的人揭示自己的意思，但即便是那些不能看穿面纱的人也能从他的字句中理解一些内容。与此类似，柏拉图的写作在“引导他人得出有益的意见”的同时，也能够“激发那些依据自然适合的人去思考”。[2]这两个任务有各自的重要意义，合在一起它们构成了柏拉图式的审慎。

很有说服力的是，鲁奇尼克在一处甚至要将自己的阐释与施特劳斯式的“反讽性”阐释脱钩，理由是施特劳斯式的阐释针对美丽城提出的疑虑只在对话的表面，而没有进入对话的深层（p. 91）。但是这样的说法经不住仔细推敲：我们看到，鲁奇尼克在评价比如像优生学计算的最终失败这些明确和不容置疑的细节所暗示的“怀疑”时严重有失公允。但是比鲁奇尼克的阐释是否应该被归入反讽性阐释更重要的是他对“反讽”一词的理解。他写道，“反讽意味着一种外在的表面，意在不被严肃对待，它隐藏了一个内在的、有着严肃意图的深层”（p. 91）。这

1　Strauss 1964, p. 52.

2　Strauss 1964, p. 54.

个描述可以用在一般的反讽上，但是没有把握到施特劳斯眼中苏格拉底的反讽和柏拉图写作方式的特别之处。对苏格拉底的反讽而言，表面也意在得到严肃对待，虽然它只包括了有益的意见，而非真正的智慧；因为有益的意见非常重要，甚至至关重要。因此（我现在是说我自己的观点，而不是试图替施特劳斯说话），如果你认为美丽城真的是一个美丽的城邦，你并没有错，你的意见是有益的；但是你也不会完全正确，除非你理解了任何城邦都是丑陋的，甚至包括最美丽的城邦。

更奇怪的是鲁奇尼克居然会错失反讽进路的这个方面，因为他关于《理想国》"辩证特征"的看法本该使他理解这一点，因为"辩证特征"正在于前面的段落被替代，但是其中包含的真理却得以保留下来。鲁奇尼克赞赏的那种言谈的形式是哲学家之间开放的对话。民主制之所以好正是因为它使这种对话成为可能。哲学家如何与普通人谈话并不是鲁奇尼克关心的问题，在他看来那也不是《理想国》关心的问题。书写作品的辩证特征也捕捉到了真正的哲学对话想要表达的东西：哲学家对不变（settled）真理的探求对他来讲本身就是不安的（unsettling），因此必然不会带给他渴望的那种安定（settlement）感和终结感（pp. 130—131, 148）。这样看来，鲁奇尼克的理解便加入了柏拉图研究中某种流行的趋势，认为柏拉图必然选择对话形式，是因为他不持有任何形式的教条主义。[1]

从方法论角度对鲁奇尼克关于《理想国》中爱欲要素的论述进行的批判就说这么多。在内容方面我也反对他的论述：为了得到他的结论，即爱欲受到压制并由此给美丽城带来了不良的后果，鲁奇尼克不得

1 关于这个问题，参见我对Press 2000的书评，载于*Bryn Mawr Classical Review*，2000.11.10。

不抑制那些不符合他至高的结构性主题的细节。第五卷是关于爱欲的，这一点真的清楚吗？对护卫者性爱方面的规定只是其中的一个主题。波勒马库斯和阿德曼图斯要求听到更多的是护卫者如何将他们的女人**和孩子**公有（449c）；他们并非只要求了解丈夫和妻子之间的关系。我们说这一卷的主题是家庭比说是性爱更准确。主导性的问题是女性护卫者如何与男性共同承担护卫者的任务。第一个主要的构想是他们应该平等地承担那个任务。第二个是他们应该组成一个巨大的家庭。只是在这里规范性爱的论题才进入讨论，而且只是作为家庭如何才能最好地组织起来的具体措施加以讨论。第三个构想是，如果这些要成为现实，那些拥有权力的人必须是哲学家。继之而来的是关于什么是哲学家的长篇讨论。提出这个构想之前的几页也不是在描述男女护卫者如何上床，而是他们如何在战场上区分职责，以及如何共同战斗。即便如此，鲁奇尼克依然想让我们相信：

> 《理想国》因为涉及形而上学和知识论而著名的中间几卷，乃是苏格拉底要阐明对性爱的政治规范带来的结果。（p. 62）

那么柏拉图这样构建他的叙事目的何在呢？他的意思是说“哲学……是一种爱欲活动”（p. 62）。

这里的问题部分在于“爱欲”（Eros）这个词具有危险的模糊性。当注疏者更愿意采用转写（transliteration）而非翻译（translation）时，通常不是什么好的迹象。Eros有时是指性爱，至少鲁奇尼克认为对话每次提到性关系都是在谈论Eros；而有的时候，比如在他讨论民主制的时候，鲁奇尼克又将Eros当作指称人类各种欲求的普遍概念（p. 81）；在61页，他又说“人类的Eros是寻常的人类冲动，拒绝丢掉性关系和家庭的私有性”,也就是那种与自己的血肉联系的感觉,而这正是美丽城要从它的护卫者那里剥夺的东西。但是当涉及哲学时,Eros蔑视寻常的慰藉,也就是归属感带来的慰藉,那是要冲破界限的欲求,“因完全异己的东西而疯狂”,这种欲求的对象如果不是稳定和统一的理念,就会让哲学家令人不安地接近僭主(pp. 90,119)。

结果就是,当鲁奇尼克宣称适合哲学的爱欲的能量会因为美丽城严苛的性爱规范而窒息时(pp. 69, 73),他利用Eros这个词的模糊性指出,在这两种情况下受到压制的是同样的东西,虽然他用非常不同的方式描述它们。鲁奇尼克或许会回应说他这样做不过是复制柏拉图自己的策略。但是柏拉图在这些语境中却并没有限于使用erōs这一个希腊文单词。美丽城给护卫者的性生活(柏拉图有时但并不总是用erōs或它的衍生词来指他们的性生活)施加的约束确实非常严厉,但是它对护卫者哲学生活(柏拉图同样有时但并不总是用erōs或它的衍生词来指他们的哲学生活)施加的约束则远非如此。虽然处于美丽城顶端的哲学家要轮流管理城邦,但是他们可以花大多数时间从事他们真正热爱的事业——哲学(540b)。而鲁奇尼克的论述遮蔽了这一点。

鲁奇尼克认为美丽城中的文化看上去是反哲学的。他将《理想国》中生动的、富有创造性的、无拘无束的,有时甚至是不虔诚的对话,与美丽城中严格的审查制度和敌视创新进行对比(pp. 70—73)。但是他忘记了,自己描述的是美丽城中的公民文化,而非哲学家之间的私人谈话。那些辩证法家会尽可能深入挖掘,将自己提升到习俗之上,从而获得真理(533b)。当他们独处时,可以让自己的诗歌不被城邦稀释(595b,605c)。我们可以同意,公民文化整体上的素朴会影响他们的品格,因为即便他们不和其他人住在一起,也不可能全然不受他们的影响。我不是说他们生活在卫城之上,生活在反文化的幻觉之中。他们的生活方式确实清明甚至严苛，但是有什么理由否认柏拉图认为那种生活方式有利于哲学事业呢？

根据鲁奇尼克的看法，《理想国》认为是民主制而非美丽城才是哲学能够得到最佳滋养的城邦。这并不是说柏拉图无条件地赞成民主制——鲁奇尼克的论题并没有那么反对普遍的看法。他笔下的柏拉图理解，民主制下的自由和民主文化中的多样性有它们的危险，但尽管如此，他还是认为它们是哲学探索和批判精神的最佳食粮。对鲁奇尼克来说至关重要的是苏格拉底在557d的说法，如果有人想要建立一个城邦，就像苏格拉底和他的同伴所做的那样，他恐怕只能到民主城邦去，在那里他会看到政体的集市，并选择他喜欢的一个。鲁奇尼克认为这段话“非同寻常地承认”：

> 大概只有**在民主制中**，政治哲学，至少是《理想国》中实践的那种政治哲学，才有可能……（大概）只有在言论自由的民主制中，哲学家才能充分意识到人的多样性，从而理解正义和不义的本质。（p. 79）

鲁奇尼克通常对于对话中的嘲讽非常警觉，但是在这里他的耳朵背叛了他。苏格拉底刚刚指出，民主制“大概（或者是“可能”？kindyneuei）是所有政体中最美的”，但紧接着就补充道，因为多样性，它或许**显得**是最美的，那些可能会做出此种判断的大众对此的反应就像女人和孩子看到了闪闪发光的小物件一样。随后苏格拉底看到了某种关于民主制的多样性更加正面的说法：你大概（或者是“可能”？仍是kindyneuei）必须要到民主制去，假如你想要从各种现存政体的模板中挑选出你喜欢的。他的赞赏像前面一样是双刃的。因为苏格拉底自己在讨论中的程序并不是从满市场的选择中挑选他喜欢的政体;相反,美丽城是从头开始构建起来的,同时看着那个最好的范本,而不是看着苏格拉底这个立国者喜欢的范本。我们还应该考虑这个市场的意象所隐含的信息:如果民主制是一个政体的市场,而立国者只从一个货摊上购买,那么他选择的肯定不可能是民主制。

但是苏格拉底的赞美也不完全是反讽。一条多彩的长袍看起来可能确实很美。但是(在苏格拉底看来)只有女人和孩子才会仅仅因为这些认为它是最美的衣服。与此类似,民主城邦给更有思想的成员提供了丰富的政治材料去思考。但是相对于政治的混乱,这种安慰非常不够。柏拉图大概希望生活在没那么有趣的时代。在美丽城中,哲学家可能很晚才学到政体的多样性,就像好的法官很晚才学到不义(409b—d)。他是从二手资料中学到这些东西的,而不是亲自尝试。

虽然护卫者渴望完成他们的公共生涯,这本身就包括了十五年的理论学习,其中最后的阶段主要致力于纯粹的哲学。虽然他们不会完全放弃哲学生活的私人性,而只是放弃了家庭生活的私人性,但是如果仅仅根据这些就宣称从哲学家的视角看所有人都在美丽城中生活得很好则非常愚蠢。文本强调的重点完全落在公共服务的繁重上,落在哲学家必须要做出牺牲上,落在他如何希望免除这些任务上,落在所有这些表明的哲学家在这个世界的位置上。整体气氛并非阳光明媚,鲁奇尼克也正确地感觉到了这一点。而我的反对在于他的反应有些过激。

鲁奇尼克也正确地认为《理想国》在论述灵魂三分的问题上有某种发展,即直到第八第九两卷,理性部分才与某种欲求(也就是理解事物的欲求)结合起来,并强调其重要性。在第四卷中理性部分与欲望部分是对立的,并且被理解为某种实践理性的能力。鲁奇尼克正确地反对那些想要从这几卷的材料中组合出一个统一的心理学,而不管其发展特征的人(p. 18)。但是我不能接受他的结论,即分裂本身,也就是灵魂的划分,是柏拉图此处的目的,但是因为柏拉图最终将某种欲求赋予理性,因此意在让我们看到灵魂事实上是作为整体行动的,并由爱欲统一起来(pp. 20—21,48—49)。但事实上,随着这个心理学的发展,灵魂反而变得更加分裂。比如理性和意气在第四卷并没有被充分地区分开来,因为在那里理性还没有自己的目标。当那些目标出现之后,理性与构成灵魂的其他部分之间的区别,就像神与人之间的区别那么大,或者像第九卷中的意象说的,像人与野兽的区别那么大。“爱欲”远非将人的灵魂统一起来,而是揭示了其本质上的分裂。

总而言之,鲁奇尼克的柏拉图是尼采式的浪漫主义者(当然是在这个词发明之前),他笔下充满爱欲的哲学家超越了善恶。这种观点,不管如何夸大其词,毕竟把握到了某些在《理想国》中展示出来的关于哲学这一观念真实和重要的东西。我们可以说他的这本书训练了我们的眼睛去注意到潜伏在《理想国》之中的《斐德罗》。[1]这是一项有价值的任务,鲁奇尼克在一本生动、简洁和警醒的书中迎接了柏拉图对话从作家的角度发出的挑战。我很尊重这本书的激情。但是鲁奇尼克回避了一个挑战,也就是让哲学家重新接触那些他们已然超越的习俗中的道德。施特劳斯接受了这个挑战,而鲁奇尼克的回避实质上符合他所忽视的哲学家在形式上如何与公民讲话的问题,也就是苏格拉底的反讽问题。我认为对于《理想国》的阐释者来说,这是一个同样重要的挑战。

1　因为《斐德罗》的主题正是爱欲,而鲁奇尼克的著作通篇都在强调爱欲,因此作者说他的书训练了我们的眼睛去注意《斐德罗》。——译者注

以杀为治：评罗森《柏拉图的理想国》

正如他在前言中说的，斯坦利·罗森在这本书中写下了他对《理想国》“大约五十年反思的结果”，这极大地造福了柏拉图的研究者。他的书所展现出来的极大丰富性和对精微之处的关注，与如此长时间的思考完全相称。它读起来像是一部注疏，与奥洛夫·吉贡（Olof Gigon）的《当下性与乌托邦》（*Gegenwärtigkeit und Utopie*）相似，随着罗森的著作逐段展开，《理想国》的每一页都得到了有条不紊的概括和分析。这本书理想的读者是那些重读理想国的人，他们可以将罗森的著作放在手边，让它提出新鲜的问题，向你指出之前从未生疑的细节。但是作者也会不时强调，明确告诉我们在他看来《理想国》整体想要表达什么。这本书以“导论”开场，以“后记”作结，它们使得作者所要传达的信息变得非常清晰。

罗森笔下的柏拉图相信人类罹患癌症，唯一有效的药物就是哲学家的统治，但是这个治疗方法太过强大，会将病人连同癌细胞一起毁掉（pp. 10, 355，本章中此类页码均引自Rosen 2005；这是罗森本人使用的隐喻)。这是一种灵魂中的癌症，是个人利益与城邦利益之间，也就是幸福与正义之间的根本冲突所导致的内在的分裂(pp. 10，133，350)。如果哲学家不能统治，人们就不会做正确的事(p. 355)；而哲学家却在改进城邦的欲求和关注来世、反对城邦的思想之间被撕裂，柏拉图本人显然就是如此(pp. 81—82，143，229)。这样一来，哲学家为了将正义赋予城邦所采取的"在理论上正确的一步"，由于同样的原因也都是"走向不义的一步"(p. 355)，因为人类本性的可塑性没有达到这样的程度，可以允许一种理论达到"一套真正的原则，可以过一种正义的，并因此幸福的生活"(p. 354)。因此，正是美丽城，这个意在实现最大限度的正义和幸福的城邦，事实上同时伤害了哲学家和非哲学家的利益。我们可以想见，普通公民会怨恨他们的朴素生活(p. 308)；读者们会厌恶美丽城中的暴力和欺诈——也就是洗脑——而美丽城需要这些措施使公民们可以部分接受现状，但不会给他们带来真正的幸福(pp. 128—129，183，391)。哲学家的哲学之翼因为参与政治而被束缚，政治活动既限制了他们可以投入真正热爱的哲学生活的时间(pp. 210，242)，也限制了他们最终被允许从事哲学活动之后，活动的多样性(pp. 354，374)。简而言之，"理论与实践的统一……是不可能的"(p. 355，比较pp. 143，242)。

虽然怀疑这样的伟业并不可能，但哲学家还是一直努力尝试，"因为那就是哲学的目标"(p. 355)。柏拉图在西西里僭主那里进行过灾难性的尝试，而罗森认为在《理想国》里，柏拉图至少在坚持"将理论与实践统一起来的白日梦"(p. 143)。虽然柏拉图以带着嘲讽的幻灭感写作《理想国》，但那并不意味着哲学家统治的前景(不管有多么遥不可及)，已经对他丧失了诱惑。

看着柏拉图笔下的哲学家将他们西西弗斯似的抱负推上山，我们可能认为这个场景充满悲剧性。但这并非罗森的描绘。白日梦,不管多深,都不是悲剧的素材。事实上,有时白日梦甚至会逐渐演变成荒诞剧,比如罗森说,因为美丽城中的哲学家没有被允许在哲学方面得到完全的发展,他们在社会改革方面的想象力也会受到减损,结果"对政治难题的解决方案,是制造出一个缺少了最重要的政治特征的静态社会,这是一个由政治上不胜任的人统治的有缺陷的社会"(p. 284)。罗森在一个地方承认,这显然"不是真正的解决方案",但是"我们必须继续做下去,就好像这种解决方案是可能的,因为那是唯一的解决方案"(p. 284)。虽然这种情形显然太过诡异,因此不能被称为悲剧性的;但是它同时也太令人心酸,因而不能算是喜剧性的。罗森的柏拉图最好被描述成(我是带着敬意给出这个描述的),预见到了荒诞派的戏剧。

罗森将这本书献给"真正的利奥·施特劳斯"。在他对《理想国》分析始终,罗森都大量运用了施特劳斯式的主题,同时努力将他的整体解释与施特劳斯的区分开来。罗森与施特劳斯共同的根本观念是,《理想国》的写作动机是我们不可能都拥有正义,因为在私利和公益之间的冲突是无解的。但是罗森不同意施特劳斯的地方在于,如何看待柏拉图在推荐美丽城中的统治方式时的严肃性。在罗森看来,施特劳斯认为柏拉图根本不想推荐它们;它们是以乌托邦的方式企图达到正义不可避免的恶劣后果,给我们的教训就是要彻底避免那些尝试,并转而让哲学家的利益适应公众意见(p. 5)。而罗森的柏拉图认为,哲学家统治社会真的是件好事;他的《理想国》至少在这个意义上是一个政治宣言。罗森发现的问题是,柏拉图想不出有什么方法可以实现这个结果,同时避免恶劣的实践,避免将有着良好意图的哲学家变成僭主(p. 10)。罗森的施特劳斯主义是手段上的而非目的上的。

施特劳斯认为柏拉图是实践审慎的写作技艺最杰出的大师,也暗示他的哲学家同道们要按照这种技艺谨言慎行。而罗森则强调柏拉图在《理想国》中冒险的坦率，将哲学性的少数人对专制的渴望向大众揭示出来（p. 5）。他认为柏拉图在写作时大胆地将眼睛盯着未来，并且认为自己所处的文化对哲学的敌意还不至于让这样的冒险显得太过鲁莽（pp. 6—7）。罗森论证说，施特劳斯提出的那种温和的适应，完全可以直接表达出来，就像亚里士多德在《政治学》中所做的那样（p. 5）。确实有可能如此，那样的话就只剩下施特劳斯在间接的言说方式中发现的复杂性的很少一部分了。

但是罗森也将一种审慎写作的技艺归于柏拉图：当苏格拉底在虚构的世界中试图达到有益的认同时，柏拉图有意归于他一些有缺陷的论证（p. 233）。但是罗森并没有将这解释为来自戏剧场景的论证，给读者提供某种线索，让他们不认为柏拉图真诚地希望看到哲学家统治；因为在罗森看来这个希望是非常真诚的。罗森诉诸更极端的解释方式：柏拉图或许是在说明在他看来所有的哲学论证都是有缺陷的；或者他或许认为自己因为理智上的优越性可以“为了我们自己的利益运用修辞上的花招”（p. 234）；或者更普遍地说，“在政治上我们总是会碰到糟糕的论证”（p. 394）。

罗森带着让人忧心的泰然自若抛出这些极端的看法，却没有为它们详细辩护。在我看来，他理解柏拉图的进路其实并不需要这样的诉求。他并不比施特劳斯更少从戏剧情节中构造论证，假如他不是试图在书中将自己与施特劳斯区别开来的话，本可以坦率地承认这一点。他的柏拉图想让读者相信某些可欲的东西最终是不可能的，为了实现那个目的，他想要激怒读者（比如将所有超过十岁的人逐出美丽城，p. 244），或者提出富有启发性但是逻辑上错误的论证（比如城邦与灵魂的类比，因为它存在逻辑上的缺陷，罗森称之为“诗歌”，p. 396），从而故意使他自己对美丽城的拥护显得离经叛道。

我本人关于《理想国》的作品让我有理由欢迎罗森对其中个人优先性的精微论述,以及他对哲学家参与社会特殊性的关注;我也同样有理由反对他放大苏格拉底论证中的每一个拙劣之处、每一个阐释中的困惑,并将它们发展成彻底的矛盾、悖论和困境。在我的《柏拉图〈理想国〉中的城邦与灵魂》中(罗森在几个地方提到了这本书),我试图表明城邦与灵魂的类比既正式又诗意地发挥着作用,美丽城是一个幸福的城邦——事实上是最幸福的城邦(我反对p. 315的观点)。但是我并不否认,而是强调了,这种幸福减损了哲学家个人可以实现的某些东西,他们会因为这两种幸福联系在一起而感到遗憾。我们是要尝试解决还是要强化柏拉图文本中显见的困难,大体上是个人气质的问题。文本中当然有很多没有明言的东西让这两种倾向可以灵活处置。罗森在柏拉图给他敞开的空间中构建起了对《理想国》具有权威性的、全面的,并且本质上是完全原创性的阐释,因此每个有思想的柏拉图读者都应该予以关注。

著作和文章来源

编译者感谢费拉里教授联系收入本文集的著作和文章的版权，同时感谢以下出版社和期刊允许出版或重印这些著作和文章的中译本。

柏拉图《理想国》中的城邦与灵魂

City and Soul in Plato's Republic, Sank Augustin: Academia Verlag, 2003.

威廉斯与城邦—灵魂类比

"Williams and the City-Soul Analogy (Plato, *Republic* 435e and 544d)", in *Ancient Philosophy*, vol. 29 (2009), pp. 407—413.

柏拉图作家式的乌托邦主义

"Plato's Writerly Utopianism", in *Dialogues on Plato's Politeia (Republic)*, eds. by Noburu Notomi and Luc Brisson, Sankt Augustin: Academia Verlag, 2013, pp. 131—140.（中译文曾发表于《中国学术》第31辑，第1—15页，

收入本文集时略有改动。）

《理想国》中的苏格拉底

"Socrates in the *Republic*", in *Plato's Republic: A Critical Guide*, ed. Mark L. McPherran, Cambridge: Cambridge University Press, 2010, pp. 11—31.

格劳孔的奖赏，哲学的债务：厄尔神话

"Glaucon's Reward, Philosophy's Debt: The Myth of Er", in *Plato's Myths*, ed. Catalin Partenie, Cambridge: Cambridge University Press, 2009, pp. 116—133.

施特劳斯的柏拉图

"Strauss' Plato", in *Arion*, vol. 5 (1997), pp. 36—65.

爱欲与城邦：评鲁奇尼克《美丽城：柏拉图〈理想国〉的辩证特征》

"Eros and the City: On a New Suspicious Reading of Plato's *Republic*", Review of David Roochnik's *Beautiful City: The Dialectical Character of Plato's Republic*, in *International Journal of the Classical Tradition*, vol. 11 (2005), pp. 607—613.

以杀为治：评罗森《柏拉图的理想国》

"Curing by Killing", Review of Stanley Rosen's *Plato's Republic: A Study*, in *The Review of Politics*, vol. 69 (2007), pp. 123—126.

参考文献

Andersson, T. J. 1971. *Polis and Psyche: A Motif in Plato's Republic*. Stockholm: Almqvist & Wiksell in Komm.

Annas, J. 1981. *An Introduction to Plato's Republic*. Oxford: Oxford University Press.

Annas, J. 1982. "Plato's Myths of Judgement", in *Phronesis*, vol. 27, pp. 119—143.

Annas, J. 1999. *Platonic Ethics, Old and New*. Ithaca: Cornell University Press.

Barney, R. 2006. "Socrates' Refutation of Thrasymachus", in Santas 2006, pp. 44—62.

Benardete, S. 1989. *Socrates' Second Sailing: On Plato's Republic*. Chicago: Chicago University Press.

Blondell, R. 2002. *The Play of Character in Plato's Dialogues*. Cambridge: Cambridge University Press.

Bloom, A. trans., 1968. *The Republic of Plato* [with interpretative essay]. New York: Basic Books.

Blössner, N. 1997. *Dialogform und Argument: Studien zu Platons 'Politeia'*.

Stuttgart: Steiner.

Bobonich, C. 2002. *Plato's Utopia Recast: His Later Ethics and Politics*. Oxford: Clarendon Press.

Brann, E. 1989—1990. "The Music of the *Republic*", in *The St. John's Review*, vol. 39.1—2, pp. 1—103.

Burnyeat, M. F. 1985. "Sphinx without a Secret", in *New York Review of Books*, May 30.

Burnyeat, M. F. 1992. "Utopianism and Fantasy: The Practicability of Plato's Ideally Just City", in *Psychoanalysis, Mind and Art*, eds. J. Hopkins and A. Savile. Oxford: Oxford University Press, pp. 175—187. [Reprinted in Fine 1999]

Burnyeat, M. F. 2001. "Plato" [www.ex.ac.uk/Plato/Burnyeat .htm]

Cambiano, G. 1982. "Patologia e metafora politica, Alcmeone, Platone, *Corpus Hippocraticum*", in *Elenchos*, vol. 3, pp. 219—236.

Carter, L. B. 1986. *The Quiet Athenian*. Oxford: Oxford University Press.

Clay, D. 1994. "The Origins of the Socratic Dialogue", in *The Socratic Movement*, ed. P. A. Vander Waerdt. Ithaca: Cornell University Press, pp. 23—47.

Cooper, J. 1984. "Plato's Theory of Human Motivation", in *History of Philosophy Quarterly*, vol. 1.1, pp. 3—21.

Cooper, J. M. ed., 1997. *Plato: Complete Works*. Indianapolis: Hackett.

Craig, L. 1994. *The War-Lover: A Study of Plato's Republic*. Toronto: University of Toronto Press.

De Jong, I. 2004. "Narratological Theory on Narrators, Narratees, and Narrative", in De Jong et. al. 2004.

De Jong, I., Nünlist, R. and Bowie, A. eds., 2004. *Narrators, Narratees, and Narratives in Ancient Greek Literature*. Leiden: Brill.

Dixsaut, M. ed., 2005. *Études sur la République de Platon*, 2 vols. Paris: Vrin.

Donlan, W. 1980. *The Aristocratic Ideal in Ancient Greece*. Lawrence: Coronado Press.

Dover, K. J. 1974. *Greek Popular Morality*. Oxford: Oxford University Press.

Ferrari, G. R. F. 1990. "Akrasia as Neurosis in Plato's *Protagoras*" , in *Proceedings of the Boston Area Colloquium in Ancient Philosophy*, vol. 6, pp. 115—139.

Ferrari, G. R. F. 1997. "Strauss' Plato" , in *Arion* vol. 5.2, pp. 36—65.

Ferrari, G. R. F. ed., 2000a. *Plato: The Republic*. Trans. Tom Griffith. Cambridge: Cambridge University Press.

Ferrari, G. R. F. 2008. "Socratic Irony as Pretence" , in *Oxford Studies in Ancient Philosophy*, vol. 34, pp. 1—33.

Ferrari, G. R. F. 2010. "Socrates in the *Republic*" , in McPherran ed., 2010.

Ferrari, G. R. F. 2003. *City and Soul in Plato's Republic*. Sank Augustin: Academia Verlag [Reprinted. 2005, Chicago: University of Chicago Press].

Ferrari, G. R. F. ed., 2007. *The Cambridge Companion to Plato's Republic*. Cambridge: Cambridge University Press.

Fine, G. ed., 1999. *Plato 2: Ethics, Politics, Religion, and the Soul*. Oxford: Oxford University Press.

Frede, M. 1992. "Plato's Arguments and the Dialogue Form" , in Klagge and Smith 1992, pp. 201—219.

Frede, D. 1997. "Die ungerechte Verfassungen und die ihnen entsprechenden Menschen (Buch VIII 543a—IX 576b)" , in Höffe ed., 1997, pp. 251—270.

Gigon, O. 1976. *Gegenwärtigkeit und Utopie: Eine Interpretation von Platons* '*Staat*' . Zürich: Artemis-Verlag.

Gill, C. 1996. *Personality in Greek Epic, Tragedy, and Philosophy: The Self in*

Dialogue. Oxford: Oxford University Press.

Grote, G. 1885. *Plato and the Other Companions of Sokrates*. 4 vols. London: J. Murray.

Guthrie, W. K. C. 1975. *A History of Greek Philosophy*, vol. 4 [*Plato: The Man and His Dialogues, Earlier Period*]. Cambridge: Cambridge University Press.

Halliwell, S. 1988. *Plato. Republic 10*. Warminster: Airs and Phillips.

Halliwell, S. 2007. "The Life-and-death Journey of the Soul: Interpreting the Myth of Er", in Ferrari ed., 2007.

Halperin, D. M. 1992. "Plato and the Erotics of Narrativity", in Klagge and Smith 1992, pp. 93—129.

Hyland, D. A. 1990. "Plato's Three Waves and the Question of Utopia", in *Interpretation*, vol. 18, pp. 91—109.

Hobbs, A. 2000. *Plato and the Hero*. Cambridge: Cambridge University Press.

Höffe, O. ed., 1997. *Platon: Politeia*. Berlin: Akademie Verlag.

Howland, J. 1993. *The Republic: The Odyssey of Philosophy*. New York: Twayne Publishers.

Irwin, I. 1995. *Plato's Ethics*. Oxford: Oxford University Press.

Isnardi Parente, M. 1985. "Motivi utopistici – ma non utopia – in Platone", in *La Città Ideale nella Tradizione Classica e Biblico-Cristiana*, ed., Renato Uglione. Torino: Associazione italiana di cultura classica.

Johnstone, S. 1994. "Virtuous Toil, Vicious Work: Xenophon on Aristocratic Style", in *Classical Philology*, vol. 89.3, pp. 219—240.

Kahn, C. 1987. "Plato's Theory of Desire", in *Review of Metaphysics*, vol. 41, pp. 77—103.

Kahn, C. 1996. *Plato and the Socratic Dialogue: The Philosophical Use of a Literary*

Form. Cambridge: Cambridge University Press.

Klagge, J. C., and Smith, N. D. eds., 1992. *Oxford Studies in Ancient Philosophy*, suppl. vol.: *Methods of Interpreting Plato and His Dialogues*. Oxford: Oxford University Press.

Kraut, R. 1999. "Return to the Cave: *Republic* 519—521" , in Fine ed., 1999, pp. 235—254.

Lear, J. 1992. "Inside and Outside the *Republic*" , in *Phronesis*, vol. 37.2, pp. 184—215. [Reprinted with minor alterations of format in his *Open Minded: Working out the Logic of the Soul*. Cambridge, Mass.: Harvard University Press, 1998.]

McPherran, M. L. ed., 2010. *Plato's Republic: A Critical Guide*. Cambridge: Cambridge: Cambridge University Press.

Moraux, P. 1968. "La joute dialectique d'après le huitième livre des Topiques" , in *Aristotle on Dialectic: the Topics*, ed. G. E. L. Owen. Oxford: Oxford University Press.

Morgan, K. 2000. *Myth and Philosophy from the Pre-Socratics to Plato*. Cambridge: Cambridge University Press.

Morgan, K. 2004. "Plato" , in De Jong et al. 2004.

Morrison, D. R. 2007. "The Utopian Character of Plato's Ideal City" , in Ferrari ed., 2007.

Nettleship, R. L. 1901. *Lectures on the Republic of Plato*, 2nd ed. London: MacMillan.

Notomi, N. and Brisson, L. eds., 2013. *Dialogues on Plato's Politeia (Republic)*. Sankt Augustin: Academia Verlag.

O'Connor, D. 2007. "Rewriting the Poets in Plato's Characters" , in Ferrari ed., 2007.

Ostenfeld, E. 1996. "Socratic Argumentation Strategies and Aristotle's *Topics* and *Sophistical Refutations*" , in *Methexis*, vol. 9, pp. 43—57.

Pangle, T. ed., 1987. *The Roots of Political Philosophy: Ten Forgotten Socratic Dialogues*. Ithaca: Cornell University Press.

Penner, T. 1971. "Thought and Desire in Plato" , in G. Vlastos ed., *Plato: A Collection of Critical Essays*, vol. 2. Notre Dame: Notre Dame University Press.

Price, A. W. 1995. *Mental Conflict*. London: Routledge.

Press, G. ed., 2000. *Who Speaks for Plato? Studies in Platonic Anonymity*. Lanham: Rowman & Littlefield.

Reeve, C. D. C. 1988. *Philosopher-Kings: The Argument of Plato's Republic*. Princeton: Princeton University Press.

Robinson, T. M. 1995. *Plato's Psychology*, 2nd ed. Toronto: University of Toronto Press.

Roochnik, D. 2003. *Beautiful City: The Dialectical Character of Plato's Republic*. Ithaca: Cornell University Press.

Rosen, S. 1987. *Hermeneutics as Politics*. Oxford: Oxford University Press.

Rosen, S. 2005. *Plato's Republic: A Study*. New Haven: Yale University Press.

Rutherford, R. B. 1995. *The Art of Plato*. Cambridge, Mass.: Harvard University Press.

Ryle, G. 1966. *Plato's Progress*. Cambridge: Cambridge University Press.

Santas, G. ed., 2006. *The Blackwell Guide to Plato's Republic*. Oxford: Blackwell.

Singpurwalla, R. 2007. Review of Ferrari 2003 [2005], *Ancient Philosophy*, vol. 27, pp. 174—179.

Smith, R., trans. and comm., 1997. *Aristotle: Topics Books I and VIII*. Oxford: Clarendon Press.

Stauffer, D. 2001. *Plato's Introduction to the Question of Justice*. Albany: SUNY.

Stemmer, P. 1992. *Platons Dialektik*. Berlin: De Gruyter.

Strauss, L. 1959. *What Is Political Philosophy?* Chicago: University of Chicago Press.

Strauss, L. 1964. *The City and Man*. Chicago: University of Chicago Press.

Strauss, L. 1983. *Studies in Platonic Political Philosophy*. Chicago: University of Chicago Press.

Strauss, L. 1991. *On Tyranny*, revised and expanded edition, eds. Victor Gourevitch and Michael S. Roth. New York: Free Press.

Sullivan, S. D. 1997. *Aeschylus' Use of Psychological Terminology*. Montreal: McGill-Queen's University Press.

Sullivan, S. D. 1999. *Sophocles' Use of Psychological Terminology*. Montreal: McGill-Queen's University Press.

Sullivan, S. D. 2000. *Euripides' Use of Psychological Terminology*. Montreal: McGill-Queen's University Press.

Szlezák, T. 1985. *Platon und die Schriftlichkeit der Philosophie*. Berlin: De Gruyter.

Thionville, E. 1983. *De la Théorie des Lieux Communs dans les Topiques d'Aristote*. Paris (1855).

Vegetti, M. 1983. *Tra Edipo e Euclide*. Milano: Il Saggiatore.

Vegetti, M. ed., 1998. *Platone: La Repubblica*. Traduzione e comment a cura di M. Vegetti. Napoli: Bibliopolis.

Vegetti, M., trans. and ed., 2000. *Platone: La Repubblica*, vol. 4, essay A: "*Beltista eiper dunata*. Lo Statuto dell'utopia nella Repubblica." Napoli: Bibliopolis.

Vlastos, G. 1991. *Socrates: Ironist and Moral Philosopher*. Ithaca: Cornell University Press.

White, N. P. 1979. *A Companion to Plato's Republic*. Oxford: Basil Blackwell.

White, N. P. 1984. "The Classification of Goods in Plato's *Republic*" , in *Journal of the History of Philosophy*, vol. 22, pp. 393—421.

Whitehead, D. 1977. *The Ideology of the Athenian Metic*. Cambridge Philological Society suppl. vol. 4, 1997.

Williams, B. 1973. "The Analogy of City and Soul in Plato's *Republic*", in *Exegesis and Argument* (*Phronesis* suppl. vol. 1), ed., E. N. Lee et al. [Reprinted in Fine 1999.]

编译者后记

我刚刚作为访问学者来到慕尼黑，在魏立舟接我从机场到住处的路上，读法学的他让我推荐一部最应该读的哲学著作，我稍微压抑了一下自己对亚里士多德的热爱和对康德的敬仰，说出了《理想国》的名字（这当然不会是我一个人的选择）。如果综合考虑内容的丰富、笔法的精微、影响的深远，在我心中确实没有哪部作品能胜过《理想国》。自从开始读哲学，《理想国》大概是第一部真正吸引了我的哲学著作，在张祥龙老师的哲学史课上，太阳喻、线段喻、洞穴喻让我第一次意识到哲学可以这般生动有趣；在何怀宏老师的《理想国》导读课上，我第一次从头到尾读完了一部堪称经典的哲学著作，叹服于柏拉图能将哲学与文学如此完美地结合起来；在我开始对伦理学和政治哲学情有独钟之后，《理想国》又几乎是思考一切伦理和政治哲学问题都无法绕开的起点；博士论文虽然关于亚里士多德，但是《理想国》却始终处在背景之中，我处理的乃是亚里士多德对柏拉图的回应；成为老师之后，《理想国》又成了我开课讲授和指导学生阅读的重要文本。过去十六年的时间里，听不同的老师讲过《理想国》，给各种学生讲过《理想国》，跟很多学者讨论过《理想国》，读过很多关于《理想国》的文献，也写过有关《理想国》的论文，从中译本到英译本再到希腊文本，这部著作时刻没有离开我的手边案头。但是这么多年下来，却总是觉得对它的困惑多过理解，每次翻开都觉得新奇多过熟悉，这里面总是有太多的细节值得玩味，太多的论证值得分析，太多的线索值得挖掘。

对于这样一部作品，我们不仅需要自己的阅读和体会，更需要高水平的指引。而费拉里教授的这部《理想国》论集就是一部很好的指引。费拉里教授在剑桥接受古典学和哲学训练［博士导师是欧文(G. E. L. Owen)和劳埃德(G. E. R. Lloyd)］，毕业后先后任教于耶鲁大学古典学系和加州大学伯克利分校古典学系。他因为编辑柏拉图的《理想国》英译本(Tom Griffith翻译，2000)，撰写《柏拉图〈理想国〉中的城邦与灵魂》(2003)和编辑《剑桥柏拉图〈理想国〉指南》(2007，中译本2013)为自己在柏拉图研究，特别是《理想国》研究领域奠定了重要的地位。

结识费拉里教授其实有些偶然。在读书时我曾对利奥·施特劳斯解读文本的方式，尤其是他解读柏拉图的作品，非常着迷。偶然间看到费拉里教授写过一篇讨论施特劳斯柏拉图解释的论文(《施特劳斯的柏拉图》)，又一时找不到，于是就抱着试一试的心态直接写邮件给他，他很快回信给我，随信附上了这篇文章。之后我又读了他的《柏拉图〈理想国〉中的城邦与灵魂》，这本小书对我理解《理想国》中的核心类比启发很大，我也很喜欢他那种带点文学气息的，与死板的学术著作有些不同的文风，于是就有了将他关于《理想国》的作品编辑出版的想法。2009—2010年我有幸得到富布莱特奖学金的资助，来到伯克利在他的指导下撰写博士论文。那一年他刚好就任古典系主任，在诸多行政事务和指导自己的学生之余，他非常认真地阅读了我博士论文的每一章，每次都提出很多中肯的意见，也给了我很大的鼓励，他堪称我博士论文的真正导师。除此之外，我们还一起聊天、吃饭、看电影，建立了深厚的感情。在别人都称他为John（Giovanni在英文中的对应）的时候，我却依然有些调皮地坚持叫他Giovanni，而且每次都要故意把那个a拉长。

Giovanni的柏拉图研究很有自己的特点，他对柏拉图的解读总是关注戏剧性、关注细节，同时非常忠实于文本和柏拉图自己的论证，没有空穴来风的玄想和过度的引申；他总是试图揭示柏拉图的复杂性，而不是将柏拉图做任何简单化、标签化的处理；他也不会给自己贴上某种学派的标签，各种进路和各国家学者的研究，他都会予以关注并给予同情的理解，同时小心翼翼地厘清自己与各家解释之间的差别；他还有着对原始文献和研究著作敏锐的洞察力，以及对各种古典和现代语言的高超驾驭能力，因此总是可以读出新意，写出特色。有一次我跟Giovanni的同事、著名古典哲学家朗教授（Anthony A. Long）闲聊时，他这样评价Giovanni的作品："不管他写的是什么，也不管你同不同意他，但是你一定知道那是**他的想法**。"一个学者能在每一篇作品里写下如此独特的观点，也算是殊为难得了。

这部文集收录了Giovanni从1997年到2010年出版的八篇关于《理想国》的作品（一部专著、五篇论文和两篇书评），很好地体现了他的研究特色。第一部分是他的专著《柏拉图〈理想国〉中的城邦与灵魂》，Giovanni选择了《理想国》全书最明显的线索之一，也就是苏格拉底在第二卷引入直到第九卷才告结束的城邦与灵魂的类比，用自己独特的视角挑战了威廉斯对这个类比的质疑，而他的独特之处就在于釜底抽薪地否定威廉斯的质疑所依据的基本前提，（大体上）放弃用因果性的方式理解这个类比，而只是将它看作一个成比例的，能够帮助澄清类比双方的“隐喻”(metaphor)。他非常细致地考察了柏拉图的文本,令人信服地证明了柏拉图并没有将个人灵魂中的特征与城邦统治等级的**个体特征**对应起来(也就是说拥有热爱荣誉的、寡头式的或民主式的灵魂的个人并**不是**相应政体中的统治者,事实上他们的差别很大),而是用个人灵魂的特征**类比**统治等级表现出来的**政治特征**(也就是说拥有热爱荣誉的、寡头式的或民主式的灵魂的个人表现出的特点**像**相应的政体所表现出来的**整体特征**),而且柏拉图一次次借阿德曼图斯之口说出了正确的理解,只是绝大多数读者没有注意到这些提示。如果在个人灵魂的特征与统治等级的个体之间存在相似之处,那也并不是因为这个类比运作的要求使然,而是因为人性使然。Giovanni也分析了在僭主制和王制这两种极端情况中,分别是“外化规则”和“主导性规则”在发挥作用,由此将柏拉图在不同城邦与不同灵魂之间的类比做了精细的分析。更为可贵的是,Giovanni还将这个类比放在希腊社会文化、文学、修辞学、医学的宏观背景中去加以考察,指出这个类比既对传统有所继承,又大大地超出了传统的意象,代表了柏拉图对灵魂与政治的全新理解。他还用这个贯穿《理想国》的类比作为纲领,触及了很多重要的主题,比如《理想国》的戏剧背景有何重要意义,格劳孔与阿德曼图斯有什么样的性格特征,他们提出的挑战的本质以及苏格拉底是否成功地做出了回应,灵魂三分的学说是否成功,美丽城中的哲学家是否幸福以及如何实现幸福,哲学家同意进行统治的最终动机何在,美丽城的乌托邦性质,等等。

本书第二部分收录了四篇Giovanni关于《理想国》的论文,它们从不同的角度辩护或发展了他在专著中的主题。《威廉斯与城邦—灵魂类比》以更大的篇幅和更清晰的表述分析了《理想国》435e和544d的文本(也就是威廉斯赖以得出因果关系的文本),进一步澄清了专著中对威廉斯的批评。《柏拉图作家式的乌托邦主义》发展了专著中第四章提到的柏拉图乌托邦主义的性质问题，Giovanni独树一帜地用“作家式的乌托邦主义”标识他与几种现有理解的区别。通过细致分析《理想国》第五至七卷关于理想城邦“最优性”与“可行性”的讨论，他论证了柏拉图构建的这个城邦就是他心目中最美丽的城邦，写下这个理想本身就是促使其实现的最好途径，这个乌托邦旨在启发后人，而非立足当下。这篇文章也在一定程度上发展了书中有所提及的将作为作者的柏拉图与作为柏拉图笔下人物的苏格拉底分离（因而拒绝将苏格拉底在书中的意图简单等同于柏拉图的意图）的解释进路。这一进路在《〈理想国〉中的苏格拉底》一文中得到了最全面的展开，Giovanni从叙事学的角度切入《理想国》的文本，通过与《奥德赛》的精巧对比，分析了苏格拉底作为“内在叙事者”的优越性和局限性，以及柏拉图如何通过让苏格拉底作为对话人物在一定程度上丧失对对话进程的控制，来实现他自己作为作者对于整部史诗规模的作品进程的控制，从而揭示了《理想国》与所谓的“苏格拉底对话”在叙事方面的一个重大差别。关于厄尔神话的论文虽然与书中主题的关系没有那么密切，但是在其中Giovanni延续了他对柏拉图戏剧性的密切关注，还从格劳孔这个戏剧人物，以及他的观点所具有的局限性的角度提出了对厄尔神话的新颖阐释，更加雄辩地阐发了哲学家的神性视域高于人性视域的主题，也论证了厄尔神话最终的归宿并非奖赏与惩罚，而是人生选择的风险与明智。

文集最后一部分收录的三篇文字是Giovanni对施特劳斯式的柏拉图阐释的反思，他没有像很多古典或哲学学者一样对施特劳斯嗤之以鼻，也没有像施特劳斯的某些弟子一样，把施特劳斯的每一句话都奉作圭臬，而是带着同情非常认真地思考和回味施特劳斯给柏拉图阐释带来的有益遗产，同时也指出，施特劳斯的有些论题并不是在为柏拉图做注,而是在试图阐发柏拉图的精神,是以柏拉图为思想资源,引申出自己关注的真正的问题,甚至是在“写作文学作品”。因此我们不能用通常的“学术标准”来简单粗暴地评价施特劳斯,也不应该到没有公开发表的作品中,或者用某种“秘法”去寻找隐秘的施特劳斯。在他看来,施特劳斯并没有那么神秘,他最大的贡献就是高扬柏拉图的文学性,让柏拉图著作中的每一个细节服务于整体的论证,这也是如今的柏拉图学界受惠于施特劳斯,却经常羞于承认的(这一点是我们私下聊天时他说的)。虽然追索施特劳斯在著作中留下的细微线索,挖掘他模仿柏拉图进行的审慎写作的微言大义也非常有趣,但是对我们而言,用施特劳斯式的慧眼去观察柏拉图,显然比用同样的努力去理解施特劳斯更为重要。在两篇评论施特劳斯后学的《理想国》阐释的书评中,Giovanni一方面充分肯定了施特劳斯开创的研究范式作为方法论的价值,也敏锐地发现了两部著作中最有价值的核心观点(比如鲁奇尼克对于哲学家与城邦之间张力的把握,以及罗森对正义与幸福之间张力的强调);但是另一方面也批评他们过分依赖情节本身提出自己的观点,反而本末倒置地忽视或潦草处理对话中的哲学论证,以及将施特劳斯本来清明节制的论题变得过分极端化和片面化,甚至严重偏离柏拉图的文本(比如鲁奇尼克认为对哲学家来讲最好的政体是民主制,罗森认为柏拉图的写作不是审慎而是大胆冒险)。这些反思对于一些施特劳斯的后学过度解读施特劳斯或滥用他的阐释方法,都有着很重要的警示作用。

这些简单的概括当然不能代替阅读Giovanni的乐趣,就像任何概括都不能代替阅读《理想国》的乐趣。希望读者能够和我一样,享受Giovanni对《理想国》的精微分析,从他极富启发性的理解中寻得进入《理想国》的门径。

回头看去,这部文集从最开始酝酿到完成最后的校订,前后竟花了将近八年的时间，收到他第一封回信时的欣喜之情还如发生在昨天般真切，不得不感慨于时间的飞逝，也不得不汗颜于自己的拖沓。我要感谢Giovanni在这八年里给我的学习和研究给予的巨大帮助，感谢他帮助联系收入文集的全部著作和文章的版权，并帮助我解决了翻译中的一些疑难，也要感谢他从不催促的耐心等待。希望这本书成为我们八年师生情谊的最好纪念，也希望它开启我们更为长久的友谊！

刘　玮

2015年4月3日于慕尼黑

人文与社会译丛

第一批书目

1.《政治自由主义》(增订版),[美]J. 罗尔斯著,万俊人译 48.00 元
2.《文化的解释》,[美]C. 格尔茨著,韩莉译 58.00 元
3.《技术与时间:爱比米修斯的过失》,[法]B. 斯蒂格勒著,裴程译 35.00 元
4.《依附性积累与不发达》,[德]A. G. 弗兰克著,高铦等译 13.60 元
5.《身处欧美的波兰农民》,[美]F. 兹纳涅茨基、W. I. 托马斯著,张友云译 9.20 元
6.《现代性的后果》,[英]A. 吉登斯著,田禾译 22.00 元
7.《消费文化与后现代主义》,[美]M. 费瑟斯通著,刘精明译 14.20 元
8.《英国工人阶级的形成》(上、下册),[英]E. P. 汤普森著,钱乘旦等译 69.00 元
9.《知识人的社会角色》,[美]F. 兹纳涅茨基著,郏斌祥译 26.00 元

第二批书目

10.《文化生产:媒体与都市艺术》,[美]D. 克兰著,赵国新译 29.00 元
11.《现代社会中的法律》,[美]R. M. 昂格尔著,吴玉章等译 39.00 元
12.《后形而上学思想》,[德]J. 哈贝马斯著,曹卫东等译 35.00 元
13.《自由主义与正义的局限》,[美]M. 桑德尔著,万俊人等译 30.00 元

14.《临床医学的诞生》,[法]M. 福柯著,刘北成译 25.00 元

15.《农民的道义经济学》,[英]J. C. 斯科特著,程立显等译 42.00 元

16.《俄国思想家》,[英]I. 伯林著,彭淮栋译 35.00 元

17.《自我的根源:现代认同的形成》,[加]C. 泰勒著,韩震等译 88.00 元

18.《霍布斯的政治哲学》,[美]L. 施特劳斯著,申彤译 29.00 元

19.《现代性与大屠杀》,[英]Z. 鲍曼著,杨渝东等译 28.00 元

第三批书目

20.《新功能主义及其后》,[英]J. 亚历山大著,彭牧等译 15.80 元

21.《自由史论》,[英]J. 阿克顿著,胡传胜等译 58.00 元

22.《伯林谈话录》,[英]L. 贾汉贝格鲁等著,杨祯钦译 23.00 元

23.《阶级斗争》,[法]R. 阿隆著,周以光译 13.50 元

24.《正义诸领域:为多元主义与平等一辩》,[美]M. 沃尔泽著,褚松燕等译 24.80 元

25.《大萧条的孩子们》,[美]G. 埃尔德著,田禾等译 27.30 元

26.《黑格尔》,[加]C. 泰勒著,张国清等译 88.00 元

27.《反潮流》,[英]I. 伯林著,冯克利译 48.00 元

28.《统治阶级》,[意]G. 莫斯卡著,贾鹤鹏译 68.00 元

29.《现代性的哲学话语》,[德]J. 哈贝马斯著,曹卫东等译 36.00 元

第四批书目

30.《自由论》(修订版),[英]I. 伯林著,胡传胜译 38.00 元

31.《保守主义》,[德]K. 曼海姆著,李朝晖、牟建君译 16.00 元

32.《科学的反革命》(修订版),[英]F. 哈耶克著,冯克利译 28.00 元

33.《实践感》,[法]P. 布迪厄著,蒋梓骅译　52.00 元
34.《风险社会》,[德]U. 贝克著,何博闻译　17.70 元
35.《社会行动的结构》,[美]T. 帕森斯著,彭刚等译　80.00 元
36.《个体的社会》,[德]N. 埃利亚斯著,翟三江、陆兴华译　15.30 元
37.《传统的发明》,[英]E. 霍布斯鲍姆等著,顾杭、庞冠群译　21.20 元
38.《关于马基雅维里的思考》,[美]L. 施特劳斯著,申彤译　78.00 元
39.《追寻美德》,[美]A. 麦金太尔著,宋继杰译　35.00 元

第五批书目

40.《现实感》,[英]I. 伯林著,潘荣荣、林茂译　30.00 元
41.《启蒙的时代》,[英]I. 伯林编著,孙尚扬、杨深译　35.00 元
42.《元史学》,[美]H. 怀特著,陈新译　55.00 元
43.《意识形态与现代文化》,[英]J. B. 汤普森著,高铦等译　45.00 元
44.《美国大城市的死与生》,[加]J. 雅各布斯著,金衡山译　29.50 元
45.《社会理论和社会结构》,[美]R. K. 默顿著,唐少杰等译　128.00 元
46.《黑皮肤,白面具》,[法]F. 法农著,万冰译　14.00 元
47.《德国的历史观》,[美]G. 伊格尔斯著,彭刚、顾杭译　58.00 元
48.《全世界受苦的人》,[法]F. 法农著,万冰译　17.80 元
49.《知识分子的鸦片》,[法]R. 阿隆著,吕一民、顾杭译　45.00 元

第六批书目

50.《驯化君主》,[美]H. C. 曼斯菲尔德著,冯克利译　68.00 元
51.《黑格尔导读》,[法]A. 科耶夫著,姜志辉译　45.00 元
52.《象征交换与死亡》,[法]J. 波德里亚著,车槿山译　45.00 元
53.《自由及其背叛》,[英]I. 伯林著,赵国新译　25.00 元

54.《启蒙的三个批评者》,[英]I. 伯林著,马寅卯、郑想译 48.00 元

55.《运动中的力量》,[美]S. 塔罗著,吴庆宏译 23.50 元

56.《斗争的动力》,[美]D. 麦克亚当、S. 塔罗、C. 蒂利著,李义中等译 31.50 元

57.《善的脆弱性》,[美]M. 纳斯鲍姆著,徐向东、陆萌译 55.00 元

58.《弱者的武器》,[美]J. C. 斯科特著,郑广怀等译 42.00 元

59.《图绘》,[美]S. 弗里德曼著,陈丽译 49.00 元

第七批书目

60.《现代悲剧》,[英]R. 威廉斯著,丁尔苏译 45.00 元

61.《论革命》,[美]H. 阿伦特著,陈周旺译 25.00 元

62.《美国精神的封闭》,[美]A. 布卢姆著,战旭英译,冯克利校 35.00 元

63.《浪漫主义的根源》,[英]I. 伯林著,吕梁等译 28.00 元

64.《扭曲的人性之材》,[英]I. 伯林著,岳秀坤译 22.00 元

65.《民族主义思想与殖民地世界》,[美]P. 查特吉著,范慕尤、杨曦译 18.00 元

66.《现代性社会学》,[法]D. 马图切利著,姜志辉译 32.00 元

67.《社会政治理论的重构》,[英]R. 伯恩斯坦著,黄瑞祺译 25.00 元

68.《以色列与启示》,[美]E. 沃格林著,霍伟岸、叶颖译 48.00 元

69.《城邦的世界》,[美]E. 沃格林著,陈周旺译 54.00 元

70.《历史主义的兴起》,[德]F. 梅尼克著,陆月宏译 48.00 元

第八批书目

71.《环境与历史》,[英]W. 贝纳特、P. 科茨著,包茂红译 25.00 元

72.《人类与自然世界》,[英]K. 托马斯著,宋丽丽译 35.00 元

73.《卢梭问题》,[德]E. 卡西勒著,王春华译 15.00 元
74.《男性气概》,[美]H. C. 曼斯菲尔德著,刘玮译 28.00 元
75.《战争与和平的权利》,[美]R. 塔克著,罗炯等译 25.00 元
76.《谁统治美国》,[美]W. 多姆霍夫著,吕鹏、闻翔译 35.00 元
77.《健康与社会》,[法]M. 德吕勒著,王鲲译 35.00 元
78.《读柏拉图》,[德]T. A. 斯勒扎克著,程炜译 28.00 元
79.《苏联的心灵》,[英]I. 伯林著,潘永强、刘北成译 28.00 元
80.《个人印象》,[英]I. 伯林著,林振义、王洁译 35.00 元

第九批书目

81.《技术与时间:2. 迷失方向》,[法]B. 斯蒂格勒著,赵和平、印螺译 25.00 元
82.《抗争政治》,[英]C. 蒂利著,李义中译 28.00 元
83.《亚当·斯密的政治学》,[英]D. 温奇著,褚平译 21.00 元
84.《怀旧的未来》,[美]S. 博伊姆著,杨德友译 38.00 元
85.《妇女在经济发展中的角色》,[丹]E. 博斯拉普著,陈慧平译 30.00 元
86.《风景与认同》,[英]W. J. 达比著,张箭飞、赵红英译 35.00 元
87.《过去与未来之间》,[美]H. 阿伦特著,王寅丽、张立立译 28.00 元
88.《大西洋的跨越》,[美]D. T. 罗杰斯著,吴万伟译 58.00 元
89.《资本主义的新精神》,[法]L. 博尔坦斯基、E. 希亚佩洛著,高铦译 58.00 元
90.《比较的幽灵》,[美]B. 安德森著,甘会斌译 48.00 元

第十批书目

91.《灾异手记》,[美]E. 科尔伯特著,何恬译 25.00 元

92.《技术与时间:3. 电影的时间与存在之痛的问题》,
[法]B. 斯蒂格勒著,方尔平译 32.00 元
93.《马克思主义与历史学》,[英]S. H. 里格比著,吴英译 47.00 元
94.《学做工》,[英]P. 威利斯著,秘舒、凌旻华译 39.00 元
95.《哲学与治术:1572—1651》,[美]R. 塔克著,韩潮译 45.00 元
96.《认同伦理学》,[美]K. A. 阿皮亚著,张容南译 45.00 元
97.《风景与记忆》,[英]S. 沙玛著,胡淑陈、冯樨译 78.00 元
98.《马基雅维里时刻》,[英]J. G. A. 波考克著,冯克利、傅乾译 68.00 元
99.《未完的对话》,[英]I. 伯林、[波]B. P. -塞古尔斯卡著,
杨德友译 38.00 元
100.《后殖民理性批判》,[印]G. C. 斯皮瓦克著,严蓓雯译 58.00 元

第十一批书目

101.《现代社会想象》,[加]C. 泰勒著,林曼红译 25.00 元
102.《柏拉图与亚里士多德》,[美]E. 沃格林著,刘曙辉译 54.00 元
103.《论个体主义》,[法]L. 迪蒙著,桂裕芳译 30.00 元
104.《根本恶》,[美]R. J. 伯恩斯坦著,王钦、朱康译 55.00 元
105.《这受难的国度》,[美]D. G. 福斯特著,孙宏哲、张聚国译 39.00 元
106.《公民的激情》,[美]S. 克劳斯著,谭安奎译 49.00 元
107.《美国生活中的同化》,[美]M. M. 戈登著,马戎译 35.00 元
108.《风景与权力》,[美]W. J. T. 米切尔著,杨丽、万信琼译 45.00 元
109.《第二人称观点》,[美]S. 达沃尔著,章晟译 55.00 元
110.《性的起源》,[英]F. 达伯霍瓦拉著,杨朗译 58.00 元

第十二批书目

111.《希腊民主的问题》,[法]J. 罗米伊著,高煜译 30.00 元
112.《论人权》,[英]J. 格里芬著,徐向东、刘明译 62.00 元
113.《柏拉图的伦理学》,[英]T. 厄温著,陈玮、刘玮译(即出)
114.《自由主义与荣誉》,[美]S. 克劳斯著,林垚译 48.00 元
115.《法国大革命的文化起源》,[法]R. 夏蒂埃著,洪庆明译 38.00 元
116.《对知识的恐惧》,[美]P. 博格西昂著,刘鹏博译 28.00 元
117.《修辞术的诞生》,[英]R. 沃迪著,何博超译 48.00 元
118.《历史表现中的真理、意义和指称》,[荷]F. 安克斯密特著,周建漳译 45.00 元
119.《天下时代》,[美]E. 沃格林著,叶颖译(即出)
120.《寻求秩序》,[美]E. 沃格林著,徐志跃译(即出)

第十三批书目

121.《美德伦理学》,[新西兰]R. 赫斯特豪斯著,李义天译 55.00元
122.《同情的启蒙》,[美]M. 弗雷泽著,胡靖译 48.00元
123.《图绘暹罗》,[美]T. 威尼差恭著,袁剑译 58.00元
124.《道德的演化》,[新西兰]R. 乔伊斯著,刘鹏博、黄素珍译(即出)
125.《大屠杀与集体记忆》,[美]P. 诺维克著,王志华译(即出)
126.《帝国之眼》,[美]M. L. 普拉特著,方杰、方宸译 68.00元
127.《帝国之河》,[美]D. 沃斯特著,侯深译(即出)
128.《从道德到美德》,[美]M. 斯洛特著,周亮译 58.00元
129.《源自动机的道德》,[美]M. 斯洛特著,韩辰锴译(即出)
130.《种族与文化少数群体》,[美]G. E. 辛普森、[美]J. M. 英格尔著,马戎、王凡妹译(即出)

第十四批书目

131.《城邦与灵魂：费拉里〈理想国〉论集》,[美]G. R. F. 费拉里著,刘玮编译 58.00元
132.《人民主权与德国宪法危机》,[美]P. C. 考威尔著,虞维华、曹晗蓉译(即出)
133.《宗教与巫术衰落》,[英]K. 托马斯著,芮传明、梅剑华译(即出)
134.《民族认同》,[英]A. D. 史密斯著,王娟译(即出)
135.《世俗主义之乐》,[美]G. 莱文编,赵元译(即出)
136.《国王或人民》,[美] R. 本迪克斯著,褚平译 (即出)
137.《哲学解释》,[美]R. 诺齐克著,林南、乐小军译(即出)
138.《以赛亚·伯林：自由与多元论》,[澳]G. 克劳德著,应奇等译(即出)
139.《暴力：思无所限》,[美]R. J. 伯恩斯坦著,李元来译(即出)
140.《中心与边缘：宏观社会学论文集》,[美]E. 希尔斯著,甘会斌译(即出)